El autor Juan José Bestard Perelló, casado con dos hijos, nació en 1959 en Palma de Mallorca (España). Es Licenciado en Medicina y Cirugía, Licenciado en Derecho, Master en Administración y Dirección de Empresas, Máster en Salud Pública (Administración Sanitaria), Especialista en Medicina Preventiva (MIR) y experto por la Universidad Johns Hopkins de USA. Ha impartido un importante número de cursos y centenares de conferencias.

Es autor y coautor de varias obras, las dos últimas han sido:

- *La asistencia sanitaria pública*. Editorial Díaz de Santos. Madrid. 2015. ISBN-13: 978-8499699776
- *De lo público a lo privado y viceversa. Síndrome de Pupri*. Madrid. 2016. Avalaible from Amazon.com, Amazon.es. ISBN-13: 978-1539432333

Para contactar con el autor utilice el email: AbsFactorK@hotmail.com

Mitos del absentismo y el Factor K

(Revisión 2019)

JUAN JOSÉ BESTARD PERELLÓ

Mitos del absentismo y el Factor K

El déficit de motivación en el clima laboral

Los mitos del absentismo han visto problemas donde no los había y han obstaculizado mejoras en donde eran necesarias, desde hace años.

El rigor de análisis en el absentismo centra la problemática que se surge cíclicamente y cuestiona la alarma que algunas organizaciones denuncian.

Autor: Juan José Bestard Perelló. Madrid. Año 2017
Reservados todos los derechos.

Revisión. Octubre 2019

«No está permitida la reproducción total o parcial de este libro, ni su tratamiento informático, ni la transmisión de ninguna forma o por cualquier medio, ya sea electrónico, mecánico por fotocopia, por registro u otros métodos, sin el permiso previo y por escrito de los titulares del Copyright.»

Available from Amazon.com and other retail outlets
Available from Amazon.com and other online stores
Available from Amazon.com and other book stores
Available from Amazon.com, CreateSpace.com, and other retail outlets

ISBN-13: 978-1976137693
ISBN-10: 1976137691
Registro PI: M-6760/2017

Corrección ortotipográfica y de estilo: Annia Barrio Cutiño
Fotocomposición: Annia Barrio Cutiño
Diseño de cubiertas: Annia Barrio Cutiño
Dibujo portada: www.123rf.com/46631845_l

Printed by CreateSpace, An Amazon.com Company

Agradecimientos

A todas aquellas organizaciones que promueven el trabajo como un escenario de motivación y realización personal y social.

A quien observa a su entorno con espíritu crítico, mientras cree y vive en los valores humanos, considerando el respeto como un valor superior.

Al profesor D. Antonio Palou Bretones (ICADE)

Presentación

Con este ensayo, junto al estudio incorporado en la Adenda del libro, el autor traza un discurso lógico que pretende dar luz sobre el absentismo, sobre su significado y sobre los mitos que le rodean.

El lector a través de la obra descubrirá una visión muy crítica con gran parte de la bibliografía y la doctrina que estudia el absentismo. El lector irá viendo como el ensayo delata los mitos y resalta, a juicio del autor, las verdades del fenómeno del absentismo.

Responsabilizar al trabajador de lo que viene a entenderse por absentismo es equivalente a culparle de las deficiencias de los sistemas de organización o producción de la empresa, o similar a responsabilizarle por los defectos de los sistemas de vetas o sistemas logísticos de la empresa en donde trabajan.

Todo ello, delaciones y reconocimientos, se construyen de la mano del Factor K, concepto que fue descrito por primera vez en el estudio de investigación presentado en la Adenda de esta obra.

Este breve ensayo se inició, en realidad, ya en 1990, una vez que el autor decidió no presentarse al tribunal de su tesis doctoral "*Los índices de absentismo como medidores de la motivación en el clima laboral. Estudio transversal en busca de asociaciones*". Las opciones eran dos, bien convivir en un entorno de trabajo inestable, pero con un proyecto atrayente o bien arriesgarse a ser invitado a abandonar su carrera profesional, recientemente iniciada, al menos en su entorno habitual. No cabe duda que la inexperiencia del autor jugó un papel impórtate en contra de sus intereses.

Al no poder formarse en neurocirugía, su verdadera vocación, por falta de puntuación en la prueba selectiva de los médicos internos residentes (MIR), el autor optó por una especialidad que le permitiría dedicarse a su segundo campo de interés, planificación y dirección, a través de la Medicina Preventiva y Salud Pública pues esta alberga como subespecialidad la Administración Sanitaria.

El paso de la dictadura a la democracia, finales de la década de los años setenta del siglo XX, a través del consenso de todos los agentes y sectores sociales provocó necesariamente una inflación y sobrevaloración de la política y en consecuencia la ideologización de la vida civil. El Estado español de reciente configuración fue abrazado, sin duda, con ilusión, pero a su vez con novedad e improvisación.

Los sentimientos de pertenencia estaban sobrevalorados. Renunciar al pasado y, a su vez, convivir con él, conducía a la sociedad no tan solo a manifestarse en las calles para dejar claros los valores de la nueva situación, sino a coquetear con lo que se asociaba al cambio que era bien la vieja izquierda o bien el viejo nacionalismo, fuera de este escenario estaba la nada. A nadie se le ocurría que la ruta del profesional en lo público pudiera hacerse con independencia y ajeno a la corriente imperante, es decir, al tsunami de la política y, sobre todo, a un cierto pensamiento único que a modo de rodillo ocupaba el vacío dejado por el inexistente espacio político popperiano de la nueva Europa de la postguerra.

Tratar temas relacionados directamente con cuestiones tabús para los sindicatos de clase generaba recelos y miedo. La tesis sobre el absentismo y su relación con el tipo de contrato no fue bien vista por la Administración pública en la cual trabajaba el autor de este ensayo, consecuencia de lo cual no fue leída. Treinta años después y tras la grave crisis económica (2007-2014) el autor entiende que es un buen momento para presentar públicamente sus conclusiones.

Índice general de temas

cap				pág.
		Presentación		
		Índice de figuras, gráficas, tablas, y anexos		
		Glosario de abreviaturas		
		Introducción		
1		**Explicación de la obra**		**1**
	1	Justificación de este ensayo		2
	2	Antecedentes del estudio de investigación del Factor K (Adenda)		3
	3	Contexto del estudio y utilidad actual		5
2		**La organización del trabajo**		**9**
	1	El trabajo. Concepto y definición		10
		1	Delimitaciones y marco para su definición	11
		2	Alcance del concepto trabajo en la sociedad contemporánea	14
	2	Trabajo, empleo y retribución		16
	3	El trabajo como coste y trabajo como valor económico		19
	4	El derecho, el trabajo y el trabajador		22
3		**Las ausencias al trabajo**		**29**
	1	Jornada laboral		30
	2	Las ausencias al trabajo. Tipos		33
		1	Las ausencias al trabajo	33
		2	Tipos de ausencias	35
	3	Las ausencias por suspensión temporal del contrato. Incapacidad temporal y otras		45
	4	Las repercusiones de las ausencias al trabajo. Para el trabajador y para la empresa		49
		1	Las repercusiones de la ausencia para el trabajador	51
		2	Las repercusiones de la ausencia para la empresa	54
4		**El Absentismo**		**59**
	1	Definición y tipos de absentismo laboral		60
		1	Definición de absentismo	60
		2	Definición de absentismo laboral	62
		3	Tipos de absentismo	66
		4	El absentismo y las llamadas causas del absentismo laboral	69
	2	Marco legal del absentismo laboral		72

	3	Computo de las ausencias. Indicadores de absentismo	76
	4	Ausencias, absentismo y despido del trabajador	79
	5	Estado actual del absentismo laboral en España	86
	6	El absentismo laboral estructural. Ausencias mínimas	91
	7	El absentismo predictible. Las ausencias pactadas y las ausencias necesaria	96
		1 Las ausencias legales o pactadas	98
		2 Las ausencias necesarias	100
	8	La carga de absentismo laboral	107

5 El Factor K — 111

1	El Factor K del absentismo	112
2	Significado del Factor K	116
3	Vigencia del Factor K	119
4	Otras expresiones del Factor K	120

6 Los límites del Absentismo — 123

1	Los mitos del índice de absentismo	124
2	La medición del absentismo y su nivel de utilidad	126
3	Los límites de la utilización del índice de absentismo	128

7 Conclusiones — 133

1	Aspectos generales	134
2	Del absentismo como problema al absentismo como fuente de información generadora de valor	135
3	El absentismo estructural y el exceso de absentismo	137
4	La nueva visión del absentismo en la empresa moderna	138

Anexos — 141

Anexo I y II. Dirección Tesis Doctoral y Solicitud de lectura de tesis doctoral	142
Anexo III. Código laboral y de la Seguridad Social (2016) (España)	143
Anexo IV. El término ausencia y falta en el Estatuto de los Trabajadores	144

Índice de voces analítico — 147

Índice de voces analítico — 147

Adenda — 161

Los índices de absentismo como medidores de la motivación en el clima laboral. Estudio transversal en busca de asociaciones. 1990 — 1 al 276

Índice de figuras, cuadros, tablas y anexos

Figuras

nº	Título	pág.
1	Absentismo, absentismo estructural y ausencias	97

Cuadros

nº	Título	pág
1	Salario	17
2	Tipos de ausencias según Estatuto de los Trabajadores	36
3	Causas no imputables en ausencias con posible despido	37
4	Causas de incapacidad temporal	46
5	Suspensión temporal y subsidio a percibir	48
6	Artículo 54. Despido disciplinario. Estatuto de los Trabajadores	80
7	Artículo 52. Extinción del contrato por causas objetivas. Estatuto de los Trabajadores	82
8	Listado de tipos de ausencias no imputables al Artículo 52 del Estatuto de los Trabajadores	84
9	Ausencias legales y retribuidas	99

Tablas

nº	Título	pág
1	Periodos de duración estimada	39
2	Capacidad penalizadora	40
3	Justificación. Necesidad (Palou Bretones, A. ICADE 1989-1991)	42
4	Previsibilidad. Evitabilidad	44
5	Bajas laborales. Marco internacional	94

Anexos

nº		pág
I	Dirección Tesis Doctoral	142
II	Solicitud de lectura de tesis doctoral	142
III	Código laboral y de la Seguridad Social (2016) (España)	143
IV	El término ausencia y falta de asistencia en el Estatuto de los Trabajadores	144

Glosario de abreviaturas

AMAT	Asociación de mutuas de accidentes de trabajo
ASEPEYO	Asistencia sanitario económica para empleados y obreros
C.c.	Código Civil español
CE	Constitución española de 1978
CMBD	Conjunto mínimo básico de datos
DUDH	Declaración Universal de los Derechos Humanos
EEUU	Estados Unidos
ET	Estatuto de los Trabajadores
ERTE	Expedientes de regulación de empelo
GDR	Grupos de Diagnóstico Relacionados
ICADE	Instituto Católico de Administración de Empresas
INSALUD	Instituto Nacional de la Salud
LRML	Ley de medidas urgentes para la reforma del mercado laboral
OCDE	Organización para la Cooperación y el Desarrollo Económico
ONU	Organización de las Naciones Unidas
OIT	Organización Internacional del Trabajo
PIDESC	Pacto Internacional de Derechos Económicos, Sociales y Culturales
RDL	Real Decreto Legislativo
SNS	Sistema Nacional de Salud
TFUE	Tratado de funcionamiento de la Unión Europea
UIB	Universitat de les Illes Balears
USA	The United States of America

Juan José Bestard Perelló

INTRODUCCIÓN

"La ciencia debe comenzar con los mitos y con la crítica de los mitos"
Karl Raimund Popper (1902-1994)

"La única forma de hacer un gran trabajo es amar lo que haces"
Steve Jobs (1955-2011)

Este libro se compone de una introducción, de siete capítulos y cuatro Anexos. Se le ha adjuntado un trabajo de investigación realizado en 1990 por el autor de este ensayo titulado "Los índices de absentismo como medidores de la motivación en el clima laboral. Estudio transversal en busca de asociaciones". La Adenda no debe entenderse como parte del ensayo sino como el documento sobre el que este se basa.

Este libro hace una revisión conceptual del absentismo en base a las conclusiones a las que llega el estudio del año 1990, que el propio documento define como el Factor K del absentismo. Pero, además, entra en el análisis de cuestiones adicionales que surgen espontáneamente del texto cuando este desarrolla los conceptos que sustentan el estudio, tales como ausencia, trabajo y absentismo, entre otros.

La pretensión del autor es, por un lado, mostrar al lector que lo realmente relevante en el mundo laboral, salvaguardando los derechos de los trabajadores, es la motivación del empleado y, por el otro, que el índice de absentismo más que un medidor de morbilidad o de casuística es un medidor de la motivación dentro del clima laboral.

Los resultados del estudio de investigación que el autor llevo a cabo en los inicios de su carrera han estado muy presentes en toda su trayectoria profesional y ahora después de 37 años quiere aportar a aquel hallazgo, el Factor K, el valor de la experiencia que ha adquirido durante casi cuatro décadas como planificador y directivo sanitario, por un lado, y como abogado, por el otro.

La economía en las sociedades es absolutamente relevante, la economía en las empresas es su supervivencia, pero la economía no se aplica igual en todas partes y por todos. Una empresa debe obtener beneficios, es evidente, pero dentro de un escenario óptimo de eficiencia no debe hacerlo a costa de los empleados sino a costa del mercado. En el año 1991, un profesor de empresa del MADE, de ICADE en Madrid, decía: "si ustedes no son capaces de llevar adelante a una empresa en condiciones de eficiencia, vender sus productos y/o servicios en el mercado, cumpliendo con todas las normas que le son de aplicación, será mejor que no la creen. No pretendan culpar a los costes de sus fracasos, pues sin costes no hay precio, ni pretendan ganar dinero mermando los ingresos netos de sus trabajadores, rebajando sueldos o incrementado cargas, pues la fuente de sus ingresos son los clientes."

Este ensayo resalta los mitos que desde hace décadas se han escrito sobre el absentismo simplemente utilizando dos herramientas. Por un lado, el análisis conceptual y desapasionado de sus componentes, por el otro lado, el análisis del Factor K.

El primer capítulo, *explicación de la obra*, cumple con la obligación de cualquier escritor al dirigirse a sus lectores, contarles la verdad e iniciar el relato de lo que les quiere transmitir. Se empieza con la *Justificación de este ensayo*, se prosigue con la descripción de los *Antecedentes del estudio de investigación (Adenda)* que motiva en esencia la construcción de este libro y se finaliza el capítulo con unos párrafos dedicados al *Contexto del estudio y utilidad actual* del mismo.

El libro no puede proseguir su camino sin antes hacer una mención al escenario en el que se mueve el absentismo, es decir, a la organización del trabajo. El capítulo dos, *la organización del trabajo*, trata el concepto de trabajo, mediante la delimitación de su definición y la determinación del alcance del concepto dentro de la sociedad contemporánea. Trabajo y empleo parecen términos sinónimos, si bien no es así en todos los casos ambos van ligados al concepto de retribución. El trabajo, habitualmente se vincula con un coste empresarial pero también debe verse como un valor económico. El concepto de trabajo ha evolucionado durante los siglos XIX y XX involucrándose con el hombre y la sociedad en forma de derecho, convirtiendo los derechos de los trabajadores en derechos fundamentales.

El capítulo 3, *las ausencias al trabajo*, entra de lleno en la esencia de la cuestión que trata del absentismo. Para poder entender la ausencia en primer lugar se aborda la jornada laboral para después definir los tipos de ausencias al trabajo, sus distintos tratamientos y la visión legal que el ordenamiento jurídico le da en España. Por cuestiones que se detallan en el texto el autor analiza las suspensiones temporales del contrato. Todo ello aboca a determinar y esbozar las repercusiones de las ausencias laborales tanto para el trabajador como para la empresa, cuestiones de vital importancia.

Visto el escenario, el mundo del trabajo, y descrito el problema, la ausencia, el capítulo 4, *El absentismo*, abre la puerta a la discusión básica que pone encima de la mesa este ensayo. El autor busca en la bibliografía la mejor definición del absentismo laboral, pero al no encontrarla da un paso hacia delante mediante la descripción de los distintos tipos de absentismo que los autores van vertiendo en sus estudios, para finalmente acabar en el resbaladizo mundo denominado *las causas del absentismo laboral*. Este esfuerzo conceptual aboca al estudio del marco legal del absentismo laboral en España.

El tercer punto del capítulo, *Computo de las ausencias. Indicadores de absentismo*, pretende mitigar la frustrada búsqueda de la definición terminológica a la cual nos hemos referido a través de analizar los componentes que incluyen los indicadores, de tal forma que conociendo los datos que se utilizan para los cálculos matemáticos poder entender lo que significa el resultado de los

Introducción

mismos y en consecuencia definir lo que se busca y lo que se encuentra y deducir, pues, la definición del absentismo.

El cuarto punto del capítulo 4 muestra, tal vez, la peor consecuencia de las ausencias del absentismo, el despido del trabajador. Nada que decir tendría este apartado sino fuera porque las causas justificadas por motivo de enfermedad pueden llegar a ser causa de despido objetivo del trabajador.

El capítulo 4 acoge el punto sobre el estado actual de absentismo laboral en España. Este punto profundiza en esta realidad basándose tanto en el Informe de Adecco que desde el año 2011 va editando anualmente, como en los titulares de prensa que cada año, especialmente en verano, rotulan sobre los índices de absentismo. Todo este capítulo, en busca de la definición y conceptualización del término absentismo, acaba su desarrollo con la propuesta de tres nuevos conceptos, por un lado, el concepto de Absentismo Estructural, por el otro, el concepto de Absentismo Predictible y, por último, el concepto de Carga de Absentismo Laboral.

El capítulo 5, *El factor K*, explica al lector precisamente lo que en la Adenda aparece como Factor K del absentismo. Aborda su significado y propone al lector el valor de su vigencia, finalizando con la mención de otras expresiones del significado del Factor K.

El libro antes de entrar en las conclusiones presenta en su capítulo 6 una cuestión previa, tal es, *Los límites del Absentismo*. El autor pretende poner negro sobre blanco los mitos del absentismo, es decir, aseveraciones y afirmaciones basadas en medias verdades o en análisis metodológicamente erróneos, creencias que nada aportan a la solución del problema. También lleva al lector a cuestionarse los modelos de medición del absentismo y sobre todo la utilidad de los índices o ratios que suelen aparecer en la bibliografía especializada. Finalmente, concluye con un punto sobre Los límites de la utilización del índice de absentismo, en todo el espectro legal y práctico.

Un ensayo no puede finalizar como resultado de lo leído sin una propuesta, tal es el caso de esta obra que su último capítulo, el séptimo, ofrece al lector una serie de conclusiones, unas generales y otras específicas. El lector podrá encontrar en este último capítulo la recompensa al camino andado hasta este punto, pues además de las conclusiones previsibles también se presenta una conclusión innovadora y atrevida, posiblemente tema para otro ensayo, un cuarto punto con una *Nueva visión del absentismo en la empresa moderna*, dándole la vuelta al calcetín y colocando el dedo que señala en la dirección correcta.

EXPLICACIÓN DE LA OBRA

CAPITULO 1

Introducción al capítulo

Este capítulo 1 explica al lector la justificación, hoy y ahora, de una obra basada en un estudio de treinta y siete años atrás. El interés de este ensayo es dar luz a sus conclusiones. Anecdóticamente, sirvió como tesina de un máster por las dificultades que tuvo para ser tesis doctoral. La dificultad con la que se enfrentó la tesis fue en gran medida provocada por la politización de la Administración Pública en España en los años 80 y 90 del siglo XX. A las izquierdas políticas, pendientes de los sindicatos de clase, no les gustaba relacionar el absentismo con los tipos de contractos laborales. El estudio no ha pretendido nunca justificar la temporalidad de los contratos, muy al contrario, sino que aborda con valentía una realidad, la clara relación entre las ausencias laborales y la desmotivación. Los contratos temporales someten al trabajador a una tensión continua y a la empresa a una situación de baja productividad, esta tensión adicional hace que los trabajadores con este tipo de contratos se ausenten a sus puestos de trabajo menos que los fijos. Esta relación entre incertidumbre en la estabilidad laboral y tasas de absentismo ha sido recogida por la prensa española durante los años 2015, 2016 y 2017, en muchas ocasiones, según esas fuentes periodísticas, el absentismo laboral bajó como consecuencia de la crisis económica, situándose en los niveles previos a la crisis, aumentado, una vez resuelta su peor fase. Parece que se constata la existencia del Factor K del absentismo descrito en 1990, es decir, la influencia de la motivación en el clima laboral en la variación de las ausencias, imputables, de los trabajadores en sus puestos de trabajo (Adenda).

1. JUSTIFICACIÓN DE ESTE ENSAYO

La crisis económica que se inició en 2007-2008 y su gran impacto en la sociedad occidental y especialmente en la española, griega, italiana, portuguesa e irlandesa, han hecho emerger temas y cuestiones que subyacen en los entornos empresariales y que suelen vincularse a la productividad y a la eficiencia de las empresas.

La productividad, los costes laborales y la sostenibilidad de las empresas han provocado que durante los últimos tres años vuelva a ser noticia el nivel de absentismo laboral y, en especial, el repunte que al parecer ha sufrido[1,2,3,4,5].

La prensa y los medios de comunicación durante los años 2015, 2016 y 2017 se han hecho eco de noticias que nos dan a entender que el descenso del absentismo, durante el periodo de crisis económica, y su ascenso, una vez pasado el periodo más agrio de la misma, no se debe a que los trabajadores enfermen más o menos sino a la voluntad de esos mismos trabajadores, factor que ha propiciado que estos valores cambien en el sentido mencionado.

No son pocos los que escriben sobre el absentismo y tampoco lo son los que hacen de sus cifras auténticos indicadores de la cualificación del trabajador y de sus motivaciones en el entorno laboral. La enfermedad y su certificado emitido por el médico, para algunos autores, son la justificación como excusa que utilizan algunos trabajadores para no cumplir con el contrato laboral suscrito entre estos y la empresa. Pero lo cierto es que ni los trabajadores buscan el incumplimiento contractual, ni los médicos certifican lo que no

---

[1] El Mundo. El absentismo laboral tuvo un coste de más de 65.000 millones en 2015. 15 Junio de 2016

[2] Cinco días. El absentismo laboral se dispara y regresa a niveles de la precrisis. 13 Noviembre de 2016

[3] ABC. El absentismo laboral se dispara en 2016 por encima de los niveles precrisis. 13 Noviembre de 2016

[4] El País. El absentismo laboral en Cataluña vuelve tras la crisis. 8 Diciembre 2016.

[5] ABC. El absentismo laboral costó a España 75.875 millones el año pasado, un 24% más. 26 de Febrero de 2017

existe, ni la mayoría de empresarios piensa que detrás de cada ausencia hay un fraude.

Los médicos saben que determinar cuándo una persona está enferma no es una tarea difícil, pero que determinar cuándo esta persona no está enferma frente a un signo o síntoma es bastante más complejo. Si a esto le añadimos la limitación de medios de los que dispone el médico legitimado para suscribir los certificados de baja laboral o incapacidad laboral temporal y el gran nivel de responsabilidad del acto médico en sí, el lector podrá entender que el escenario de las ausencias laborales por enfermedad entraña cierta dificultad.

Las leyes, como se verá en este ensayo, no ayudan a simplificar este contexto y en algunos casos complican las cosas llevando a que la ausencia o baja médica justificada pueda ser causa objetiva de despido de un trabajador, lo cual a su vez, complica más si cabe la labor del médico y aguza el ingenio del que en realidad busca incumplir sus obligaciones laborales.

Revisar el concepto de absentismo, el uso que las empresas hacen de este y revisar los factores que pueden intervenir en su génesis ya fue en 1990 el motivo por el cual el autor de este ensayo llevó a cabo su tesis doctoral. Hoy son los mismos motivos los que le llevan a revisar el estado de la cuestión y a contrastar los resultados de su investigación con la realidad actual ponderando su nivel de utilidad.

2. ANTECEDENTES DEL ESTUDIO DE INVESTIGACION DEL FACTOR K (ADENDA)

El trabajo de investigación "*Los índices de absentismo como medidores de la motivación en el clima laboral*" (Estudio transversal en busca de asociaciones) (Adenda), fue realizado entre los años 1988 y 1990. Sus conclusiones siguen vigentes, y, muy posiblemente, también, útiles en el año 2017.

El autor de la investigación en 1988 inició de la mano del Dr. Francisco Cruzet su tesis doctoral bajo el título "El absentismo laboral hospitalario. Su repercusión laboral y económica" (Anexo I) mientras estaba realizando la especialidad de Medicina Preventiva y Salud Pública en el Hospital Clínico Universitario San Carlos de Madrid dentro del programa de especialización de médicos internos residentes (MIR) y tras haber realizado todos los cursos de doctorado preceptivos.

El trabajo de investigación se realizó inicialmente sobre las bases de datos del año 1988, facilitados por el Hospital de Madrid, posteriormente ampliadas al año 1989. El autor aprovechó su periodo de formación en la Universidad Johns Hopkins de USA tanto para recopilar abundante bibliografía como para recabar el criterio e interés del profesor Jeffrey V. Johnson, prestigioso experto norteamericano en salud ocupacional y medicina del trabajo, quien ofreció proseguir el estudio de investigación en su departamento.

Una vez finalizados los trabajos de campo y durante la tramitación universitaria para la convocatoria del tribunal necesaria para leer y defender la tesis doctoral (Adenda), surgieron una serie de obstáculos que harían muy difícil concluir ese proceso académico. Estas dificultades nacieron, sin duda, por el conflicto que creaba el contenido del estudio en sectores de la Administración pública[6]. En los años de la transición política, entre 1976 y 1995, la política estaba presente en prácticamente todas las actividades sociales y con mucha más trascendencia en las de carácter público, esta fuerte presencia de lo político no era ajena en ninguno de los niveles de la Administración.

El autor, no recibió la autorización solicitada al responsable de los servicios centrales del INSALUD, lugar en el que trabajaba en el momento de la tramitación de la convocatoria para la lectura del trabajo de investigación (Anexo II), tras consultar reiteradamente con la jefatura de servicios generales con objeto de recabar algún extremo del estudio que pudiera resultar especialmente comprometido. La contestación nunca llegó y, por razones que en

---

[6] Bestard Perelló, JJ. De lo público a lo privado y viceversa. El síndrome de pupri. Avalaible Amazon.com y Amazon.es ISBN-13: 978-1539432333. 2016

aquellos momentos eran cotidianas y que hoy parecerían incomprensibles, el título definitivo de "*Los índices de absentismo como medidores de la motivación en el clima laboral. Estudio transversal en busca de asociaciones*" no fue leído ni defendido, con las naturales consecuencias que todo ello conllevó.

Sin embargo, a pesar de esta insólita situación, el doctorando utilizó el material del estudio para confeccionar y presentar el trabajo de campo (tesina) en el Master de Salud Pública (Administración Sanitaria) impartido por Universidad Autónoma de Madrid. Así pues, finalmente la funcionaria de los servicios generales consultada por enésima vez concluyó en su defensa "*la repercusión de esta tesina será, en todo caso, mucho menor que la que hubiera podido tener la de una tesis doctoral con semejante contenido*".

3. CONTEXTO DEL ESTUDIO Y UTILIDAD ACTUAL

El estudio de campo de la investigación se realizó en un gran hospital universitario del Sistema Nacional de Salud ubicado en Madrid mientras el doctorando estaba realizando la especialidad de Medicina Preventiva y Salud Pública. Concretamente, esta especialidad abarcaba entre otras materias la salud laboral en su área de conocimiento lo cual facilitaba y justificaba todo el proceso doctoral.

El estudio se inició para el cálculo de los costes económicos del absentismo, sin embargo la variable más importante y que después resultó ser la que definiría la publicación fue la variable que reflejaba el tipo de contrato, por lo que la valoración económica fue finalmente obviada del contenido del estudio final pues no añadía originalidad ni especial valor a la tesis.

Desde la fecha del registro del estudio de investigación en el Registro de la Propiedad Intelectual hasta nuestros días no ha variado el contexto del estudio de absentismo y tampoco ha mejorado significativamente el marco general de los tipos de contratos laborales ni dentro ni fuera del sector público.

La utilización del estudio presentado en la Adenda al final del ensayo, ofrece varias ventajas y marca una serie de objetivos a este ensayo.

El primero de los objetivos es dar a conocer que en el año 1990 ya se había descubierto que el factor más relevante en el absentismo era el de la motivación, medida esta motivación en base al tipo de contrato, y en consecuencia se mostraba, y se muestra hoy, como un indicador del estado del clima laboral, a este hallazgo la tesis lo denomina Factor K.

El segundo objetivo es denunciar que el área o áreas del conocimiento que engloban al fenómeno del absentismo en el año 2017 no han evolucionado ni mejorado en relación a los años noventa (90) del siglo XX. El absentismo sigue en la indefinición, sigue sin una metodología clara y aceptada por los sectores interesados en el mismo y, desde luego, en España el Estatuto de los Trabajadores no es un ejemplo del rigor y de la claridad conceptual que precisa este contexto y que reclama este ensayo.

El tercero y último objetivo es hacer ver que la importancia del Factor K en el año 2017 es todavía más relevante, si cabe, que en años anteriores, circunstancia que se constata por los efectos de la crisis económica desde que se inició en 2007-2008, tal como se comenta ampliamente en este ensayo. La importancia de una actualización y modernización de los estudios del absentismo y de la optimización de sus índices y resultados ayudará a las empresas a dimensionar este fenómeno y a no dar palos de ciego.

LA ORGANIZACIÓN DEL TRABAJO

Introducción al capítulo

Para estudiar las ausencias al trabajo en primer lugar es necesario entrar a definir el trabajo. El trabajo para la sociedad actual es básicamente lo que permite subsistir a la persona y a su familia de manera autónoma y digna. Habitualmente es estudiado desde varios puntos de vista, desde la sociología, tal vez la que más, hasta la psicología, la economía, el derecho y la medicina. Este capítulo 2, se centra en el concepto del trabajo y tiene en cuenta su poliseismo y su alcance actual. Se profundiza en la relación entre trabajo y empleo, van de la mano, pero no en todas sus dimensiones, la relación de los términos empleo y desempleo dista de la relación entre trabajo y su antónimo. Este capítulo se hace eco de la consideración del trabajo como coste empresarial, pero lo hace desde la perspectiva del valor económico que representa en la empresa, sin trabajo no hay actividad empresarial, es el único coste del que no se puede prescindir totalmente. Esta visión del trabajo como valor en la empresa es una cuestión central en todo el ensayo, huyendo de la consideración negativa de este coste como algo que hay que reducir, acoge como hilo conductor la teoría que entiende que el coste hay que transformarlo en valor. Finalmente, el capítulo se cierra con la consideración legal del trabajo y en especial con el hecho de que el trabajo sea un derecho fundamental de la persona y eleva a categoría de derecho todo lo que le rodea. La Organización Internacional del Trabajo desde hace años ha introducido la noción del Trabajo Decente, que establece las condiciones que debe reunir una relación laboral para cumplir los estándares laborales internacionales de manera que el trabajo se realice de forma libre, igualitaria, segura y humanamente digna.

1. EL TRABAJO. CONCEPTO Y DEFINICIÓN

El término trabajo acoge un importante abanico de conceptos, acepciones y significados que exceden de la simple definición que nos da a entender que es toda actividad humana retribuida.

Etimológicamente la palabra *trabajo* viene del vocablo *trabajar* y este a su vez deriva del término latín *tripaliare* que deriva de *tripalium* y que venía a describir un yugo, herramienta, utilizado para sujetar a los esclavos, también a caballos o a bueyes. En la antigua Roma el término *tripaliare* significaba torturar. Posteriormente en el siglo VI los reos eran atados al *tripalium*, una estructura de tres palos utilizada para sujetar al reo para ser azotado sin que tuviera posibilidad de moverse.

Así pues, el origen etimológico de la palabra trabajo es el de la tortura a través del significado relativo al de sufrir, dado que la sociedad asociaba este término con una actividad de la persona en el campo que le producía dolor y sufrimiento en el cuerpo, tal como refleja la bibliografía.

Otros idiomas distintos del castellano también vinculan el significado del trabajo con el de dolor. Sin ir más lejos, en euskera el término *nekezale*, trabajador, originariamente se compone de *neke* (dolor) y *tzale* (afición) dando a entender el que es aficionado al cansancio o al dolor.

La evolución del término trabajo (íntimamente vinculado a trabajar) ha ido estrechamente unido al de producción y a su aprovechamiento, es decir, a la acción de hacer para el provecho humano o de sus necesidades. Sin embargo, es a través de la consideración social de la esencia de la persona y sus derechos frente a los demás, por lo que el rendimiento de esta actividad ha ido vinculándose íntimamente a quien la realiza.

El trabajo ha dejado de ser propiedad de ajenos para incorporarse socialmente como propiedad del sujeto que lo desempeña, siendo su retribución lo que da derecho al ajeno a la utilización y al comercio del mismo. Sin embargo, no es la retribución tan solo lo que define la propiedad de la actividad, sino que son, por una parte, las propias condiciones de esta actividad y de quien las realiza, y, por otra parte, la relación entre quien las realiza y el que las retribuye las que han alejado definitivamente el trabajo de la esclavitud[7]. España, en este proceso de eliminación de la esclavitud durante el siglo XIX, tuvo un papel confuso por procastinado, probablemente por no saber hacer frente al fuerte lobby antiabolicionista ni reconducir su política en las Antillas[8].

1. Delimitaciones y marco para su definición

En las definiciones de trabajo se entrecruzan conceptos como el de trabajador y trabajar. De tal manera, el trabajo es una actividad que realiza la persona física de forma voluntaria y retribuida. Así pues, adivinaremos que no puede existir el trabajo obligatorio, aunque también se entiende que también en muchos casos es una actividad forzada para la subsistencia. También, de la misma manera podremos entender que el trabajo gratuito no existe, si bien las normas laborales suelen hacer una serie de excepciones cuando entre el que actúa y el que se beneficia de la actuación existen vínculos de amistad o parentesco[9].

---

[7] La esclavitud fue abolida legalmente en España en 1837, sin embargo, excluía a los territorios de ultramar. Después del Congreso de Viena de 1815, España y Gran Bretaña suscriben en 1817 el Tratado para la abolición del tráfico de negros, el proceso legal del abolicionismo en España tuvo un largo recorrido hasta 1886 mediante: la Ley de 1837, la Ley Penal de 1845, la Ley de 1866, la Ley Moret de 1870, la Ley de 1873, la Ley de 1880 y el Real Decreto de 1886. (La abolición de la esclavitud en la monarquía española: el caso de Cuba y Puerto rico. Pablo Ramos Hernández, 2014. Universidad Pontificia Comillas)

[8] En España, en 1886 Mateo Sagasta y Escolar derogó los últimos decretos que dificultaban la plena abolición de la esclavitud. Las oligarquías de Cuba y Puerto Rico, y el lobby de antiabolicionista con la Liga Nacional al frente, desde la redacción de la Constitución de Cádiz, 1811, amenazaban con la independencia o la anexión a Estados Unidos movilizándose en contra de la abolición y causando, a juicio de algunos autores, la caída de Amadeo de Saboya en 1873. (La supervivencia del derecho español en Hispanoamérica durante la época independiente. Javier Alvarado Planas. México. 1998)

[9] Estatuto de los Trabajadores Artículo 1.3

La retribución es una característica fundamental del trabajo y de él se presume, salvo prueba en contrario[10]. El único trabajo que se entiende no retribuido es el trabajo voluntario, salvando las excepciones del trabajo legalmente gratuito. Esta tipología de actividad está muy regulada por los gobiernos y concretamente en España por la Ley del Voluntariado[11] y por otras leyes y normas autonómicas. El trabajo realizado al amparo del voluntariado debe estar soportado por un documento suscrito entre las partes, debe estar limitado en el tiempo y con un horario especial y muy acotado, no debe haber sido nunca retribuido y no debe parecer lo que no es, una actividad laboral escondida detrás del manto del voluntariado.

Los trabajos, dependiendo del vínculo, pueden ser por cuenta ajena o por cuenta propia, y también pueden ser trabajos dependientes de una organización o trabajos no dependientes de una organización rígida.

A toda esta consideración teórica sobre la esencia de la actividad laboral, hay que añadir el aspecto de la legitimidad de los sujetos que la hacen posible. El trabajo como actividad humana es considerado como tal cuando es realizado por una persona legalmente capaz de obrar. La capacidad legal (legally able) de obrar debe entenderse como la aptitud de una persona (física o jurídica) de ser titular de derechos y obligaciones, de obligarse y obligar a los demás, permitiendo crear, modificar y extinguir relaciones jurídicas voluntariamente sin asistencia o representación de terceros. Para que una persona se obligue a otra por un acto o declaración de voluntad, es necesario que sea legalmente capaz.

Las características que definen a la persona legalmente capaz son aquellas que no están incluidas en la definición de la persona incapaz. Si bien la capacidad jurídica es pues una presunción general, la capacidad de obrar no lo es dado que se vincula a la edad. La capacidad plena de obrar se atribuye a la persona física mayor

---

[10] Artículo 6.5 de la Ley 35/2006 del Impuesto sobre la renta de personas físicas establece que: se presumirán retribuidas, salvo prueba en contrario, las prestaciones de bienes o servicios susceptibles de generar rendimientos del trabajo o del capital

[11] Ley 42/2015, de 14 de diciembre, de Voluntariado

de edad salvo las excepciones que legalmente se puedan establecer[12]. Frente a la capacidad de obrar en mayores de edad se sitúa la incapacidad de obrar o la capacidad restringida.

En este orden de cosas, puede trabajar la persona mayor de edad, los menores de edad emancipados y los mayores de 16 años legitimados (bien por sus padres o bien por quien estén a su cargo). De tal forma no puede trabajar el menor de 16 años y los menores de 18 años en actividades o lugares restringidos a menores. Además, deberán, en todo caso, ser españoles o miembros de la Unión Europea con tarjeta de residencia. De tal forma, podrán trabajar los que estén en posesión de un permiso de trabajo, aunque los que no lo tengan y lo necesiten no pierden sus derechos como trabajadores.

Por otra parte, el que contrata al trabajador también deberá ser capaz jurídicamente para obrar. Pueden contratar las personas físicas y jurídicas que no estén incapacitadas y los menores de edad a través de un representante legal.

La actividad realizada por un menor de 16 años no se puede considerar trabajo, excepto por autorización administrativa en espectáculos públicos[13].

Finalmente, el trabajo vincula la relación de quien lo hace con quién lo retribuye a través de un contrato o acuerdo. Entre la actividad de ambos se interpone el principio de la libertad de forma, es decir, la relación entre uno y otro puede ser de palabra, por escrito o por actos concluyentes. Cuando hay dudas sobre la existencia de contrato se utilizan bien las pruebas o bien se aplica la presunción de laboralidad[14,15].

En resumen, el trabajo es la actividad humana dirigida a satisfacer necesidades de las personas cuando se cumplen los requisitos de quien la realiza, de cómo la realiza y de quién la retribuye o contrata.

---

[12] Artículo 322 del Código Civil
[13] Real Decreto 1435/1985, de 1 de agosto, por el que se regula la relación laboral especial de los artistas en espectáculos públicos
[14] Artículo 8.1 del ET
[15] STS de 10 de Julio de 2000

2. Alcance del concepto de trabajo en la sociedad contemporánea

Sobre el trabajo y sus definiciones se ha escrito mucho y se ha legislado mucho más. Al referirnos a trabajo y con objeto de vislumbrar la importancia que la sociedad deposita en esta área de la actividad humana debemos ir más allá del término bien como un simple cúmulo de tareas, bien como actividad humana organizada encaminada a satisfacer las necesidades de las personas, bien como uno de los cuatro factores de producción de la economía clásica o bien como aquello que se ha realizado por alguien. La sociedad eleva el trabajo a categoría de derecho y a través de este (el trabajo) introduce límites de conducta para los grupos de población más débiles, desprotegidos o grupos que han sido objeto de discriminación y abuso en la historia reciente de la humanidad.

La Declaración Universal de los Derechos Humanos (en adelante DUDH), adoptada por la Asamblea General de las Naciones Unidas el 18 de diciembre de 1948, dice en su Artículo 23: *1.Toda persona tiene derecho al trabajo, a la libre elección de su trabajo, a condiciones equitativas y satisfactorias de trabajo y a la protección contra el desempleo. 2.Toda persona tiene derecho, sin discriminación alguna, a igual salario por trabajo igual. 3.Toda persona que trabaja tiene derecho a una remuneración equitativa y satisfactoria, que le asegure, así como a su familia, una existencia conforme a la dignidad humana y que será completada, en caso necesario, por cualesquiera otros medios de protección social. 4.Toda persona tiene derecho a fundar sindicatos y a sindicarse para la defensa de sus intereses*. De esta forma el trabajo alcanza la categoría de derecho quedando íntimamente vinculado a una retribución calificada, a su vez, de digna y satisfactoria no tan solo para el propio trabajador sino básicamente para su familia.

Un ejemplo del alcance y del peso del trabajo en la sociedad actual es el texto de la ley Federal del Trabajo de la República de México que define al trabajo en su Artículo 3 como *derecho y deber social*, añadiendo el texto que por ley no es un artículo de comercio. A tenor literal dice el Artículo 3: *El trabajo es un derecho y un deber, lo cual no se debe pasar por alto dado que viene caracterizado como un derecho y como a lo que se tiene derecho, elevando el trabajo a derecho objetivo.*

La Constitución española de 1978 en su Artículo 35, sección 2º sobre los derechos y los deberes de los ciudadanos dentro del capítulo segundo de Derechos y deberes del Título I sobre Los derechos y deberes fundamentales, dice: *1.Todos los españoles tienen el deber de trabajar y el derecho al trabajo, a la libre elección de su profesión u oficio, a la promoción a través del trabajo y a una remuneración suficiente para satisfacer sus necesidades y las de su familia, sin que en ningún caso pueda hacerse discriminación por razón de sexo.*

El trabajo también se vincula a un derecho subjetivo, es decir, a aquello a lo que la persona tiene derecho. Por ejemplo, en España, en el Estatuto de los Trabajadores (en adelante también, ET) el Artículo 4, sobre Derechos laborales, dice: *1.Los trabajadores tienen como derechos básicos, con el contenido y alcance que para cada uno de los mismos disponga su específica normativa, los de: a) Trabajo y libre elección de profesión u oficio.*

La importancia del trabajo tanto como actividad, como en su dimensión de derecho objetivo y derecho subjetivo se pone de manifiesto en las declaraciones y publicaciones institucionales de organismos internacionales tal como puede ser la Organización Internacional del Trabajo (en adelante, también OIT).

La globalización de la economía y el incremento en las desigualdades tras la última crisis 2007-2014 ha provocado que organizaciones como la OIT lideren programas como el Programa de Trabajo Decente. La página web de la OIT en Septiembre de 2017 dice: "*Durante la Asamblea General de las Naciones Unidas en septiembre 2015, el trabajo decente y los cuatro pilares del Programa de Trabajo Decente – creación de empleo, protección social, derechos en el trabajo y diálogo social – se convirtieron en elementos centrales de la nueva Agenda 2030 de Desarrollo Sostenible*".

2. TRABAJO, EMPLEO Y RETRIBUCIÓN

El empleo es la actividad u ocupación que se realiza a cambio de un salario. Un sinónimo de empleo es el término colocación, en desuso. Un empleo se entiende como un trabajo, sin embargo, su abanico de significados no cubre el espectro que, si cubre, en contraposición, el del concepto de trabajo. Lo opuesto a empleo es desempleo, sin embargo, el antónimo de trabajo es descanso.

Al hablar de empleo como activo también se hace referencia a la acción de generar, dar u ofrecer trabajo o puestos de trabajo. En la misma línea utilizamos los términos empleado y trabajador para mencionar a aquel que está en un empleo o en un trabajo. Sin embargo, cuando el interlocutor hace referencia al verbo emplear hace mención a quien contrata a un empleado o a un trabajador, distinto de utilizar el verbo trabajar que es relativo al que trabaja.

En este orden de cosas, la expresión empleo está vinculada a la de trabajo remunerado o al de remuneración, dado que si bien existe el concepto de trabajo gratuito o voluntario, no a si se utiliza la expresión empleo gratuito o voluntario.

Remuneración o retribución es el salario que recibe un trabajador de manos de su empleador por realizar su trabajo en las condiciones pactadas que no pueden ir contra las condiciones que marca la ley, en todo caso, en España la normativa que regula el salario es amplia[16].

El salario (cuadro 1, pág. 17) es la totalidad de las percepciones económicas de los trabajadores, en dinero o en especie, por la

---

[16] A fecha de Junio de 2017:
- ORDEN de 27 de diciembre de 1994 por la que se aprueba el modelo de recibo individual de salarios.
- Ley 3/2012, de 6 de julio, de medidas urgentes para la reforma del mercado laboral.
- Orden ESS/2098/2014, de 6 de noviembre, por la que se modifica el anexo de la Orden de 27 de diciembre de 1994, por la que se aprueba el modelo de recibo individual de salarios.
- Real Decreto Legislativo 2/2015, de 23 de octubre, por el que se aprueba el texto refundido de la Ley del Estatuto de los Trabajadores.
- Real Decreto Legislativo 8/2015, de 30 de octubre, por el que se aprueba el texto refundido de la Ley General de la Seguridad Social.

prestación profesional de los servicios laborales por cuenta ajena, ya retribuyan el trabajo efectivo, cualquiera que sea la forma de remuneración, o los periodos de descanso computables como de trabajo. En ningún caso, incluidas las relaciones laborales de carácter especial a que se refiere el artículo 2 del Estatuto de los Trabajadores[17], el salario en especie podrá superar el treinta por ciento (30%) de las percepciones salariales del trabajador, ni dar lugar a la minoración de la cuantía íntegra en dinero del salario mínimo interprofesional.[18]

No es salario las cantidades percibidas por el trabajador en concepto de indemnizaciones o suplidos por los gastos realizados como consecuencia de su actividad laboral, las prestaciones e indemnizaciones de la Seguridad Social y las indemnizaciones correspondientes a traslados, suspensiones o despidos.[19]

Cuadro 1. Salario

El salario base: es la retribución fijada por unidad de tiempo o de obra
Complementos salariales: es la retribución fijada en función de circunstancias relativas a
- Las condiciones personales del trabajador
- Al trabajo realizado
- A la situación y resultados de la empresa

Complementos salariales en la negociación colectiva:
1. Antigüedad
2. Pagas extraordinarias
3. Participación en beneficios
4. Complementos del puesto de trabajo, tales como penosidad, toxicidad, peligrosidad, turnos, trabajo nocturno, etc.
5. Primas a la producción por calidad o cantidad de trabajo
6. Residencia en provincias insulares y Ceuta y Melilla, etc.

---

[17] Personal de alta dirección, servicio del hogar familiar, penados en las instituciones penitenciarias, deportistas profesionales, artistas en espectáculos públicos, personas que intervengan en operaciones mercantiles por cuenta de uno o más empresarios sin asumir el riesgo y ventura de aquellas, trabajadores con discapacidad que presten sus servicios en los centros especiales de empleo, estibadores portuarios, menores sometidos a la ejecución de medidas de internamiento para el cumplimiento de su responsabilidad penal, la de residencia para la formación de especialistas en Ciencias de la Salud y los abogados que prestan servicios en despachos de abogados, individuales o colectivos.
[18] Artículo 26.1 del ET
[19] Artículo 26.2 del ET

La composición del salario se determinará mediante la negociación colectiva o, en su defecto, el contrato individual, que deberá comprender el salario base, como retribución fijada por unidad de tiempo o de obra y, en su caso, complementos salariales fijados en función de circunstancias relativas a las condiciones personales del trabajador, al trabajo realizado o a la situación y resultados de la empresa, que se calcularán conforme a los criterios que a tal efecto se pacten.

Igualmente a lo dicho anteriormente, se pactará el carácter consolidable o no de dichos complementos salariales, no teniendo el carácter de consolidables, salvo acuerdo en contrario, los que estén vinculados al puesto de trabajo o a la situación y resultados de la empresa[20]. El trabajador, en España, tiene derecho a dos gratificaciones extraordinarias al año, una de ellas con ocasión de las fiestas de Navidad y la otra en el mes que se fije por convenio colectivo por acuerdo entre el empresario y los representantes legales de los trabajadores[21].

Resumiendo, en todo caso el salario busca valorar monetariamente el desempeño del trabajo por parte del empleado, es en realidad el precio o valor de un trabajo determinado. A su vez, el salario es un derecho tal como reconocen ampliamente los ordenamientos jurídicos de la mayoría de países y tal cosa consta, por ejemplo, en el Artículo 7 del Pacto Internacional de Derechos Económicos, Sociales y Culturales (PIDESC) de 1966[22].

---

[20] Artículo 26.3 del ET
[21] Artículo 31 del ET
[22] Artículo 7 PIDESC. Los Estados Partes en el presente Pacto reconocen el derecho de toda persona al goce de condiciones de trabajo equitativas y satisfactorias que le aseguren en especial:
a) Una remuneración que proporcione como mínimo a todos los trabajadores:
i) Un salario equitativo e igual por trabajo de igual valor, sin distinciones de ninguna especie; en particular, debe asegurarse a las mujeres condiciones de trabajo no inferiores a las de los hombres, con salario igual por trabajo igual;
ii) Condiciones de existencia dignas para ellos y para sus familias conforme a las disposiciones del presente Pacto;
b) La seguridad y la higiene en el trabajo;

3. EL TRABAJO COMO COSTE Y TRABAJO COMO VALOR ECONÓMICO

Las organizaciones destinadas a prestar servicios o producir bienes están obligadas a hacerlo de forma eficiente y costeando las materias primas utilizadas, los servicios consumidos y el personal contratado para ello, bien directamente o bien indirectamente. La financiación para cubrir dichos gastos se adquiere del mercado o de la asignación pública de presupuestos económicos.

Es imposible prestar un servicio sin persona que lo preste, es imposible fabricar un producto sin el trabajo de personas que intervengan antes, durante o después del hecho de la manufacturación, es imposible vender un inmueble sin las personas que intervienen en todo el proceso de la compraventa o no tiene sentido atender a un enfermo sin el trabajo del profesional de la salud.

En otras palabras, el trabajo es el factor determinante en la actividad económica y empresarial, organizarlo y elegir el perfil más adecuado para cada función es lo que hará posible que el mercado lo adquiera o que el Estado lo financie. Los costes del trabajo, los costes de la materia prima y los del proceso de producción y organización deben ser, sumados, inferiores al valor que el mercado está dispuesto a adquirir los servicios o productos en venta.

De esta forma, percibimos que el trabajo, el empleo, es lo que posibilita la actividad empresarial (organizacional) de tal forma y manera que sin trabajo no hay actividad empresarial. Es la empresa o el emprendedor quien se apropia del producto del trabajo del empleado, en virtud de la relación de dependencia que hay entre uno y el otro.

En consecuencia, como la empresa subsiste con la venta de sus productos o servicios, en una empresa eficiente, cuantos más

---

c) Igual oportunidad para todos de ser promovidos, dentro de su trabajo, a la categoría superior que les corresponda, sin más consideraciones que los factores de tiempo de servicio y capacidad;

d) El descanso, el disfrute del tiempo libre, la limitación razonable de las horas de trabajo y las vacaciones periódicas pagadas, así como la remuneración de los días festivos.

servicios se provean o cuantos más productos se vendan, teniendo en cuenta la calidad de los mismos, más beneficios tendrá el empresario, es decir, cuanto más trabajo se realice mejor para la empresa y mejor para los trabajadores que estén justamente retribuidos. En otras palabras, en un entorno empresarialmente eficiente la cantidad de trabajo realizado es directamente proporcional a los beneficios y viceversa.

El coste del personal, los salarios, están catalogados dentro de los costes operacionales fijos. Es habitual y común escuchar la expresión costes laborales, costes salariales, coste del trabajo o coste de la mano de obra con la impresión de que se trata de algo penoso o algo no deseado. También es habitual el hecho de escuchar que en la reducción de costes el que primero se expone es el coste laboral.

En realidad, estas expresiones sobre el coste de personal se originan, en parte, porque la dificultad de gestionar el recurso humano es superior a la dificultad de gestionar recursos materiales o inmateriales no humanos. Es decir, seleccionar el mejor trabajador es más difícil que seleccionar la mejor materia prima, pero además, las consecuencias de una mala planificación de las tareas y procesos en las que intervienen las personas son mucho más perniciosas que las consecuencias de un error en la planificación de materiales y en consecuencia, es más costoso para el director de una empresa corregir o reducir el exceso de coste de personal que el exceso de un coste distinto al de los recursos humanos.

En contraposición a este elemento cultural tanto social como empresarial, lo cierto es que sin trabajo o sin mano de obra no hay actividad empresarial, por muy poca que pueda significar esta.

En conclusión, de lo visto, el trabajo es tanto un coste para la empresa como un valor para la misma.

El concepto de valor añadido tiene varios significados, dependiendo de quién lo utilice. En términos económicos, el valor añadido es el valor económico adicional que adquieren los bienes y servicios al ser transformados durante el proceso productivo. Sin duda, es el trabajo de las personas que componen los equipos quienes hacen posibles esta transformación, por lo que cuanto mayor sea la adecuación de la mano de obra a las funciones requeridas, mayor será el valor que adquirirá el producto o el servicio final.

La vinculación directa entre trabajo y valor añadido es meridiana, también lo es la relación entre trabajo y conocimiento. Trabajo y conocimiento están íntimamente unidos, pues el trabajo no es otra cosa que sistematizar la aplicación del saber, sea este elemental o complejo, transformando en tareas o actividades ordenadas la inteligencia del ser humano.

Con la expresión gestión del conocimiento se hace referencia al manejo, planificación, ordenamiento y control de toda aquella aportación del intelecto humano que hace posible proveer servicios o fabricar bienes eficaz y eficientemente en el contexto de la organización que tiene en su misión tal fin.

Muchos autores, dentro de las disciplinas organizativas, se refieren al término proceso como aquella actividad, habitualmente estandarizada, mediante la cual se ayuda a transferir información, habilidades y experiencias de una persona a otra persona con el fin único del beneficio de la organización en la que trabaja quien lo recibe y quien la suministra.

En cualquier caso, parece que la gestión del conocimiento suele ser un proceso sistemático y eficiente de transmisión, interna o externa, de información y habilidades que pone en marcha la organización o una parte de ella. A su vez, consiste en el proceso de transferir el saber de una cosa desde el lugar en donde se genera hasta el lugar en donde este saber se va a aplicar, con el desarrollo de competencias en la organización para su correcto uso y asimilación.

En resumen, el salario tiene tanto de coste como de valor y se ve complementado por las teorías de la gestión del conocimiento, que sin duda convierten el coste laboral en la financiación de uno de los activos inmovilizados inmateriales de la empresa.

4. EL DERECHO, EL TRABAJO Y EL TRABAJADOR

El derecho y el trabajo tienen una gran vinculación desde muchos puntos de vista, van unidos en todo momento.

El mundo laboral establece una relación de dependencia. Esta relación nace cuando el trabajador realiza una actividad y el producto de esta activad queda en poder de un empleador mientras este a cambio del producto de su trabajo retribuye al trabajador con un salario. De esta forma la subsistencia del empleado depende estrechamente de la remuneración que le otorga otra persona o una entidad.

En la historia de la humanidad esta relación de dependencia ha creado abusos y situaciones inadmisibles de sometimiento. Para evitar esos abusos o situaciones similares, para la mayor seguridad del trabajador, es decir, para impedir que el contratante haga un uso indebido de su posición de autoridad y poder, existen leyes y normas que garantizan protección a la persona que vende su trabajo, tanto desde el punto de vista subjetivo (sus derechos) como desde el punto de vista material, protegiéndole de los riesgos laborales o los existentes en el puesto de trabajo.

Esta relación de dependencia entre el trabajador y el empresario, tampoco es ajena a la necesaria seguridad jurídica en la que debe moverse el empleador para generar escenarios de inversión y asunción del riesgo empresarial y, a su vez, que la relación contractual del trabajador le obliga con quien requiere de sus servicios.

Derecho del trabajo es la expresión, conocida también con el nombre de derecho laboral, que hace referencia el conjunto de leyes, normativas y legislaciones que tutela el trabajo de las personas siendo este libre o por voluntad propia, por cuenta ajena, en relación de dependencia y contra una retribución.

Esa rama del derecho nace, entre otras cosas, como resultado de las demandas de los trabajadores y obreros entre los siglos XIX y XX, por lo cual no cuenta con una base anteriormente consuetudinaria o establecida en torno a costumbres previas como sí ocurre con otras ramas del derecho como el derecho civil, por ejemplo.

El derecho del trabajo determina los derechos y obligaciones entre sí de trabajadores y empresarios. Es el conjunto de normas, en el sector privado, que regulan, controlan y legislan sobre los diferentes temas relativos al mundo laboral tales como los derechos y las obligaciones de las partes que lo componen, empleados y empleadores. El derecho laboral acoge también cierto número de principios que pertenecen al derecho público, tal es la libertad sindical o el derecho de huelga, entre otros.

El trabajo, el empleo y el trabajador están presentes en todos los ámbitos del ordenamiento jurídico y en especial los que regulan los derechos de las personas y en especial sus derechos básicos. En España el derecho laboral se presenta en tres niveles de referencias legislativas: las específicas, las inespecíficas y las de los principios rectores.

Las referencias específicas a derechos individuales son[23]: la libertad de huelga, el derecho al trabajo, el derecho a la libre elección de profesión y oficio, el derecho a la promoción a través del trabajo, el derecho a la suficiencia e igualdad salariales, el derecho a la formación y readaptación profesionales, el derecho a la seguridad laboral y derecho al descanso. La mayoría de estos derechos están regulados en el Estatuto de los Trabajadores[24].

A las referencias individuales hay que sumar las referencias colectivas, que básicamente recogen los siguientes derechos[25]: la libertad sindical y la libertad para fundar sindicatos y formar confederaciones y organizaciones sindicales internacionales, la huelga, que los representantes de los trabajadores y de los empresarios negocien convenios colectivos, adoptar medidas de conflicto colectivo tanto la huelga como cierre patronal y el derecho a la participación de los trabajadores en la empresa.

---

[23] Entre los artículos 28 a 40 de la CE
[24] El Estatuto de los trabajadores fue aprobado por Ley 8/1980, de 10 de marzo y ppublicado en el Boletín Oficial del Estado el 10 de marzo de 1980. Tras diferentes modificaciones, actualmente se rige por el Real Decreto Legislativo 2/2015, de 23 de octubre, por el que se aprueba el texto refundido de la Ley del Estatuto de los Trabajadores
[25] Entre los artículos 28 y 37 y el artículo 129 de la CE

A los derechos directos individuales y colectivos se suman otras referencias legales de carácter inespecífico, que agrupan las siguientes materias[26]: derecho a la igualdad y no discriminación, libertad ideológica y religiosa, el derecho al honor, a la intimidad personal y a la propia imagen[27], el derecho al secreto de las comunicaciones[28], el derecho de protección de datos de carácter personal[29], el derecho a la Libertad de expresión[30], el derecho a la libertad de información, el derecho de reunión, el derecho a la tutela judicial efectiva (art. 24 CE), el derecho al principio de legalidad y el derecho a la educación[31].

Finalmente, a estas referencias legales en relación al derecho y al trabajador, se traen a colación preceptos y principios que deben inspirar a los poderes públicos a regir la política económica y social de tal forma que podemos hablar de los principios de una política orientada al pleno empleo (artículo 40.1 CE) y los principios que conducen al mantenimiento de un régimen público de Seguridad Social que garantice la asistencia y prestaciones sociales suficientes ante situaciones de necesidad, especialmente en caso de desempleo (artículo 41 CE).

---

[26] Entre los artículos 14 y 27 y el artículo 9 de la CE

[27] Se invoca cuando pretende controlar a los trabajadores mediante videocámaras o grabaciones de audio o cuando se pretende controlar el uso de Internet en el trabajo o medios telemáticos. Así como la protección del trabajador contra diferentes tipos de acoso en su ámbito. Puede aparecer su reivindicación cuando la empresa impone una uniformidad determinada o un aspecto concreto.

[28] Se esgrime frente a supuestos de control mediante grabaciones, control del correo electrónico de los empleados dentro de los sistemas de la empresa, uso del correo electrónico de la empresa por acción sindical, u otras.

[29] La protección frente al uso de la informática establecida en la CE, desarrollado por la Ley Orgánica 15/1999, de 13 de diciembre, de Protección de Datos de Carácter Personal de aplicación en el ámbito laboral.

[30] Aparece como una garantía para los representantes de los trabajadores. Por ejemplo, aparecer en conflictos surgidos por críticas por parte de los trabajadores a la empresa a través de las redes sociales. Supuesto que aparece cuando los trabajadores manifiestan públicamente opiniones contra la visión de sus empresas.

[31] Mediante el cual el trabajador, por ejemplo, tiene derecho a permiso para acudir a exámenes siempre que se cumplan ciertas condiciones.

En España, todo el abanico normativo que atiende a todo lo referente al trabajo y al trabajador viene recogido por el Gobierno[32] del país en el Código Laboral y de la Seguridad Social que contiene los epígrafes que constan en el Anexo III. En esta clasificación se observa que como derecho laboral incluye: los derechos y deberes de los trabajadores, el fomento de empleo, la representación de los trabajadores, el salario, la jornada de trabajo, el contrato de trabajo, la suspensión de contratos y despidos colectivos, las relaciones laborales especiales, los convenios colectivos, el fondo de garantía salarial y el trabajo autónomo.

Por otra parte, los aspectos y materias relativas al sistema de protección social del trabajador, su relación con la Administración y las obligaciones del empresario en estas materias se recogen en los epígrafes de Seguridad Social, prevención de riesgos laborales, infracciones y sanciones en el orden social (laboral) y jurisdicción social (laboral). En materia de Seguridad Social abarca desde el marco general del Sistema de la Seguridad Social, hasta la protección por desempleo y servicios sociales y la asistencia social pasando los regímenes especiales, la financiación del sistema por cotización, recaudación y el fondo de reserva, la acción protectora que incluye, entre otras, la asistencia sanitaria y la incapacidad temporal, maternidad además de otras situaciones de prestación.

La protección del trabajador viene también cubierta por las normas en materia de salud laboral y seguridad en el trabajo que integra escenarios del conocimiento humano que tratan de las condiciones de trabajo, la implicación de los trabajadores y la protección social.

Por último, la Organización Internacional del Trabajo ha propuesto desde hace años el importante concepto de "trabajo decente". La Asamblea General de las Naciones Unidas de 15 de septiembre 2015 convierte el Programa de Trabajo Decente en un elemento central de la Agenda 2030 de Desarrollo Sostenible. El

---

[32] A fecha de la redacción de este ensayo, por el Ministerio de Presidencia y para las Administraciones Territoriales

Objetivo 8 de la Agenda 2030 insta a promover un crecimiento económico sostenido, inclusivo y sostenible, el pleno empleo productivo y el trabajo decente. El Programa de Trabajo Decente estará presente en muchos de los 16 Objetivos de las Naciones Unidas.

Concluyendo, la OIT afirma: *El trabajo decente sintetiza las aspiraciones de las personas durante su vida laboral. Significa la oportunidad de acceder a un empleo productivo que genere un ingreso justo, la seguridad en el lugar de trabajo y la protección social para las familias, mejores perspectivas de desarrollo personal e integración social, libertad para que los individuos expresen sus opiniones, se organicen y participen en las decisiones que afectan sus vidas, y la igualdad de oportunidades y trato para todos, mujeres y hombres.*

LAS AUSENCIAS AL TRABAJO

Introducción al capítulo

Las ausencias o faltas de asistencia al trabajo son el elemento nuclear de este ensayo. El análisis del absentismo, su conceptualización, su definición, los métodos para su medición y la utilidad de sus índices, necesitan en primer lugar la definición de la materia prima de toda esta cosecha, la ausencia. Explicar el absentismo es explicar las ausencias, pero no de cualquiera de ellas sino de aquellas que no son esperadas, aunque puedan ser previsibles. El estudio de la ausencia cuando contraviene una obligación del ausente requiere tener muy claros los conceptos que se utilizan, el alcance de los mismos y el objetivo de su estudio. El incumplimiento de las obligaciones es una amplia doctrina de lo jurídico, pero requiere un análisis previo cuando una misma cosa deviene en obligación en unos casos y en elemento no exigible en otros. Es decir, la ausencia (no estar) es tal cosa cuando se supone que no hubiera tenido que suceder y no cuando alguien no está en donde no tiene obligación de estar. El lector entenderá el absentismo dilucidando lo que es un mito de lo que es una realidad. Las ausencias laborales son estudiadas y clasificadas utilizando para ello distintas fuentes. Las consecuencias de una ausencia real no es la misma en todos los casos ni para todos los actores de las mismas. Las consecuencias para el ausente, dependerán básicamente de que la falta al trabajo suponga un incumplimiento contractual, de su frecuencia y temporalidad. Las consecuencias para la organización del trabajo dependerán de la circunstancia que ha causado la ausencia, de la previsión de las mismas y del impacto en sus procedimientos internos.

1. JORNADA LABORAL

La jornada laboral la podemos definir como el número de horas que el trabajador está obligado a trabajar por mediación de un contrato llamado contrato laboral.

El contrato es un acuerdo de voluntades entre dos o más partes con capacidad jurídica de obrar, que se obligan regulando sus relaciones en base a una finalidad o cosa y a una obligación de cumplimiento recíproco.

Es función del contrato originar efectos jurídicos, obligaciones exigibles[33], y existen estas desde que una o varias personas consienten en obligarse, respecto de otra u otras, a dar alguna cosa o prestar algún servicio[34].

El contrato laboral es un contrato sinalagmático, es decir, es aquel acuerdo entre dos partes que obliga recíprocamente a esas dos partes, frente a los contratos unilaterales, como por ejemplo el contrato de donación[35]. Los contratos bilaterales o sinalagmáticos pueden ser, a su vez, perfectos, en los que nacen las obligaciones en el origen de la relación como el caso de la compraventa, o pueden ser imperfectos, en los que se inicia la relación como unilateral devengando en bilateral por el transcurso del tiempo, como es el caso del contrato de mandato[36].

Tal como decíamos anteriormente, el contrato genera obligaciones lo que supone cumplir sus estipulaciones. El incumpliendo de las obligaciones genera responsabilidad por parte del incumplidor y, en consecuencia, una deuda frente a la otra parte.

En el marco de las obligaciones es preciso determinar, previamente al juicio, si realmente se produjo el hecho de incumplimiento, lo cual vendrá condicionado tanto por las características

---

[33] Artículo 1088 del Código Civil, dice: Toda obligación consiste en dar, hacer o no hacer alguna cosa
[34] Artículo 1254 del Código Civil
[35] Artículo 618 del Código Civil, dice: La donación es un acto de liberalidad por el cual una persona dispone gratuitamente de una cosa en favor de otra, que la acepta.
[36] Artículo 1709 del Código Civil, dice: Por el contrato de mandato se obliga una persona a prestar algún servicio o hacer alguna cosa, por cuenta o encargo de otra.

de lo incumplido como por la culpa[37] del incumplidor, aunque el hecho de que no hubiera culpa no anula el hecho del incumplimiento. El caso fortuito y la fuerza mayor, como es natural, son causas de exoneración de responsabilidad[38] en los supuestos de incumplimiento.

El contrato laboral mide el salario en base a las horas que se trabajan, en consecuencia es la jornada laboral o jornada de trabajo la relevante a la hora determinar las obligaciones del trabajador y no el horario de trabajo, dado que el horario de trabajo tan solo fija la hora de entrada y la hora de salida. La jornada laboral es el tiempo que cada trabajador dedica a la realización del trabajo para el cual fue contratado siendo un elemento esencial del contrato laboral[39]. En casos especiales, por ejemplo, servicio doméstico y trasporte por carretera, la norma regula la presencia física del trabajador dentro de su jornada laboral.

El tiempo de la jornada laboral se computa en horas de trabajo efectivo pudiéndolo reflejar en día, semana, mes o año. La duración de la jornada laboral será pactada en el convenio colectivo o en el contrato de trabajo, siendo su duración máxima semanal de 40 horas de trabajo efectivo.[40]

Trabajo efectivo viene a entenderse como todo período durante el cual el trabajador permanezca en el trabajo, a disposición del empresario y en ejercicio de su actividad o de sus funciones[41].

---

[37] Artículo 1104 del Código Civil, dice: La culpa o negligencia del deudor consiste en la omisión de aquella diligencia que exija la naturaleza de la obligación y corresponda a las circunstancias de las personas, del tiempo y del lugar.
Cuando la obligación no exprese la diligencia que ha de prestarse en su cumplimiento, se exigirá la que correspondería a un buen padre de familia.
[38] Artículo 1105 del Código Civil, dice: nadie responderá de aquellos sucesos que no hubieran podido preverse o, que, previstos, fueran inevitables.
[39] Real Decreto 1659/1998, de 24 de julio. Desarrolla el artículo 8 apartado 5 de la Ley del Estatuto de los Trabajadores, en materia de información al trabajador sobre los elementos esenciales del contrato de trabajo
[40] Artículo 34 del ET
[41] Artículo 2.1 de la Directiva 2003/88/CE del Parlamento Europeo y del Consejo, de 4 de noviembre de 2003, relativa a determinados aspectos de la ordenación del tiempo de trabajo

Frente al concepto de jornada de trabajo efectivo se contrapone el concepto de periodo de descanso o descanso laboral, el tiempo durante el cual el trabajador no está obligado a prestar sus servicios por los que fue contratado y que contempla los días festivos, los permisos retribuidos, el descanso semanal mínimo y el descanso entre jornadas.

En el cómputo de trabajo efectivo dentro de la jornada de tiempo de trabajo[42] se retribuyen, sin que el trabajador deba recuperar las jornadas, todos los días festivos y los premisos retribuidos. Estos descansos se entienden como horas de trabajo efectivo. En el caso de los descansos dentro de una jornada laboral, solo se consideran trabajo efectivo salvo que lo estipule el convenio colectivo de aplicación. Es decir, estas no presencias o faltas de asistencia durante la jornada laboral se entienden legales o estatutarias.

A estos supuestos de descanso laboral hay que añadir por una parte, las reducciones de jornada por lactancia y por nacimiento de hijo prematuro (horas retribuidas, son ausencias computadas como trabajo efectivo), por otra parte, el cuidado de menores o discapacitados y trabajadores víctimas de la violencia de género o terrorismo[43] (con reducción salarial, no son computadas como trabajo efectivo).

A esos descansos laborales hay que sumar las vacaciones[44], que son retribuidas y no sustituibles de compensación económica.

Por último, durante la jornada de trabajo se pueden dar faltas de asistencia por causas imputables al empresario. En el caso de que el trabajador no pudiese realizar sus labores por causas imputables al empresario[45], éste tendrá derecho al salario sin que

---

[42] Artículo 34. del ET, dice: Sección 5º Tiempo de trabajo. Artículo 34. Jornada. 1.La duración de la jornada de trabajo será la pactada en los convenios colectivos o contratos de trabajo.
La duración máxima de la jornada ordinaria de trabajo será de cuarenta horas semanales de trabajo efectivo de promedio en cómputo anual.
[43] Artículo 37. Descanso semanal, fiestas y permisos. ET
[44] Artículo 38. Vacaciones. ET
[45] Artículo 30. Imposibilidad de la prestación. ET

quepa compensación con realizar otro trabajo realizado en otro tiempo.

En esencia, en el marco laboral y durante la jornada de trabajo las faltas de asistencia, cuando son repetidas e injustificadas, se entienden como incumplimiento contractual[46].

2. LAS AUSENCIAS AL TRABAJO. TIPOS

1. Las ausencias al trabajo

Tal como se ha mencionado, el contrato laboral origina obligaciones al trabajador y obligaciones al empresario, siendo el cumplimiento correcto de la prestación derivada del contrato de trabajo la obligación más relevante por parte del trabajador y la del pagar el salario, la del empresario.

El incumplimiento de las obligaciones conlleva, en general, una responsabilidad y esta genera, a su vez, una serie de consecuencias por parte de quien incumple.

El ordenamiento jurídico además autoriza, en casos tasados, el ejercicio del poder disciplinario, muy delimitado, frente a un incumplimiento culposo. En el caso laboral lo hace depositando en el empleador el poder disciplinario de imponer una sanción frente a una infracción laboral que esté previamente prevista por el convenio colectivo aplicable.

En el contexto laboral, el incumplimiento injustificado o no autorizado de la jornada laboral, tanto total (ausencia) como parcial (impuntualidad), representa un incumplimiento contractual tipificado por la normativa laboral y puede dar lugar a una sanción por parte del empresario. El mecanismo legal de sanción de las ausencias y faltas de puntualidad injustificadas en el trabajo es la acción disciplinaria, cuando estas cumplen una serie de requisitos establecidos por la ley.

---

[46] Artículo 54. Despido disciplinario. Estatuto de los Trabajadores

En este orden de cosas, siendo la falta de asistencia o ausencia al puesto de trabajo una causa de posible incumplimiento contractual y a su vez susceptible de una sanción por parte del empleador, hay que analizar el concepto de ausencia para determinar el tipo de ausencia que da pie a ser calificada de infracción.

Está claro que si bien la ausencia significa no presencia, también está claro que hay "no presencias" que no pueden ser calificadas de faltas de asistencia, no todo tipo de faltas de asistencia son causa de infracción alguna.

Acercarse al legislador y ver en qué medida aplica y utiliza las expresiones y las palabras ayuda sin duda a conocer tanto su definición como la aplicación legal de las mismas.

En España el Estatuto de los Trabajadores (ET) utiliza la palabra ausencia y falta de asistencia al trabajo en diversas y muy distintas ocasiones. Una lectura detenida de estas desvela que la falta de asistencia es una *ausencia en jornada laboral*.

El legislador no define la presencia y por tanto tampoco la ausencia, sino que presupone que la jornada laboral requiere la presencia de quien debe realizarla, sin embargo, habla de falta de asistencia al trabajo para enumerar en qué casos están permitidas, presuponiendo entonces que la omisión de asistencia quiebra la obligación de cumplir la jornada de trabajo.

En cuanto a las ausencias permitidas, legalizadas, las hay unas que son retribuidas, en consecuencia no tienen que ser recuperadas por el trabajador y otras que no serán retribuidas sino que se les restará del salario. El legislador también hace referencia a ausencias retribuidas, llamadas permisos retribuidos, que requieren de alguna de las causas expresadas por la ley y que estas causas deberán ser justificadas por el trabajador.

En consecuencia, el legislador viene a definir la ausencia laboral como la falta de asistencia del trabajador imputable en su jornada laboral cuando su presencia estaba prevista por el empleador conforme a su contrato de trabajo. Así pues, no pueden ser calificadas de ausencias las no presencias de un trabajador en la empresa fuera de su jornada laboral, por ejemplo, durante los domingos en una empresa que está cerrada los fines de semana. Tampoco puede ser calificada de ausencia la no presencia de un trabajador con jornada laboral en turno de tarde por no acudir al trabajo a las nueve de la mañana.

La influencia de las ausencias en la empresa viene dada por cinco circunstancias. La primera, por el mero incumplimiento contractual culposo, que en sí mismo genera responsabilidad. La segunda, por el coste directo que le representa al empresario la retribución de algo que no ha sido realizado. La tercera, por el coste que representa no poder vender el producto del trabajo que se había contratado en la persona del trabajador ausente, si bien había sido prevista su venta. La cuarta, por los costes directos del impacto en la organización colectiva del trabajo en una empresa por el hecho de que falte a su trabajo alguien que se suponía debería realizar una función o una tarea concreta y que sin la presencia de este trabajador los demás no pueden realizar su trabajo. La quinta y última, por los costes indirectos que suponen en otras áreas de la empresa el que un trabajador no aplique lo que se le ha enseñado o que deba ponerse en marcha todo un proceso de nueva selección de personal y de formación o adiestramiento.

2. Tipos de ausencias

Si la ausencia o falta de asistencia es una no presencia del trabajador en el puesto de trabajo durante su jornada laboral, esta puede ser prevista o no prevista y, a su vez, estar justificada o no estar justificada.

La definición de ausencia laboral debe ser clara y debe tener un objetivo, pues analizando la bibliografía sobre el absentismo se observa que se utiliza el concepto ausencia laboral de forma poco clara. Imputar una no presencia en el trabajo como ausencia cuando esta no presencia está amparada por la ley debe tener sus cautelas y explicaciones.

La jornada laboral como elemento esencial del contrato de trabajo es el que define la ausencia, es decir, el no cumplimiento de la jornada por la falta de asistencia del trabajador en su puesto de trabajo en el lugar del trabajo. Esta no presencia puede deberse a varias causas, unas causas ajenas al trabajador como es el caso de la imposibilidad de trabajar por causa del empresario y las causadas por fuerza mayor, y otras faltas de asistencia al trabajo tienen como causa el propio trabajador, de forma voluntaria o involuntaria.

Catalogar los tipos de ausencias vendrá modulado por las causas que las produjeron, por la forma en que se produjo, por el impacto en la organización, por su legalidad, por su justificación, por su duración, por su frecuencia, por el espacio de tiempo trascurrido entre una y otra y por su propia naturaleza.

En España, una lectura detenida del Estatuto de los Trabajadores (Anexo IV) desvela una determinada forma de catalogar y tipificar las ausencias. Este texto legal utiliza varias clasificaciones intentando justificar las que son ausencias permitidas de las que no lo son y el efecto que tendrán sobre el sujeto activo o trabajador.

De tal forma la lectura del Estatuto de los Trabajadores nos permite detectar varios criterios de clasificación en las causas de las ausencias (cuadro 2):

Cuadro 2. Clasificación de las ausencias según el Estatuto de los Trabajadores

A) **Justificación**:
- Justificadas (para permisos) (despido por causa objetiva, intermitentes)
- Injustificadas (incumplimiento contractual cuando son repetidas)

B) **Temporalidad**:
- Repetidas (incumplimiento contractual cuando son injustificadas)
- Esporádicas
- Intermitentes (despido por causa objetiva, justificadas)
- Consecutiva (> 20 días) (bajas no imputables en despido por causa objetiva)

C) **Duración** (a efectos del ET):

- De más de veinte días (bajas no imputables en despido por causa objetiva)
- De menos de veinte días (bajas imputables en despido por causa objetiva)

D) **Gravedad de la causa**:
- Por enfermedad leve (bajas imputables en despido por causa objetiva)
- Por enfermedad grave (bajas no imputables en despido por causa objetiva)

E) **Imputabilidad**:
- Las imputables (las no justificadas y la justificadas repetidas)
- Las inimputables (bajas no imputables en despido por causa objetiva)

F) **Legalidad** (previstas en la ley):
1. Las no previstas por la ley (incumplimiento contractual)
2. Las permitidas por la ley
   - Las que requieren aviso y justificación (permisos retribuidos y permisos no retribuidos)
   - Las que no requieren aviso y justificación (fiestas)

Las faltas de asistencia intermitentes, justificadas o no, en el ordenamiento jurídico tienen una especial importancia por ser causa de extinción del contrato laboral, despido, por decisión del empleador. De tal forma, el Estatuto de los Trabajadores tasa mediante una lista cerrada las causas que no se incluyen en las ausencias computables en las causas objetivas de despido (cuadro 3).

Cuadro 3. Causas no imputables en ausencias con posible despido

a)	huelga legal
b)	ejercicio de actividades de representación legal de los trabajadores
c)	licencias
d)	vacaciones
e)	paternidad
f)	maternidad
g)	parto
h)	lactancia

> i) riesgo durante el embarazo y la lactancia
>
> j) enfermedades causadas por embarazo
>
> k) accidente de trabajo
>
> l) enfermedad o accidente no laboral, con baja oficial y tenga una duración de más de veinte días consecutivos
>
> m) las motivadas por la situación física o psicológica derivada de violencia de género, acreditadas

En este orden de cosas, el artículo 45 del ET contempla situaciones de suspensión de contracto, en consecuencia, también se entiende, evidentemente, que son situaciones que provocan ausencias o faltas de asistencia al trabajo. En consecuencia, frente a una falta de asistencia al trabajo la justificación de encontrarse en un supuesto contemplado como suspensión de contrato, no debería ser considerado como una ausencia no justificada, incluso ni tan siquiera se debería considerar como ausencia pues las obligaciones de trabajador y empleador están suspendidas temporalmente.

Las ausencias por causas médicas (no profesionales), y además de corta duración, son las que se pueden aplicar en el despido por causa objetiva, en España, en base al Estatuto de los Trabajadores. Las ausencias por causas médicas, incapacidad temporal, y fisiológicas se encuentran dentro de las ausencias por interrupción temporal de la relación contractual o suspensión contractual temporal.

En cuanto las ausencias se refieren a incapacidad temporal aparece una nueva clasificación en relación a la duración del periodo de baja[47]. Esta clasificación nace de la normativa de la Seguridad

---

[47] Artículo 2.- Tipos de procesos de incapacidad temporal en función de su duración estimada. Orden ESS/1187/2015, de 15 de junio, por la que se desarrolla el Real Decreto 625/2014, de 18 de julio, por el que se regulan determinados aspectos de la gestión y control de los procesos por incapacidad temporal en los primeros trescientos sesenta y cinco días de su duración

Social determinando que hay bajas de muy corta, corta, media y larga duración (tabla 1).

Tabla 1. Periodos de duración estimada

Clasificación. IT	días naturales
• muy corta	< 5 días
• corta	5 a 30
• media	31 a 60
• larga	> 60

Siguiendo con el análisis de las clasificaciones de las ausencias, la literatura, reiteradamente, se refiere a dos tipos de ausencias, las ausencias justificadas y las ausencias no justificadas. Frente a este requisito, la justificación, surge la incógnita sobre qué tipo de justificación es la que se requiere para calificar a una ausencia de justificada o no justificada.

Justificar es un concepto que está ampliamente definido, así pues, se entiende por ello probar que algo ha ocurrido (o rectificar o hace justo algo). En términos generales, el acto de justificar como el de probar que algo ha ocurrido o que algo es justo, es sumamente abstracto sino se referencia a una norma o a un hecho en concreto.

Justificar un acto puede ser tan solo explicar porque se dio, dando razones para ello, cosa distinta es que quien lo escuche lo entienda justificado, razonado o justo. Pero también, justificar puede referirse a demostrar que la causa de un determinado hecho u omisión está listada o está contemplada en el ordenamiento jurídico con las especificaciones que el texto legal quiera darle.

Justificar un acto puede ser tan solo explicar porque se dio, dando razones para ello, cosa distinta es que quien lo escuche lo entienda justificado, razonado o justo. Pero también, justificar puede referirse a demostrar que la causa de un determinado hecho u omisión está listada o está contemplada en el ordenamiento jurídico con las especificaciones que el texto legal quiera darle.

Lo visto hasta este momento también permite clasificar a las ausencias desde el punto de vista subjetivo, por una parte, como aquellas que no penalizan al ausente y, por otra parte, como aquellas que penalizan más o menos, o simplemente penalizan, al sujeto de la falta de asistencia. Así pues, en la tabla 2 se presentan las ausencias en base a su penalización o capacidad penalizadora sobre el sujeto activo de las mismas, distinguiendo las ausencias con mayor capacidad penalizadora de las ausencias con menor capacidad penalizadora, y diferenciando las que la tienen esta capacidad frente a las que no la tienen.

Tabla 2. Capacidad penalizadora

		menor	mayor
Justificación		justificadas	injustificadas
Temporalidad		esporádicas	repetidas
		consecutivas	intermitentes
Duración	Por ET	> 20 días	< 20 días
			< 5 días
	Por S.S.	5 a 30 días	5 a 30 días
		31 a 60 días	
		> 60 días	
Gravedad causa		grave	no grave
		sin	con
Imputabilidad		Inimputable	imputable
Legalidad		autorización prevista	autorización no prevista

Se remite de nuevo al lector a la fuente del legislador para descubrir qué entiende este por justificación, para lo cual es preciso volver sobre el texto del ET. El Estatuto de los Trabajadores utiliza el término ausencia o falta de asistencia justificada en varias ocasiones y con alcances distintos.

El ET se refiere a faltas de asistencia justificadas al hablar de que "con aviso y justificación" de un supuesto contemplado en el artículo 37 permite al trabajador ausentarse del trabajo. En este supuesto la justificación está concretada, se trata de demostrar que un supuesto de hecho se ajusta a la lista de causas que dan derecho al trabajador a disponer de estos permisos retribuidos. El trabajador debe justificar (avisando) que se encuentra en uno de los supuestos que aparecen en el Artículo37 para ausentarse del trabajo de forma lícita.

El ET vuelve a utilizar la expresión justificar, sensu contrario, cuando en el artículo 54, sobre el despido disciplinario, menciona como causa las faltas repetidas e *injustificadas* de asistencia o puntualidad. En este supuesto el legislador deja al empleador el criterio de la justificación o no de la ausencia, pues no lista ni explica que se entiende por *justificación*, núcleo del precepto. En este supuesto, el listado de causas o modos de justificación está abierto, configurándose es una norma penalizadora destipificada. Así pues, como el artículo 37 lista las causas que dan opción a permisos retribuidos y manifiesta que debe estar probadas o justificadas, se entiende que las ausencias que no se justifican pudiendo serlo, las del artículo 37, son las no justificadas, es decir, es un criterio por omisión de justificación o prueba.

Por otra parte, se pueden dar también faltas de asistencia al trabajo por los supuestos contemplados en el artículo 45 (suspensión del contrato), que si bien cuando se justifica esta ausencia bajo cualquier de estos supuestos la falta de asistencia pasa a ser ausencia justificada.

Las ausencias también pueden ser imputables e inimputables. Este es el caso del artículo 52, este muestra una lista de causas que no se pueden computar en los supuestos de despido por causa objetiva (cuadro 3, pág. 37). Se entiende que el trabajador que aluda a esta lista deberá demostrar o justificar que se encuentra en los supuestos excluyentes.

En este orden de cosas, no se conocen las causas que no justificarían suficientemente un retraso o de una ausencia al puesto de trabajo, por lo que se deja a juicio del trabajador justificar o explicar y demostrar lo explicado, bien un retraso bien una ausencia al puesto de trabajo, y se deja bajo juicio del empleador aceptar la justificación necesaria como justificación suficiente.

Tabla 3. Justificación. Necesidad (Palou Bretones, A. ICADE. 1989-1991)

		Justificación	
		Si	No
Necesidad	Si	Necesaria y justificada	Necesaria y no justificada
	No	No necesaria y justificada	No necesaria y no justificada

Otras formas de clasificar las ausencias o falta de asistencia al trabajo permiten correlacionar la necesidad con la justificación del hecho u omisión. En la Adenda a este ensayo, en el cual se presenta el trabajo de investigación los "Índices de Absentismo como medidores de la motivación en el clima laboral", se describen en su página 34 causas de absentismo, de lo cual se desprende que en el centro de estudios universitarios ICADE se impartía un curso en el cual se describían varias clasificaciones de tipos ausencias, de entre las cuales habría una clasificación que describía dos tipos de ausencias, aquellas ausencias cuyas causas son reales y aquellas ausencias cuyas causas son formales.

A su vez, esta clasificación describe que las causas reales son necesarias o innecesarias (tabla 3), en función de la imposibilidad del trabajador de acudir a su trabajo, por otra parte, que las causas formales serían justificadas o no justificadas, en función de que la causa real tuviera justificación y soporte legal.

De tal forma, se puede hablar de las ausencias laborales necesarias por el hecho de que la presencia del trabajador en el puesto no es posible o de las ausencias laborales innecesarias por el hecho de que la ausencia es decisión del trabajador, al no tener este impedimento físico que le impida acudir a su trabajo.

En este orden de cosas, las ausencias laborales con justificación formal son aquellas que soportan su esencia en un documento que acredita la necesidad de la ausencia, tal es por ejemplo un parte de baja por enfermedad o el certificado de presencia de un testigo en un tribunal de justicia. Mientras que las ausencias sin justificar son tan solo aquellas que no tienen soporte legal documental del motivo que impidió la asistencia, sino que además la justificación no estaría contemplada en la norma laboral.

Una vez que se ha calificado una falta de asistencia al lugar de trabajo como ausencia, se debe volver sobre la calificación de ausencia legalmente hablando, tanto de las ausencias justificadas como de las no justificadas.

Las ausencias laborales previsibles (justificadas), tales como los descansos y los permisos estatutarios deben ser tenidas en consideración por los organizadores y planificadores del trabajo en las empresas cuando calculan necesidades de mano de obra o cuando imputan sus costes en las previsiones de gastos. Es evidente que dentro de los costes salariales de una empresa deben tenerse en cuenta los costes provocados por las vacaciones y los descansos de fin de semana, dado que estos no computan como jornada laboral y hay que cubrir los puestos que estos dejen vacantes. Estas no asistencias no pueden ser catalogadas como ausencias perjudiciales para la empresa, ni tan siquiera como meras ausencias, ni imputarlas en los cálculos del absentismo, en ningún supuesto.

En este orden de cosas, en puridad, el empresario debería tener previstas en sus necesidades laborales y en sus costes laborales, como una provisión o una dotación para gastos, todas las ausencias posibles que en virtud de la legislación y los convenios colectivos podrían ser utilizadas legalmente por el trabajador. Es decir, para los cálculos de previsiones y gastos, se deberían imputar como días laborales de "no presencia" todos los días (horas laborales) que podrían acogerse los trabajadores como permisos legalmente retribuidos y todos los días (horas) de las reducciones de jornadas a las que tendrían derecho todos los trabajadores de la empresa.

Tabla 4. Previsibilidad. Evitabilidad

		Previsibilidad	
		Si	No
Evitabilidad	Si	Previsible y evitable	No previsible y evitable
	No	Previsible y no evitable	No previsible y no evitable

A todo lo dicho sobre el tipo de ausencia, hay que añadir que realmente lo trascendente en la empresa, salvando la cuestión de los costes innecesarios o evitables, es la previsibilidad de las cosas. Cuando algo es previsible se puede planificar o incluso se puede intentar prevenir cuando es evitable. Planificar reduce los costes innecesarios e incrementa la eficiencia de los procesos. Prevenir lo evitable hace que no ocurra lo evitado. En conclusión, se deberán clasificar las ausencias como previsibles y no previsibles (tabla 4), y dentro de las previsibles las evitables y las no evitables.

En resumen, para gestionar la jornada laboral es fundamental que cada empresa identifique, defina y clasifique el tipo de ausencias que se pueden dar en la misma, teniendo en cuenta todos los factores que puedan influir en ellas como pueden ser, entre otros muchos, por ejemplo la edad, el género, el rol y, en alguna forma, el estado civil.

3. LAS AUSENCIAS POR SUSPENSIÓN TEMPORAL DEL CONTRATO. INCAPACIDAD TEMPORAL Y OTRAS

La suspensión temporal de contrato es la interrupción temporal de la prestación laboral sin quedar roto el vínculo contractual entre empresa y trabajador, exonerando de las obligaciones recíprocas de trabajar y remunerar el trabajo.

Dentro del abanico de posibles ausencias, una de las causas más comunes es la producida por la suspensión del contrato laboral por tiempo determinado o de forma temporal. Una ausencia que tenga como causa uno de los supuestos de la suspensión contractual y que a su vez esta causa este acreditada, justificada o demostrada, pasa a ser considerada como falta de asistencia justificada. Sin embargo, apelando al sentido de las cosas, estos supuestos no deberían tener la consideración de ausencia como falta de asistencia al trabajo dado que la suspensión contractual exonera al trabajador de tener que cumplir con la jornada laboral y si no hay jornal laboral tampoco debe haber falta de asistencia laboral.

La suspensión del contrato de trabajo y las causas que le dan origen vienen establecidas y reguladas en el Artículo 45 del Estatuto de los Trabajadores.

Las causas tipificadas de este tipo de suspensión contractual son: incapacidad temporal de los trabajadores, maternidad, paternidad, riesgo durante el embarazo, riesgo durante la lactancia natural de un menor de nueve meses y adopción o acogimiento, tanto pre-adoptivo como permanente o simple, de conformidad con el Código Civil o las leyes civiles de las Comunidades Autónomas que lo regulen, siempre que su duración no sea inferior a un año, aunque éstos sean provisionales, de menores de seis años o de menores de edad que sean mayores de seis años cuando se trate de menores discapacitados o que por sus circunstancias y experiencias personales o por provenir del extranjero, tengan especiales dificultades de inserción social y familiar debidamente acreditadas por los servicios sociales competentes.

Otras causas de este tipo de suspensión contractual son: el ejercicio de cargo público representativo, privación de libertad del trabajador mientras no exista sentencia condenatoria, suspensión de sueldo y empleo, por razones disciplinarias, fuerza mayor temporal, causas económicas, técnicas, organizativas o de producción, excedencia forzosa, por el ejercicio del derecho de huelga, cierre legal de la empresa o por decisión de la trabajadora que se vea obligada a abandonar su puesto de trabajo como consecuencia de ser víctima de violencia de género.

La incapacidad temporal para el trabajo es aquella situación en la que se encuentran los trabajadores impedidos o imposibilitados temporalmente para trabajar debido a enfermedad común o profesional y accidente, sea o no de trabajo, mientras reciban asistencia sanitaria de la Seguridad Social. También tendrán la consideración de situaciones determinantes de incapacidad temporal los períodos de observación por enfermedad profesional en los que se prescriba la baja en el trabajo por motivo de dicha observación.

En este orden de cosas, las causas que pueden provocar esta situación temporal de suspensión contractual por incapacidad temporal son la enfermedad común o profesional, el accidente, sea o no de trabajo y el período de observación de enfermedades profesionales, cuando sea necesaria la baja médica (cuadro 4).

Cuadro 4. Causas de incapacidad temporal

Las causas de esta incapacidad temporal son:
1. Enfermedad común o profesional
2. Accidente, sea o no de trabajo
3. Periodos de observación por enfermedad profesional, con baja laboral

La incapacidad temporal, pues, es el supuesto del trabajador que está incapacitado por un tiempo para desempeñar su trabajo, con normalidad y en base a lo que se espera de él, necesitando atención sanitaria de la Seguridad Social a través del Sistema Nacional de Salud o a través de las Mutuas de accidente de tráfico y enfermedades profesionales o a través del Mutualismo Administrativo. Esta situación da derecho, en su origen, a percibir la prestación económica por incapacidad temporal que trata de cubrir la falta de ingresos que se produce para el trabajador (cuadro 5, pág. 48).

La incapacidad temporal conlleva la suspensión de la relación laboral con la empresa, cesando las obligaciones de trabajar y de remunerar el trabajo. Sin embargo, esta situación temporal o periodo de tiempo será computable a efectos de antigüedad, teniendo el trabajador derecho a reincorporarse a su puesto de trabajo en cuanto cese la misma. Este retorno inmediato recibe el nombre de reserva de puesto de trabajo.

En el embarazo, después del parto y durante los primeros años de la maternidad, las mujeres trabajadoras cuentan con una serie de permisos y derechos, a los que recientemente se han incorporado los varones progenitores. Además, a los derechos fijados en el Estatuto de los Trabajadores, hay que sumar las mejoras introducidas hace un par de años por la Ley para la igualdad[48].

La baja maternal supone la suspensión del contrato de trabajo que se puede ejercitar antes del parto, pero con fecha límite. La baja maternal comenzará a computarse de manera obligatoria el día del nacimiento del bebé o el día de la decisión administrativa que motiva el acogimiento o el día de la sentencia judicial que hace firme la adopción en los casos de adopción o acogimiento familiar.

La baja maternal, en la actualidad, tiene una duración de dieciséis (16) semanas ininterrumpidas, de las cuales necesariamente seis (6) semanas deberán disfrutarse después del parto. En los casos de parto múltiple, la duración de la baja maternal se amplía en dos semanas por cada hijo adicional.

---

[48] Ley Orgánica 3/2007, de 22 de marzo, para la igualdad efectiva de mujeres y hombres

Cuadro 5. Suspensión temporal y subsidio a percibir

Incapacidad temporal[49]
- A. En caso de enfermedad común y accidente no laboral:
  - 60% desde el día 4º hasta el 20º inclusive.
  - 75% desde el día 21º en adelante.
- B. En caso de accidente de trabajo y enfermedad profesional:
  - 75% desde el día en que devengue el derecho.

Maternidad[50]
- A. Con carácter general: el 100% de la base de cotización de la trabajadora en el mes anterior[51] a la fecha de comienzo de disfrute de la baja maternal.
- B. Madre menor de 21 años. No se exige periodo de cotización.
- C. Madre entre 21 y 26 años. Debe haber cotizado 90 días, en los siete años previos a la fecha de parto, o 180 días a la largo de su vida laboral.
- D. Madre mayor de 26 años. Debe haber cotizado un mínimo de 180 días a la Seguridad Social, en los siete años que preceden a la fecha del parto, o 360 días a lo largo de toda su vida laboral.
- E. Madre con los requisitos de alta laboral pero que no cumple los requisitos mínimos de cotización tendrá derecho a un subsidio por maternidad, o prestación de siete semanas por una cuantía equivalente a 1,5 veces el IPREM[52] diario. Para partos múltiples, esta cuantía se amplía en 14 días por cada hijo adicional.

Paternidad
- El 100 % de la base reguladora.

Riesgos durante el embrazo
- El 100 % de la base reguladora.

Riesgos durante la lactancia
- El 100 % de la base reguladora.

La paternidad por nacimiento o adopción de un hijo y el acogimiento da el derecho a solicitar un permiso para falta de asistencia

---

[49] Real Decreto Legislativo 8/2015, de 30 de octubre, por el que se aprueba el texto refundido de la Ley General de la Seguridad Social

[50] Real Decreto 295/2009, de 6 de marzo, por el que se regulan las prestaciones económicas del sistema de la Seguridad Social por maternidad, paternidad, riesgo durante el embarazo y riesgo durante la lactancia natural

[51] Cantidad diaria que se obtiene de dividir el suelo antes de las retenciones entre 30 días

[52] El Indicador Público de Renta de Efectos Múltiples (IPREM) es un índice empleado en España como referencia para la concesión de ayudas, becas, subvenciones o el subsidio de desempleo entre otros. Este índice nació en el año 2004

Capítulo 3. Las ausencias al trabajo

al trabajo a la empresa, lo cual conlleva una suspensión de contrato de trabajo. Para que el padre pueda atender a su pareja y a su bebé, la ley[53] reconoce cuatro semanas ininterrumpidas, ampliables en dos (2) días más por cada hijo a partir del segundo. Se suman a los dos días de permiso que existen por nacimiento de hijo, a lo largo de la baja maternal o cuando esta termina.

La prestación por paternidad protege el derecho del trabajador a percibir un subsidio durante los días de suspensión del contrato de trabajo, o cese en la actividad, en caso de nacimiento de un hijo, adopción o acogimiento.

El riesgo durante el embarazo o durante la lactancia es causa de suspensión de contrato y percepción de subsidio de la Seguridad Social.

A los efectos de este tipo de suspensión, se entiende por riesgos del embarazo o riesgos durante la lactancia la suspensión de contrato de trabajo debida a que el cambio de puesto de trabajo no resulte técnica u objetivamente posible cuando la mujer trabajadora debía cambiar de puesto por otro compatible a causa de su estado. Ahora bien, no pueden acogerse a esta modalidad el supuesto del riego o las patologías asociadas que puedan influir negativamente en la salud de la trabajadora o el feto o el lactante cuando estas no estén relacionadas con el puesto de trabajo directa o indirectamente.

4. LAS REPERCUSIONES DE LAS AUSENCIAS AL TRABAJO. PARA EL TRABAJADOR Y PARA LA EMPRESA

Los actos (acciones u omisiones) de las personas tienen consecuencias, estas pueden tener contenido jurídico o no tenerlo, pueden ser generadoras de derechos y obligaciones o no hacerlo, pueden

---

[53] Ley Orgánica 3/2007, de 22 de marzo, para la igualdad efectiva de mujeres y hombres y Ley 9/2009, de 6 de octubre, de ampliación de la duración del permiso de paternidad en los casos de nacimiento, adopción o acogida. Modificadas por le Ley 48/2015, de 29 de octubre, de Presupuestos Generales del Estado para el año 2016

incurrir en responsabilidad, objetiva o subjetiva, o no incurrir en esta, pueden ser simplemente actos sin repercusión o inocuos.

En cualquier caso, es bueno recordar que los actos contrarios a las normas imperativas o prohibitivas son nulos de pleno derecho y que los actos realizados al amparo del texto de una norma que persigan un resultado prohibido por el ordenamiento jurídico, o contrario a él, se considerarán ejecutados en fraude de ley.

Por otro lado, todo acto u omisión que por la intención de su autor, por su objeto o por las circunstancias en que se realice sobrepase manifiestamente los límites normales del ejercicio de un derecho, con daño para tercero, dará lugar a la correspondiente indemnización y a la adopción de las medidas judiciales o administrativas que impidan la persistencia en el abuso.

En el entorno laboral, las ausencias representan un incumplimiento del contrato excepto cuando estas estén autorizadas por la ley, estén justificadas o estén excluidas del cómputo de las ausencias que pueden influir en la relación contractual entre el empleado y el empleador.

Las consecuencias directas que conlleva una ausencia para el trabajador viene reflejadas en el ordenamiento jurídico, pero las consecuencias también pueden ser indirectas, derivadas o no inmediatas. Las consecuencias de la falta de asistencia también pueden ser consecuencias colaterales, es decir, las que afectan al entorno inmediato del trabajador en cuanto a la carga de trabajo que puede repercutir sobre el resto de compañeros. Estas consecuencias también pueden llegar a afectar al cliente de una empresa de servicios o a la calidad en la manufacturación de un determinado producto.

En este orden de cosas, también deben tenerse en cuenta las consecuencias de asistir al puesto de trabajo cuando por causas médicas el trabajador debería no haber hecho. Un trabajador con una enfermedad infectocontagiosa podría poner en peligro la salud de su entorno laboral próximo o incluso se puede llegar a poner en peligro la salud de terceros, clientes o no, en el caso de trabajadores en contacto con el cliente o trabajadores que manipulan alimentos o sustancias para la ingestión.

Un trabajador con determinadas afectaciones sensoriales o motoras no capacitado, temporal o permanentemente, para la realización de una labor determinada y que no atienda a estas limitaciones realizando la tarea para la cual no está capacitado puede poner en riesgo tanto su integridad física como la de terceras personas.

Estas asistencias al trabajo indebidas pueden tener serias consecuencias. Además de tener estas un componente ético moral claro, también pueden llegar a tener consecuencias económicas para la empresa.

Las consecuencias para la empresa de la ausencia de un trabajador son varias, entre las cuales la primera es la económica directa, pero no la única.

La empresa también se puede ver afectada negativamente por las asistencias al puesto de trabajo que deberían haber sido ausencias. Como ya se ha comentado anteriormente, las ausencias por causas médicas en personas con procesos infectocontagiosos son ausencias necesarias tanto para el enfermo como para las personas potencialmente contagiables. En los supuestos de trabajos en donde se requiere una cierta pericia o unas condiciones físicas o sensoriales especialmente óptimas, una asistencia indebida que encubra una baja necesaria puede acarrear, tanto a la empresa como al trabajador o a terceros, serios perjuicios.

1. Las repercusiones de la ausencia para el trabajador

Una ausencia del trabajador puede no tener consecuencia para este. En todo caso, las consecuencias vendrán dadas por la causa y por el tipo de la ausencia.

Cuando una ausencia, por la causa y el tipo, sea catalogada como ausencia justificada, el empresario no podrá descontar de la nómina el tiempo de esa ausencia, entendiendo que a estos efectos son ausencias justificadas las de los artículos 37 y 23 del ET o las que amplíen el convenio colectivo de aplicación.

En el caso de que la ausencia sea debida a una incapacidad temporal, por contingencias profesionales o no comunes, la nómina se verá afectada en base a la regulación vigente, con carácter general y salvo que el convenio colectivo no proponga un complemento o compensación durante los primeros tres días.

Cuando la ausencia sea por incapacidad temporal, enfermedad o accidente laboral, el empresario podrá verificar el estado de salud mediante reconocimiento médico[54]. Por tanto, otra consecuencia de un determinado tipo de ausencia, la ocasionada por baja médica, puede conllevar la obligatoriedad de un reconocimiento médico del empleado solicitado por el empleador.

Sin embargo a lo dicho, las ausencias justificadas cuando sean debidas a suspensión del contrato laboral por causa de incapacidad temporal, podrán ser causa de despido por causa objetiva cuando se cumplan una serie de requisitos. Primero, que la ausencia no esté excluida de este cómputo y segundo, que las faltas de asistencia al trabajo alcancen el veinte por ciento de las jornadas hábiles en dos meses consecutivos siempre que el total de faltas de asistencia, del trabajador, en los doce meses anteriores alcance el cinco por ciento de las jornadas hábiles, o el veinticinco por ciento en cuatro meses discontinuos dentro de un periodo de doce meses. En el supuesto de despido por causa objetiva, la indemnización será de veinte (20) días por año con un máximo de doce mensualidades.

Cuando por la causa y el tipo, una ausencia sea catalogada como ausencia injustificada el empresario podrá descontar de la nómina el tiempo de ausencia, afectando a sus pagas extraordinarias y a la cotización que la empresa paga a la Seguridad Social por el empleado. Las consecuencias de la ausencia injustificada pueden ser todavía más duras, aplicando sanciones adicionales, tal es el despido o extinción unilateral del contrato de trabajo por voluntad del empleador. El despido por ausencias al trabajo, de

---

[54] Artículo 20 del ET

ausencias no justificadas se considera como procedente y no da lugar a indemnización a cargo de la empresa.

Los dos despidos, los disciplinarios y los de causa objetiva, no excluyen el finiquito ni el derecho al subsidio de paro. El finiquito incluirá salarios pendientes, la parte proporcional de la paga extraordinaria y las vacaciones que el trabajador no haya disfrutado.

Otra consecuencia puede ser la de una sanción de suspensión de empleo y sueldo[55]. La suspensión del contrato de trabajo supone la suspensión de empleo y sueldo, mediante la cual las partes quedan liberadas de las obligaciones y compromisos del contrato laboral, mientras se mantengan las causas de la suspensión. El trabajador causa baja en la empresa respecto de afiliación al Sistema de Seguridad Social y por lo tanto no hay que cotizar, aunque no siempre es de esta forma, por algunas excepciones. Aunque lo trascendente es que se mantiene el derecho de la reserva del puesto de trabajo y la vigencia del resto de derechos contractuales, como pueden ser cómputo de antigüedad, ascensos y revisión salarial.

En la introducción a este punto, sobre las repercusiones de las ausencias en el trabajador, se han comentado las consecuencias de las *ausencias necesarias encubiertas por asistencias indebidas*. No hay ninguna razón que deba excusar un proceso de curación de una enfermedad, sea este de la naturaleza y prolongación que sea. Negar el proceso de tratamiento es negar el derecho a la asistencia sanitaria e invalidar el proceso médico asistencial.

En algunos casos la necesidad de la falta de asistencia de un trabajador por estar enfermo no tan solo se debe a la necesidad de recuperación de su estado de salud sino a que esta enfermedad pueda afectar a otras personas de su entorno, contagiándolas y transmitiendo la enfermedad. Por ejemplo, la incidencia de la gripe puede oscilar entre un diez por ciento (10%) a un cincuenta por ciento (50%), dependiendo de la virulencia de la cepa y de las medidas preventivas primarias y secundarias, vacunación y evitar el contagio. Aunque, la capacidad protectora de la vacuna de la

---

[55] Artículo 45 del ET

gripe depende fundamentalmente de tres factores: de la edad y del estado de salud de la persona vacunada; la similitud de los virus circulantes y los contenidos en la vacuna.

Cuando la coincidencia entre los virus circulantes y los vacunales es alta, la vacuna previene entre el setenta (70) y el noventa por ciento (90%) de la gripe en sujetos sanos menores de sesenta y cinco (65) años. En personas mayores de sesenta y cinco (65) años y personas con enfermedades crónicas es efectiva en la prevención de complicaciones derivadas de la gripe. Se pueden evitar de un cincuenta (50) a sesenta por ciento (60%) de hospitalizaciones y el ochenta por ciento (80%) de fallecimientos derivados de estas complicaciones. En estos grupos, la eficacia para prevenir la enfermedad oscila entre un treinta (30) a cuarenta por ciento (40%), pero es importante tener en cuenta que, aunque se pueda adquirir la infección habiendo recibido la vacuna, la enfermedad será, con mucha probabilidad, menos grave si se ha producido esa vacunación previa.

Otras consecuencias de las *ausencias necesarias encubiertas* son los accidentes de trabajo, el incremento de riesgos en el entorno laboral y el descenso de la calidad. Un trabajador que está afectado de una dolencia que le produce una reducción sensitiva o un defecto motor y su trabajo depende directamente o está influido por su habilidad manual, fuerza o destreza motora, debe cumplir las indicaciones médicas y no debe encubrir una ausencia necesaria mediante una presencia laboral desaconsejada o prohibida por el facultativo.

2. Las repercusiones de la ausencia para la empresa

La empresa se organiza en torno al trabajo, núcleo operacional del negocio. El trabajo es la aportación humana a la producción de bienes y servicios, aunque se habla de trabajo humano para diferenciarlo del trabajo mecánico, que es el que produce la tecnología.

El trabajo como actividad cognitiva humana es una concatenación de tareas o actividades básicas con un fin determinado, realizarlas una detrás de la otra generando procesos o cadena de tareas, más o menos estructuradas, organizándose en procesos o cadenas de procesos y estos, a su vez, en sistemas o en funciones con un objetivo común. Este fin pueden ser los servicios, los bienes o los productos, y esos a su vez pueden ser finales, acabados, intermedios o semiacabados.

En el trabajo se utilizan recursos físicos o recursos materiales, servicios intermedios o finales realizados por los recursos humanos de la organización. Aunque el trabajo también puede ser realizado por tecnología creada y controlada por el hombre, en cuyo caso este control es parte de su trabajo.

La organización del trabajo como proceso externo al propio proceso consume a su vez recursos, tiempo y material. La planificación de los sistemas de trabajos, la distribución de funciones, la ubicación y ordenación de los recursos humanos y de los recursos materiales, la adquisición de todos ellos, la asignación de tiempos y la adquisición de compromisos de fabricación, producción y entrega están íntimamente vinculados a la definición previa de todo ello.

La planificación y definición previa de todo el sistema de servicios o fabricación requiere de complejos engranajes que se inician en la adquisición de los recursos y en el reclutamiento y selección del personal, que siguen en el conocimiento del producto o servicio que se oferta, y en la asignación eficiente de tiempos y recursos. Todo ello requiere de una serie de exigencias entre la que destaca la previsibilidad y el principio de efectividad.

Los fallos de los sistemas se dan en muchas ocasiones por la no previsibilidad de los sucesos que acontecen e interrumpen las tareas, o siendo previsibles no se supieron prever o detectar con antelación el suceso no deseado. De tal forma, algo previsible o es evitable o no lo es, si es evitable se pueden mitigar sus consecuencias.

En este orden de cosas, en la organización del trabajo la previsibilidad del recurso humano es absolutamente básica y fundamental para el buen fin de la organización. Por ejemplo, si un restaurante no sabe si en el día de hoy acudirá el cocinero difícilmente este restaurante podrá asumir cumplir con las reservas que se vayan realizando durante la mañana del día. Si la ausencia o asistencia del cocinero se hubiera previsto con antelación hubiera sido más factible y barato conseguir un sustituto y cumplir con el fin del negocio.

Esta previsibilidad está muy relacionada con la justificación de las faltas de asistencia al trabajo.

La falta de asistencia al trabajo tendrá distintas repercusiones en la empresa en base que esta ausencia sea previsible. En todo caso la ausencia, sea o no previsible, podrá requerir una sustitución lo que conllevará una nueva contratación o el pago de horas extraordinarias a algún trabajador ya contratado. Esta sustitución conlleva consumo de recursos y, por tanto, coste en la empresa.

En casi todos los puestos de trabajo la experiencia en las tareas incrementa la efectividad del trabajador (la eficiencia y la eficacia) y muy posiblemente la calidad de lo realizado. Una sustitución rompe en casi todos los casos la relación de la experiencia de la persona con la función que desempeña, incurriendo en una merma de la calidad o de la efectividad. Todo ello repercute en mayores costes para la empresa, incluyendo el coste de la no calidad.

La sustitución de un trabajo por otro no siempre es una sustitución material, en muchos casos el trabajo que deja de hacer un trabajador es realizado por otro sin que por ello este último incremente su remuneración. Este hecho de sobrecarga de trabajo por ausencia de un trabajador conlleva merma de la calidad y desmotivación del trabajador sujeto a la sobrecarga. Al final, la merma en la calidad, el descenso de la efectividad y la desmotivación impacta en la organización en mayores costes.

Sin embargo, a todo lo dicho hay que añadir que los costes de las ausencias no siempre son mayores que los costes de las *ausencias necesarias encubiertas*, es decir, aquellas asistencias al puesto de trabajo por trabajadores que por circunstancias médicas debían haber estado ausentes o fuera de su puesto de trabajo habitual.

En este orden de cosas, se entiende como un error la presión de la empresa para reducir las ausencias por motivos médicos incluso por debajo de lo que viene a ser lo médicamente recomendable.

La forma que debe tener la empresa para reducir estas bajas laborales es mediante sistemas de prevención, mediante la correcta dotación de los médicos de empresa y mediante los planes de prevención de accidentes y riesgos laborales.

Una empresa no obtiene beneficios de pretender reducir las ausencias a cero, sino los beneficios de la empresa será la consecuencia de reducir las previsiones de ausencias esperadas sin incrementar las *ausencias necesarias encubiertas*. Las previsiones de ausencias de las empresas deberán computar también todas aquellas ausencias a las que sus trabajadores tienen derecho (ver pág. 43).

Las previsiones, a las que nos hemos referido, deberán hacerse en base a los supuestos que dan pie a las ausencias legalmente permitidas o a las suspensiones de contrato posibles en virtud de las trabajadoras y trabajadores que estén en situación personal o civil de tener hijos, de forma razonable. También se deberán computar las situaciones de otros trabajadores que de forma razonable les haga subsidiarios de utilizar los otros permisos a los que tiene derecho o a los que el convenio colectivo autoriza. A estas hay que añadir las previsiones de las ausencias que se supone pueden ocurrir por causas médicas como consecuencia de aplicar a todo el volumen de trabajadores de la empresa los ratios de morbilidad aceptados como normales en la zona geográfica en donde esté situado el puesto de trabajo. Todo ello requiere de una exhaustiva planificación de la política de recursos humanos y del conocimiento de la realidad personal de cada uno de ellos.

Concluyendo, si la empresa consigue una reducción de sus costes laborales como consecuencia de la reducción de las ausencias previstas sin aplicar sistemas de reducción de las ausencias necesarias, así pues, habrá obtenido beneficios en su política de personal y habrá reducido sus costes imputables a las ausencias posibles.

EL ABSENTISMO

Introducción al capítulo

Hasta este capítulo el lector ha podido entrar en todos los elementos que componen el absentismo laboral. El termino absentismo es un concepto familiar siendo además el absentismo laboral un tema recurrente en los titulares de prensa. Suelen ser las entidades mutualistas o aseguradoras encargadas de cubrir el siniestro (la ausencia), en su caso, las que se suelen verse motivadas a realizar y divulgar estudios sobre el absentismo. Sin embargo, a pesar de todo, poco se sabe sobre él, poco consenso hay sobre su definición y, muy poco, sobre su esencia. El esfuerzo de este capítulo se centra en intentar aclarar el término entendido por absentismo a través de varias vías de abordaje. Por una parte, se buscan las definiciones haciendo un seguimiento a los tipos de absentismo que aparecen en la bibliografía. Por otra parte, se recurre al legislador para analizar cómo trata esta cuestión la legislación española. No se puede hablar de absentismo sin hacer referencia a la forma de calcular los índices que lo definen. El autor trata de forma muy crítica a las llamadas causas del absentismo y discute abiertamente su validez. El capítulo también aborda las ausencias y el absentismo dentro del escenario del despido de los trabajadores por parte del empresario. El autor entra de lleno en la definición de lo que denomina absentismo estructural, aquel causado por las ausencias mínimas posibles. También acota y explica el absentismo predictible, aquel que se compone por las ausencias pactadas o legales y por las ausencias necesarias. Finalmente, el capítulo se cierra con la definición de lo que el autor viene a llamar la carga de absentismo laboral de una determinada empresa u organización de trabajo.

1. DEFINICIÓN DE ABSENTISMO Y TIPOS DE ABSENTISMO

1. Definición de absentismo

El origen del término absentismo, etimológicamente hablando, viene defendido por corrientes distintas. Por una parte, la empresa Humanas en su página web (http://www.humanas.es) relaciona la palabra absentismo con el abuso de la bebida absenta, bebida de origen suizo, en los inicios del siglo XX. La absenta es una bebida de muy alta gradación y que a principios de 1910 se relacionó con una enfermedad, llamada absentismo, que producía alucinaciones, convulsiones y deterioro intelectual lo que provocaba que los obreros no acudieran a su puesto de trabajo, todo ello llevó a que en 1915 fuera prohibida por el Gobierno francés.

Otros autores, la mayoría, remiten el origen de la palabra absentismo al término inglés *absenteeism* la cual, a su vez, tiene sus raíces latinas. Esta teoría afirma que procede del término latín *absens absentis* que significa ausente, separado o lejano, dando lugar al sustantivo *absentia* que significa ausencia. Es probable que el término ausente se haya incorporado en nuestro léxico habitual como consecuencia del hecho de pasar lista a colectivos de personas en determinadas organizaciones, una actividad propia de los cuarteles que se trasladó posteriormente a las escuelas.

Por otra parte, lo cierto es que el absentismo o ausentismo está compuesto por el sustantivo ausencia con su origen latín *absentis* que junto al sufijo *ismo* da a entender una tendencia, una propensión a algo o una sistematización, es decir, algo que se caracteriza por su frecuencia. De esta forma la tendencia a la ausencia, la propensión a la ausencia o las ausencias reiteradas debidas a multitud de factores se entenderían como ausentismo o absentismo.

La Real Academia Española dice que absentismo es la abstención deliberada de acudir al lugar donde se cumple una obligación, aunque también lo entiende como abandono habitual del desempeño de funciones y deberes propios de un cargo y también se aplica a la costumbre de residir el propietario fuera de la localidad en que radican sus posesiones o propiedades.

En Internet, para la enciclopedia libre Wikipedia, por la voz Absenteeism se entiende el patrón habitual de ausencia frente a una obligación o a un deber (*Absenteeism is a habitual pattern of absence from a duty or obligation*). Esta definición induce a pensar que el absentismo es un patrón de conducta, un modelo habitual de actuar, que implica no atender una obligación o un deber por la causa de no estar presente. Los investigadores Villaplana García y colaboradores, de la Facultad de Psicología de la Universidad de Murcia también incorporan a la definición de absentismo la concepción de "una conducta"[56].

En la bibliografía internacional no es infrecuente encontrar definiciones del absentismo en las cuales se excluyen las ausencias justificadas entendidas como las autorizadas por la empresa. Lo cual se conecta con la definición que presenta Wikipedia, pues cuando hay permiso de la empresa no se incumple ninguna obligación o deber.

El absentismo, pues, puede entenderse como todo el conjunto de causas, efectos y consecuencias producidas por la falta de asistencia reiteradas de alguien a un lugar y momento determinado cuando este alguien debe o estaba obligado a acudir a ese lugar concreto y un tercero así lo tiene previsto.

En realidad, no es fácil concretar la definición de absentismo dado que si bien su naturaleza se inicia con la existencia de ausencias o faltas de asistencia, como incumplimiento contractual, no son estas aisladamente las que sustancian el término sino que surge cuando estas ausencias aparecen en un entorno determinado, cuando estas se acumulan periódicamente y de forma reiterada, cuando estas producen consecuencias no deseadas en la

---

[56] Villaplana García, M. García-Izquierdo, M. Meseguer de Pedro, M. Una revisión de los modelos de gestión de la ausencia y el retorno al trabajo desde el enfoque psicológico. Trabajo 28. U Huelva. 2013

organización o cuando el empleador sospecha que detrás de estas hay otras causas o motivaciones.

El absentismo implica en primer lugar, que estas ausencias preocupen a alguien que no debería haber estado ocupado en estos asuntos; en segundo lugar, que si bien no todas las ausencias afectan de igual forma a la organización hay uno o varios tipos de ausencias que provocan un fuerte efecto no deseado y en consecuencia son entendidas como un problema; en tercer lugar, que los efectos no deseados responden todos al mismo problema, es decir, a la falta de asistencia no prevista; cuarto lugar, que la falta de asistencia como elemento común a todas las situaciones tienen muchas causas distintas; y en quito lugar, que si bien los efectos son los mismos las causas no lo son y que las soluciones a esas causas de las ausencias tampoco son las mismas. Es decir, un factor común (ausencia) con causas distintas (origen de las ausencias), con la misma consecuencia (económica) y con soluciones distintas (evitativas, preventivas, disciplinarias, organizativas, etc.).

Por último, la literatura suele utilizar el término absentismo o ausentismo en relación al sector laboral o al entorno escolar o de formación reglada. En Iberoamérica utilizan el término ausentismo o abstencionismo electoral para expresar la abstención en los procesos políticos electorales. Este ensayo se interesa solo por el absentismo laboral.

2. Definición de absentismo laboral

El abordaje de este punto se hace desde la convicción de que no resulta sencillo definir lo que se entiende por absentismo, tal como refleja el Informe Adecco[57]. Sin embargo, no deja de ser extraño que un término tan utilizado, incluso con graves efectos en los textos legales, no disponga de una definición clara.

---

[57]Blasco de Luna, F. et al. Informe Adecco cobre Absentismo. Grupo Adecco, IESE Business School-Universidad de Navarra, Garriges, FREMAP, Confederación Española de Organizaciones Empresariales, Universidad Carlos III de Madrid

La Organización Internacional del Trabajo (OIT) (1991) define el ausentismo como "*la no asistencia al trabajo por parte de un empleado del que se pensaba que iba a asistir, quedando excluidos los periodos vacacionales, las huelgas, el embarazo normal y la prisión*".

La mutua colaboradora de la Seguridad Social (n° 151) ASEPYO, creada en 1915 y cuya denominación es "Asistencia Sanitario Económica para Empleados y Obreros, Mutualidad de Previsión Social" proviene de 1944 en Cataluña, en su web, con fecha de marzo 2017, define como absentismo laboral: "*como cualquier ausencia al trabajo cuando estaba prevista la asistencia*".

Por otra parte, la mutua FRATERNIDAD (n° 275), resultado de la fusión de las Mutuas La Fraternidad n° 166 y Muprespa-Mupag-Previsión n° 269 realizada el 31 de diciembre de 1998, define absentismo como: "*Conjunto de ausencias por parte de los trabajadores de un determinado centro de trabajo, justificadas o no, que puede determinar la extinción del contrato de trabajo por voluntad del empresario, basándose, precisamente, en la causa objetiva que supone dicho volumen de ausencias*".

El documento "La medición del absentismo laboral. Estimaciones desde la perspectiva de las empresas y de las vidas laborales" publicado, noviembre de 2012, por la Secretaria de Estado de la Seguridad Social del Ministerio de Empleo y Seguridad Social de España, define el absentismo como: "*la pérdida de horas de trabajo, es decir, el tiempo que el trabajador está ausente de su puesto de trabajo*".

La discrepancia en las definiciones se hace cada vez más patente. La mutua colaboradora de la Seguridad Social ERGASAT, con domicilio fiscal en la provincia de Barcelona, en su web, con fecha de marzo de 2017 publica: "*No existe una definición consensuada de lo que se entiende por absentismo pues son varias las interpretaciones que las empresas hacen del fenómeno. De hecho, cualquier definición tiene una carga política importante. El cómo se defina el absentismo es, a su vez, un indicador de cómo se interpreta el fenómeno y de su posible tratamiento*".

El absentismo laboral aisladamente no es una disciplina autónoma ni un área del conocimiento humano que se nutra y conduzca por sí misma, sino que atiende a un problema, las consecuencias de las "no asistencias".

Una empresa o una organización habla de absentismo cuando lo estudia y esto ocurre cuando ordena, clasifica y mide las ausencias o faltas al puesto de trabajo y todo ello en base a un fin común, es decir, la resolución del problema de origen. Lo cierto es que cada organización define el absentismo laboral en base a sus necesidades y en base a lo que pretende resolver.

En este orden de cosas, absentismo sin medición no tiene sentido. El absentismo correlaciona las horas no trabajadas con las horas teóricas de trabajo, en consecuencia hablar de absentismo es hablar de índices de absentismo, entendiendo por índice el quebrado en el cual en el numerador situamos las ausencias y en denominador las horas teóricas de trabajo (es decir, el numerador está incluido en el denominador). Realmente este índice es una tasa dado que este quebrado siempre se refiere a un periodo de tiempo determinado.

Así pues, el absentismo es la tasa que mide la relación entre las faltas de asistencia al trabajo (en horas o días) de los contratados y las horas o días que deberían haber trabajado todos los contratados. Se hablará de un absentismo o del otro en base al tipo de ausencia (en base a causas) que se elija para calcular el número de horas o días ausentes que se colocan en el numerador de la tasa. El numerador define el tipo de absentismo.

El estudio será más teórico que práctico cuanto más amplia sea la valoración de la ausencia para ser imputada en el numerador, en consecuencia, el estudio será más práctico que teórico cuanto más acotada sea la inclusión del tipo de ausencia que se imputará en la tasa.

La definición de absentismo laboral no ha cambiado mucho en los últimos 50 años. En la página 30 de la Adenda, se puede leer una de las definiciones más comunes de absentismo en los años ochenta, siglo XX, así pues Piedrola (1989) entendía "*Nosotros consideramos como absentismo las faltas imprevistas de asistencia al trabajo*".

En la actualidad Adecco (2016) en su V informe sobre absentismo, dice: "*La tasa de absentismo se define como el porcentaje de las horas no trabajadas (sin contar vacaciones, festivos ni horas perdidas debido a ERTEs[58]) respecto a la jornada pactada efectiva*".

En 1989 se entendía que lo fundamental era la falta imprevista, en la actualidad no se considera suficiente la previsión como un elemento diferenciador de la ausencia sino que se añade el criterio de la autorización legal en muy determinados supuestos o bien las causas debidas al empresario como son los ERTE.

El propio estudio de investigación (Adenda) al que hace referencia este ensayo incluye en el cómputo de las ausencias para calcular el absentismo la falta de asistencia al trabajo como causa de enfermedad común, ausencias por maternidad, accidente laboral y las faltas injustificadas. El conocimiento académico de 1990 y la propia empresa objeto del estudio, así lo entendían.

La expresión absentismo aparece en el Estatuto de los Trabajadores en el artículo 64, pero en los términos en los que aparece no ayuda a configurar su definición ni tan siquiera a entender su significado.

El absentismo es estudiado bajo el prisma de distintas disciplinas del conocimiento tales como la economía, la medicina, la psicología, la organización empresarial y la industrial y, por supuesto, el absentismo es estudiado por el derecho. El origen de su estudio aparece en los años treinta del siglo XX de la mano de Kornhauser y Sharplos[59] y en los años sesenta de la mano de autores como Taylor PJ (ver Adenda, pg 255 a 272) y de Steers y Rhodes[60,61], entre otros. Dentro de la bibliografía destaca el

---

[58] Expediente de regulación de empleo
[59] Kornhauser, A. W. Sharp, A. Employee attitudes; suggestions from a study in a factory. Personnel Journal, Vol 10, 1932, 393-404
[60] Rhodes, S.R. Steeres, R.M. Managin employee absenteeism. USA. Addison Wesley. 1990
[61] Paul P. Brooke, Jr. Beyond the Steers and Rhodes Model of Employee Attendance. The Academy of Management Review. Vol. 11, No. 2 (Apr., 1986), pp. 345-361

estudio realizado en 1990 por Meisenheimer J. que detectó distintos niveles de absentismo en relación al rol del trabajador y al género, en contraposición con la investigación incorporada en la Adenda que entiende que el género no influye en el absentismo.

En la práctica es conocido que en España muchos convenios colectivos hacen referencia al término absentismo, aunque tan solo en algunos casos el convenio entra en su definición y por tanto en la manera de medirlo. Dentro de estos se pueden poner como ejemplo, el artículo 64 del V Convenio colectivo general de ferralla (2016) o el artículo 62 del Convenio colectivo del sector de fabricantes de yeso, escayolas, cales y sus prefabricados (2016).

3. Tipos de absentismo laboral

Dentro del mundo teórico que trata el absentismo laboral se constata que no hay una definición universal, sino que cada organización o autor expresa lo que entiende sin que haya una clara unanimidad. Sin embargo, cuando algún autor se refiere al absentismo laboral, prácticamente todo el mundo sabe de lo que se está hablando, es decir, de las ausencias al trabajo.

En primer lugar, se puede afirmar que los distintos tipos de absentismo vendrán definidos por el tipo de ausencia que se introduzca en el numerador del quebrado que lo calcula. Por tanto, habrá tantos tipos de absentismo como clasificaciones se den a las ausencias incluidas en ese quebrado.

Otra característica que definirá el tipo de absentismo será el periodo temporal que se elija para incluir las ausencias. Por lo general se utiliza el periodo anual, aunque nada impide utilizar el mensual o el semanal, incluso se podría calcular el absentismo diario. También se podría calcular el absentismo estacional, el que vendría dado por la estación del año que quisiera estudiarse.

Otro tipo de absentismo vendría dado por las características del trabajador, por ejemplo en cuanto a su género, a su estado civil o a su nivel de estudios, entre otras muchas características posibles. En estos casos se hablaría, por ejemplo, del absentismo del género masculino y la del género femenino, o el de las personas casadas, o el de los titulados superiores o titulados medios, por nombrar algunos de ellos. También se podría estudiar el absentismo en base al role del trabajador dentro de la empresa o a su relación con el producto o servicio principal del negocio. Así pues, por ejemplo, en una clínica se hablaría del absentismo del personal sanitario o del no sanitario, en base a la profesión que ejerza cada uno (por ejemplo, un médico o un enfermero son sanitarios) o que también se podrían estudiar los grupos en base a que tuvieran, o no la tuvieran, relación directa con el paciente (por ejemplo, un enfermero de planta o un técnico de laboratorio clínico o de la farmacia del hospital o personal de la cocina).

Otro tipo de absentismo sería el relacionado con las características del contrato de trabajo del empleado. De esta forma se podría estudiar el absentismo del personal fijo frente al del empleado con contrato eventual o el del personal en base a su antigüedad, entre otros.

La literatura del sector, en cuanto a los tipos de absentismo, suele simplificar la clasificación. Por ejemplo, la organización Mutua Intercomarcal, mutua colaboradora con la Seguridad Social nº39, en su web, a fecha de marzo de 2017, al hablar de tipos de absentismo dice:

"De forma general, se puede clasificar el absentismo laboral en los siguientes tipos:

1. *Absentismo justificado: se trata de un absentismo previsible en la mayoría de las ocasiones, teniendo la empresa conocimiento del mismo.*

2. *Absentismo injustificado: es un absentismo imprevisible y que provoca el abandono del puesto de trabajo sin autorización por la empresa.*

3. *Absentismo presencial: es cuando el trabajador acude a su puesto de trabajo y realiza tareas ajenas a las encomendadas por la empresa"*.

Si acudimos a la fuente de la enciclopedia libre de Internet, Wikipedia, introduce la previsibilidad como criterio de clasificación, de tal forma que:

"*Existen diversos tipos de absentismo:*

Absentismo previsible y justificado: es aquel que puede ser controlado porque la empresa está informada previamente de la ausencia (permisos legales retribuidos, enfermedades comunes con baja de incapacidad laboral transitoria, accidentes de trabajo con baja laboral, permisos no retribuidos para asuntos personales).

Absentismo no previsible y sin justificación que suponen una falta o abandono del puesto de trabajo sin autorización de la empresa.

Absentismo presencial. Es aquella forma de absentismo en la que el empleado acude a su trabajo, pero dedica una parte del tiempo a tareas que no son propias de la actividad laboral".

Según la Dra. Diana Carolina Sánchez autora de la publicación "*Ausentismo laboral: una visión desde la gestión de la seguridad y la salud en el trabajo*"[62], existe otra clasificación e insiste en que el absentismo se puede clasificar de múltiples maneras, dice:

"*Las siguientes son algunas formas de clasificación:*

1. Según su origen

2. Según las causas amparadas por la ley

3. Según la decisión del trabajador"

Para el profesor titular de la Universidad de Barcelona, Miquel Porret Gelabert, el absentismo se suele clasificar de muy distintas formas[63], por ejemplo, atendiendo a si es legal o ilegal, a si es voluntario o involuntario, en cuanto a si es aceptado o no aceptado por la empresa, también se suele clasificar en cuanto si es externo o interno (presencial), a si es armónico o disarmónico, o también a si es médico o no médico, entre otras clasificaciones.

En base a la Adenda, se puede ver en su página 34 que ya en el año 1989 la clasificación de absentismo incluía prácticamente los

---

[62] Revista Salud Bosque. Volumen 5, Número 1, págs. 43-54
[63] Revista técnico labora. Volumen 34, Número. 131, 2012, págs. 5-81

mismos tipos, si bien sigue siendo interesante y genuina la clasificación que el Profesor Antonio Palou Bretones introdujo sus cursos en ICADE entre 1989 y 1992 (tabla 3. Capítulo 3, pág. 41), en donde diferenciaba el absentismo por causas reales (a su vez, necesarias y no necesarias) del absentismo por causas formales (a su vez, justificadas y no justificadas).

Resumiendo, se puede llegar a la conclusión de que las clasificaciones del absentismo se deben a criterios organizativos y básicamente a necesidades prácticas de las empresas y organizaciones que los estudian, más que a criterios académicos.

4. El absentismo y las llamadas causas del absentismo laboral

Si bien es cierto que la ausencia es la causa del absentismo y que esta a su vez se debe a diferentes causas, parece que del análisis de la bibliografía y de los estudios realizados se pueden clasificar las causas que favorecen la aparición del síndrome del absentismo y no tan solo las causas de las ausencias que lo provocan.

En esta cuestión se han hallado muchos estudios que habiendo encontrado correlación estadística entre el índice de absentismo y una determinada variable han concluido un efecto de causalidad entre esta y la tasa. Esta inferencia de causalidad o este proceso de explicación causal puede inducir a un error evidente, pues dos variables pueden tener una determinada correlación en un determinado escenario, pero no ser una causa de la otra.

Este hecho no causal es más importante, si cabe, en el estudio del absentismo dado que este se entiende como un fenómeno o como resultado de muchos y diversos elementos y en consecuencia su naturaleza es poco concreta y en casos, incluso, etérea.

Así pues, visto el absentismo como un síndrome, este se precipita o se manifiesta en determinadas situaciones que dan pie a que las ausencias se produzcan con mayor facilidad. Estas situaciones pueden ser entendidas como factores o circunstancias en las cuales se favorece sociológicamente una variación en los índices de absentismo de una determinada población a estudio o entre distintas poblaciones.

Uno de estos factores o circunstancias son los aspectos legales que rodean al entorno del trabajador y sus contingencias. En este sentido se ha correlacionado la cobertura de las bajas por enfermedad por prestaciones económicas y la tasa de absentismo por ausencias por enfermedad[64].

En otros casos, los factores están relacionados con entornos socioeconómicos tal es el supuesto del nivel de desempleo. En este sentido, distintos autores han correlacionado la tasa de absentismo y el nivel de desempleo en la población de estudio[65,66], en el sentido que con altas tasas de paro hay bajos índices de absentismo y viceversa. En España un estudio realizado en 1996 correlacionaba la variable indemnización por extinción del contrato de trabajo y la tasa de absentismo[67].

Otros estudios han puesto como posible causa de absentismo a las condiciones de trabajo del empleado incluyendo en esta categoría el tipo de trabajo desempeñado. Según estos, empresas con déficits en los procesos organizativos y trabajos de escasa consideración social son tendentes a presentar mayores tasas de absentismo por bajas por enfermedad[68].

Una circunstancia propia del trabajador y muy relacionada con el tipo de empresa y su modo de ser gobernada y gestionada es la motivación del empleado. En el año 1990 se realizó un estudio en un gran Hospital de Madrid el cual concluía que la motivación en

---

[64] Osterkamp, R. Work Lost due to Illness – An International Comparison. CESifo Forum, December 2002

[65] Thalmeier, A. Determinants of sickness absence: which role for unemployment?. IZA. Discusión Paper, 62. 1999

[66] Ichino, A. Riphahn, RT. The effect of employment protection on worker effort: a comparison of absenteeism during and after probation. Journal of the European Economic Association March 2005, 3(1); 120-143

[67] Jimeno, JF. Toharia, L. Effort, absenteeism and fixed term employment contracts. Revista Española de Economía, 1996. Vol 13:1 ; 105-119

[68] Jensen, Ch. Aronsson, O. Björnstad and Gunnarsdottir, H.K Sick leave in the Nordics countries. Copenhague

el personal es la variable que más influye en el nivel de absentismo, concluyendo que la influencia de este factor era incluso un trescientos por ciento (300%) superior a la variable "turno de trabajo" o al género de la persona (Adenda).

En este orden de cosas, el estudio de Hausknecht, Hiller y Vance realizado entre 1998 y 2003 coincide en afirmar que la satisfacción en el trabajo está estrechamente relacionada con las tasas del absentismo[69,70].

El tamaño de la empresa, sin poder ser considerada una de las llamadas causas de absentismo, ha aparecido en diversos estudios como un factor asociado inversamente a las ausencias por enfermedad[71]. El Informe Adecco (2011) dice al respecto que en España el absentismo es inversamente proporcional al número de trabajadores de la empresa, de tal forma que en las empresas de menos de 10 trabajadores la tasa de absentismo es casi testimonial.

Los aspectos personales del empleado lejos de poderse considerar una causa de absentismo, se han relacionado con mayores tasas de ausencias, tal es el caso de la edad de los trabajadores [72,73].

El análisis de la bibliografía y el estudio que se presenta en la Adenda a este ensayo, concluye que en el año de estudio, para la población estudiada y para el tipo de empresa que se utilizó, si bien hay relación entre distintas variables no se puede hablar de tipos de absentismo y sobre todo que entre las causas de absentismo las bajas por enfermedad son las más importantes, pero que

---

[69] Kristensen, K. et al. Determinants of absenteeism in a large Danish bank. The International Journal of Human Resource Management. 17:9 September, 2006

[70] Hausknecht, JP. Hiller, NJ, Vance, RJ, Work-Unit absenteeism: effects of satisfaction, commitment, labor market conditions, and time. Academy of Management Journal. 2008 Vol 51. Nº6. 1223-1245

[71] Barmby,T. Stephan, G. Worker absenteeism: why firm size may matter. The Manchester school. September 2000.; 68; 568-577

[72] Barmby, T. Ercolani, MG. Treble, JG. Sickness absence: an international comparison. The economic journal. June 2002. 112

[73] Krane, L. Johnsen, R. Fleten, N. Nielsen, CV. Stapelfeldt, CM. Jensen, Ch. Sickness absence patterns and trends in the health care sector: 5-year monitoring of female municipal employees in the health and care sectors in Norway and Denmark. Hum Resour Health. 2014; 12: 37.

siendo estas las más importantes la variable que realmente se muestra relevante es el tipo de contrato.

Referirnos a causas de absentismo, utilizando los factores de correlación estadísticamente más significativos, puede llevar a error. La ciencia de la estadística conoce de sobra la existencia de la confusión de variables. Sin duda, hay variables o características que aparecen asociadas a mayores tasas de absentismo escondiendo otros factores reales que hacen que afloren estas y que no lo hagan las causas que las motivan, sin ir más lejos, el género es un claro ejemplo de ello.

En el estudio reflejado en la Adenda se detecta que el grupo sexo femenino en su conjunto tiene más tasa de absentismo que el del grupo del sexo masculino, pero que al diferenciar las poblaciones de estudio por tipo de contrato, el grupo de mujeres con contrato eventual presentaban tasas inferiores que el grupo de varones con contratos fijos.

Por otra parte, también hay factores que claramente pueden causar más tendencia a las bajas por enfermedad como es la insatisfacción o desmotivación del empleado, pero hay otros factores que posiblemente se manifiestan más tendentes a no eludir las causas naturales y necesarias de ausencia por enfermedad.

En resumen, hablar de causas del absentismo no tiene rigor. En puridad el absentismo no tiene causa pues es una tasa compuesta por un numerador y un denominador y será, en todo caso, el numerador quien tendrá su causa o explicación. En cualquier caso, en vez de hablar de la causalidad de las cosas se podría hacer referencia, con prudencia, a factores, características, entornos o circunstancias asociadas a variaciones de los índices de absentismo.

2. MARCO LEGAL DEL ABSENTISMO LABORAL

El marco legal actual que en España hace referencia al absentismo laboral está compuesto por tres escenarios normativos, por una parte, por el Estatuto de los Trabajadores, por otra parte, por la Ley de la Seguridad Social y, por último, por leyes especiales.

Capítulo 4. El absentismo

El término absentismo, en España, aparece en la redacción de algunos textos legales, a fecha de la edición de este texto. En el Estatuto de los Trabajadores aparece el término ausencia, el término falta de asistencia y el término absentismo, este último también aparece en la ley 44/2007.

La Ley 3/2012, de 6 de julio, de medidas urgentes para la reforma del mercado laboral (LRML), en el BOE de 7 de julio, hace pública y oficial la versión definitiva de la reforma laboral de 2012, después de cuatro meses largos desde la publicación de la versión gubernamental, mediante el Real Decreto-Ley 3/2012, de 10 de febrero, y tras su paso por el Parlamento el texto final recoge muchas enmiendas de diferente calado y significación. La novedad se centra solo en la eliminación del texto legal de la referencia clara y explícita al índice de absentismo total de la plantilla del centro de trabajo que era del cinco por ciento (5%) en la reforma llevada a cabo por el art. 7.1 de la Ley 39/1999, de 5 de noviembre, para promover la conciliación de la vida familiar y laboral de las personas trabajadoras y pasó a ser del dos con cinco por ciento (2,5%) tras la reforma del precepto por la Ley 35/2010, de 17 de septiembre. El nuevo texto habla de "total de faltas de asistencia" sin referirse expresamente a toda la plantilla por lo que cabe interpretar que las faltas de asistencia se refieren únicamente al trabajador afectado por la extinción, en su caso.

En síntesis, las normas que contienen supuestos relativos a ausencias, faltas de asistencia o a absentismo, son en este momento:

Textos con rango de Ley (por orden cronológico):

A) Estatuto de los Trabajadores (RDL) Real Decreto Legislativo 2/2015, de 23 de octubre, por el que se aprueba el texto refundido de la Ley del Estatuto de los Trabajadores)

    Artículo 37. Descanso del personal, fiestas y festivos

    Artículo 52. Extinción del contrato por causas objetivas

    Artículo 64. Derechos de información y consulta y competencias

B) Ley 20/2007, de 11 de julio, del Estatuto del trabajo autónomo

C) Ley 44/2007, de 13 de diciembre, para la regulación del régimen de las empresas de inserción

Artículo 13. Condiciones de trabajo

Artículo 14. Extinción y suspensión del contrato

Textos con rango inferior al de la ley (por orden cronológico):

A) Decreto 298/1973, de 8 de febrero, sobre actualización del Régimen Especial de la Seguridad Social para la Minería del Carbón, de acuerdo con la Ley 24/1972, de 21 de junio, de financiación y perfeccionamiento del Régimen General de la Seguridad Social

Artículo noveno. Jubilación

B) Real Decreto 625/1985, de 2 de abril, por el que se desarrolla la Ley 31/1984, de 2 de agosto, de Protección por Desempleo

Artículo 6. Suspensión y extinción del derecho

C) Real Decreto 1368/1985, de 17 de julio, por el que se regula la relación laboral de carácter especial de los minusválidos que trabajen en los Centros Especiales de Empleo

Artículo 13. Tiempo de contrato

Artículo 16. Extinción del contrato de trabajo

D) Real Decreto 1382/1985, de 1 de agosto, por el que se regula la relación laboral de carácter especial del personal de alta dirección

E) Real Decreto 2720/1998, de 18 de diciembre, por el que se desarrolla el artículo 15 del Estatuto de los Trabajadores en materia de contratos de duración determinada

Artículo 4. Contrato de Interinidad

F) Real Decreto 357/1991, de 15 de marzo, por el que se desarrolla, en materia de pensiones no contributivas, la Ley 26/1990, de 20 de diciembre, por la que se establecen en la Seguridad Social prestaciones no contributivas

Artículo 10. Requisito de residencia legal

G) Real Decreto 1300/1995, de 21 de julio, por el que se desarrolla, en materia de incapacidades laborales del sistema de la Seguridad Social, la Ley 42/1994, de 30 de diciembre, de medidas fiscales, administrativas y de orden social

Artículo 2. Constitución y composición de los Equipos de Valoración de Incapacidades

H) Real Decreto 84/1996, de 26 de enero, por el que se aprueba el Reglamento General sobre inscripción de empresas y afiliación, altas, bajas y variaciones de datos de trabajadores en la Seguridad Social

Artículo 50. En el Régimen Especial para la Minería del Carbón

I) Real Decreto 782/2001, de 6 de julio, por el que se regula la relación laboral de carácter especial de los penados que realicen actividades laborales en talleres penitenciarios y la protección de Seguridad Social de los sometidos a penas de trabajo en beneficio de la comunidad

Artículo 9. Suspensión de la relación contractual

Artículo 18. Permisos e interrupciones

J) Real Decreto 1146/2006, de 6 de octubre, por el que se regula la relación laboral especial de residencia para la formación de especialistas en Ciencias de la Salud

Artículo 13. Clases de faltas

K) Real Decreto 295/2009, de 6 de marzo, por el que se regulan las prestaciones económicas del sistema de la Seguridad Social por maternidad, paternidad, riesgo durante el embarazo y riesgo durante la lactancia natural

Artículo 9. Opción en favor del progenitor

L) Real Decreto 1541/2011, de 31 de octubre, por el que se desarrolla la Ley 32/2010, de 5 de agosto, por la que se establece un sistema específico de protección por cese de actividad de los trabajadores autónomos

Artículo 17. Cese de actividad, incapacidad temporal, maternidad y paternidad

M) Real Decreto 1529/2012, de 8 de noviembre, por el que se desarrolla el contrato para la formación y el aprendizaje y se establecen las bases de la formación profesional dual

Artículo 16. Actividad formativa del contrato para la formación y el aprendizaje

N) Real Decreto 625/2014, de 18 de julio, por el que se regulan determinados aspectos de la gestión y control de los procesos por incapacidad temporal en los primeros trescientos sesenta y cinco días de su duración

3. COMPUNTO DE LAS AUSENCIAS. INDICADORES DE ABSENTISMO

En el estudio del absentismo, como se verá más adelante, no interesan las faltas de presencia no catalogadas como ausencia laboral sino tan solo las que se puedan catalogar como ausencias.

La Adenda, en sus páginas 37 a 39, contiene los tipos de tasas e índices (o proporciones) que se utilizaban a finales de los años ochenta (siglo XX). Estos indicadores son los mismos que se utilizan en la actualidad.

Se debe matizar que si bien la tasa y la proporción son índices o ratios o razones, no expresan lo mismo. La Tasa es una razón en virtud de un periodo de tiempo determinado y la proporción es solo un coeficiente en el que el numerador forma parte del denominador[74].

La bibliografía consultada en la actualidad sigue utilizando los mismos indicadores que se utilizaban hace treinta años. Si pues, se distinguen:

a) *Tasa global de ausencia o tasa de absentismo*: es el número de horas ausentes en relación a las horas teóricas que se hubieran tenido que trabajar, en un periodo de tiempo. La Tasa de absentismo es del uno por ciento (1%) o Tasa de 0,010, siendo igual que se computen horas que días, pero en todo caso en el numerador y denominador debe ir la misma medida, en horas o en días[72].

b) *Tasa de ausencias o tasa de absentismo por enfermedad o por cualquier tipo de ausencia*: es el número de horas ausentes por enfermedad o por el tipo de ausencia estudiada en relación al total de número de horas previstas, en un periodo de tiempo. La Tasa de ausencia por enfermedad es de cero con

---

[74] Para los ejemplos de las Tasas y los índices se utilizará el siguiente supuesto: una empresa con 100 trabajadores, se ha producido 20 episodios de falta de asistencia de las cuales 10 son por enfermedad, con una duración total de 200 días de ausencia de las cuales 150 son por enfermedad, el periodo estudiado es de 200 días y con unas jornadas laborales de 8 horas

setenta y cinco por ciento (0,75%) o de 0,0075. La Tasa de ausencia por causa distinta de la enfermedad es de cero con veinticinco por ciento (0,25%) o de 0,0025[72].

c) *Índice de frecuencia* relaciona el número de ausencias con el número de trabajadores. En este caso, el número de ausencias se computa por número de episodios y no en número de horas ausentes. Es decir, si un trabajador ha faltado por enfermedad cinco días, se computa como un solo episodio. Si el mismo trabajador al cabo de unas semanas vuelve a tener faltas por la misma causa o por otra causa durante tres días, se le computa como otro episodio, es decir, el mismo trabajador tuvo dos episodios. Por tanto, si hay cien (100) trabajadores y se han producido veinte (20) episodios de ausencia el índice de frecuencia será de 0,2 (episodios/trabajador) [72].

Cabe destacar que en las encuestas oficiales del Ministerio de Empleo y Seguridad Social (España) se utiliza un ratio para el estudio de los accidentes de trabajo que se denomina *Índice de Frecuencia* y que representa el número de accidentes con baja acaecidos durante la jornada de trabajo por cada millón de horas trabajadas por los trabajadores expuestos al mismo riesgo. Es un ratio que relaciona episodios ocurridos con el total de la población con posibilidad de tenerlos, expresando esta población en horas trabajadas.

d) *Índice de gravedad*, confundido a veces con la tasa de gravedad. Este índice (no es tasa) relaciona el número de horas o días de ausencia con el número de trabajadores. En este caso, en una plantilla de cien trabajadores que hubo veinte episodios con un total de doscientos (200) días, el índice de gravedad será de 2 (días/trabajador).

Algunos autores sitúan en el denominador del *índice de gravedad* el número de horas (o días) trabajadas (se imputará la misma unidad de medida en numerador y denominador, horas o días). En este caso el índice se convierte en una tasa, pues el número de horas o días trabajados hace referencia a un periodo de tiempo determinado. En el supuesto anterior, si las ausencias (200 días) se produjeron en un periodo de doscientos (200) días teóricos de trabajo y la plantilla es de cien (100) trabajadores, entonces en el numerador se inscriben diecinueve mil ochocientos (19.800) días, pues equivale a cien (100) trabajadores trabajando durante doscientos (200) días menos los días no trabajados y en denominador. La tasa obtenida sería de 0,0101 (días ausencia/días trabajados).

Se puede observar que en base a lo descrito, la tasa de absentismos es de 0,010, mientras que la tasa de gravedad es de 0,0101, es decir, no hay una diferencia significativa. En cambio, siendo la tasa de absentismo del 0,010 el índice de gravedad es de 2 días/trabajador, son dos magnitudes bien distintas.

e) La *duración media de la ausencia*. Este ratio establece una relación entre el número de episodios y el número de días (u horas) que duran todos los episodios. En el ejemplo utilizado, la duración media es de 10 días.

f) El *Índice de concentración* de bajas. Este ratio relaciona el número de trabajadores con dos o más bajas en un periodo con el número total de trabajadores que causaron baja. Este indicador es denominado como *Índice de incidencia* en las estadísticas de accidentes de trabajo publicadas por el Ministerio de Empleo y Seguridad Social (España).

En relación a los indicadores es preciso reseñar que con carácter general los indicadores son cálculos de variables cuya finalidad es práctica, es decir, un indicador debe ser útil, pues en caso contrario mejor no calcularlo, es una simple pérdida de tiempo. En la bibliografía sobre absentismo aparecen más indicadores, pero muchos de ellos carecen de interés práctico.

A todo esto, hay que añadir que se pueden calcular todos los indicadores que sean posibles fruto de relacionar las variables estudiadas. Es decir, los valores teóricos de las variables estudiadas con los valores reales del fenómeno estudiado.

Concretando, se relaciona el fenómeno (la ausencia) con los sujetos de estas (trabajadores) en base a las variables tenidas en cuenta, tanto del fenómeno como de los sujetos del mismo.

Estas variables son las que surgen de las características o tipología de las ausencias y de las características o diferencias detectables de los sujetos de la población a estudio, pudiendo ser la población tanto la universalidad del grupo (todos los trabajadores) como tan solo un subgrupo de estos, seleccionados en base a determinadas características.

A modo de ejemplo, nada impediría relacionar el tipo de ausencia, faltas sin justificar, con el global de la plantilla o con el grupo de trabajadores que han tenido alguna ausencia durante el periodo estudiado o con el grupo de trabajadores con titulación universitaria del total de trabajadores de la organización a estudio y durante el periodo del estudio.

En resumen, un ejemplo de lo comentado es precisamente el estudio que consta en la Adenda. En este estudio de investigación se demuestra la utilidad de manejar la variable tipo de contrato para detectar variaciones significativas en los valores de absentismo, así como variables que identifiquen el role del trabajador en la empresa y la relación del trabajador con el producto principal o servicio principal de la organización.

4. AUSENCIAS, ABSENTISMO Y DESPIDO DEL TRABAJADOR

No todas las ausencias producen los mismos efectos, ni todos los trabajadores sufren las mismas consecuencias por el efecto de la ausencia al puesto de trabajo.

En el punto 4 del capítulo 3, página 49, se han tratado las repercusiones de las ausencias, tanto en el trabajador como en la propia empresa. Sin duda, la consecuencia más penosa es el despido, si bien no es la única dado que la ausencia también tiene un efecto económico en el trabajador y en la propia empresa, además de los efectos organizativos en el trabajo y de los efectos psicológicos en el propio trabajador.

Está claro que el despido es el efecto más pernicioso de la ausencia y este efecto pude ser directo cuando la ausencia no esté justificada. La extinción de contrato puede ser directa o disciplinaria cuando ocurra lo previsto en el artículo 54 del Estatuto de los Trabajadores (cuadro 6).

Sin embargo, la ausencia en sí misma no es causa suficiente para ser motivo de despido disciplinario. Esta ausencia debe estar calificada de injustificada, es decir, que no haya documento que acredite que la falta de asistencia no puede considerase un incumplimiento contractual del trabajador o en todo caso, que este no incurre en responsabilidad.

Cuadro 6. Artículo 54. Despido disciplinario. Estatuto de los trabajadores

Artículo 54. Despido disciplinario

1. El contrato de trabajo podrá extinguirse por decisión del empresario, mediante despido basado en un incumplimiento grave y culpable del trabajador.

2. Se considerarán incumplimientos contractuales:

a) **Las faltas repetidas e injustificadas de asistencia o puntualidad al trabajo**.

b) La indisciplina o desobediencia en el trabajo.

c) Las ofensas verbales o físicas al empresario o a las personas que trabajan en la empresa o a los familiares que convivan con ellos.

d) La trasgresión de la buena fe contractual, así como el abuso de confianza en el desempeño del trabajo.

e) La disminución continuada y voluntaria en el rendimiento de trabajo normal o pactado.

f) La embriaguez habitual o toxicomanía si repercuten negativamente en el trabajo.

g) El acoso por razón de origen racial o étnico, religión o convicciones, discapacidad, edad u orientación sexual y el acoso sexual o por razón de sexo al empresario o a las personas que trabajan en la empresa.

El despido disciplinario es el ejercicio de la facultad disciplinaria por parte del empresario y se basa en un incumplimiento culpable del trabajador con suficiente gravedad como para ser despedido, ya que no recibirá indemnización alguna.

A la falta de justificación de la ausencia hay que añadir otra cualificación, la de ser ausencia repetida (cuadro 6). El criterio de que incluye el concepto de "repetida" no es pacífico y han sido la jurisprudencia y los convenios colectivos quienes han acotado su alcance.

Son los convenios colectivos los que marcan a partir de cuántos días se incurre en el calificativo de ausencia o falta repetida. La doctrina suele entender que, a falta de previsión concreta en el convenio colectivo aplicable, una falta de asistencia injustificada de tres (3) días consecutivos o dentro del mismo mes, es causa suficientemente justificada para despedir. En el caso de que fueran ausencias injustificadas inferiores a los tres (3) días, pero reiteradas durante meses, sin duda, podría ser causa de extinción de contrato por causa disciplinaria.

En consecuencia, cuando por la razón que fuera el sector laboral entiende que el artículo 54 se debe aplicar a ausencias injustificadas superiores a tres días, es a través de los convenios colectivos que se fija los otros supuestos.

Este tipo de ausencias, las ausencias injustificadas, no suelen ser causa de estudio dentro del absentismo por su baja frecuencia y por ser faltas con una solución tasada. Lo cual no impide que en los estudios de absentismo se puedan incluir también en el cómputo este tipo de ausencias dentro del numerador.

Las ausencias que suelen ser causa de estudio y las que generan inquietud en los empresarios por la dificultad en su gestión son las ausencias justificadas. Sin embargo, hay que destacar que las ausencias justificadas también pueden ser causa de despido. En este caso se habla de despido por causa objetiva regulado por el artículo 52.d) del Estatuto de los Trabajadores (cuadro 7).

Cuadro 7. Artículo 52. Extinción del contrato por causas objetivas. Estatutos de los Trabajadores

> Artículo 52. Extinción del contrato por causas objetivas.
>
> El contrato podrá extinguirse:
>
> d) Por faltas de asistencia al trabajo, aun **justificadas pero intermitentes**, que alcancen el veinte por ciento de las jornadas hábiles en dos meses consecutivos siempre que el total de faltas de asistencia en los doce meses anteriores alcance el cinco por ciento de las jornadas hábiles, o el veinticinco por ciento en cuatro meses discontinuos dentro de un periodo de doce meses.
>
> No se computarán como faltas de asistencia, a los efectos del párrafo anterior, las ausencias debidas a huelga legal por el tiempo de duración de la misma, el ejercicio de actividades de representación legal de los trabajadores, accidente de trabajo, maternidad, riesgo durante el embarazo y la lactancia, enfermedades causadas por embarazo, parto o lactancia, paternidad, licencias y vacaciones, enfermedad o accidente no laboral cuando la baja haya sido acordada por los servicios sanitarios oficiales y tenga una duración de más de veinte días consecutivos, ni las motivadas por la situación física o psicológica derivada de violencia de género, acreditada por los servicios sociales de atención o servicios de Salud, según proceda.
>
> Tampoco se computarán las ausencias que obedezcan a un tratamiento médico de cáncer o enfermedad grave.

Así pues, del Estatuto de los Trabajadores se desprende que la empresa puede despedir al trabajador que falte a su puesto de trabajo, aunque la inasistencia esté justificada, siempre que:

1. Se falta un veinte por ciento (20%) de los días de trabajo en dos (2) meses consecutivos, y cuando el total de las faltas de asistencia del año anterior alcance el cinco por ciento (5%) de los días de trabajo
2. Se falta un veinticinco por ciento (25%) en cuatro (4) meses no consecutivos en un periodo de doce (12) meses.

Lo trascendente de este artículo no es sin embargo los dos supuestos de concentración temporal que contempla (el plazo de dos meses consecutivos o el de cuatro no consecutivos dentro de un periodo de un año) sino lo realmente trascendente es concretar el tipo de ausencias que puede ser computada como justificada y que además sea causa objetiva de despido. Es decir, qué tipos de supuestos pueden ser incluidos en el cómputo de ausencias justificadas para la aplicación de este artículo.

La importancia de esta cuestión no se le puede escapar a nadie pues la ley en todo caso debe ser muy escrupulosa a la hora de permitir el incumplimiento unilateral por la parte empresarial del contrato laboral, mientras por otra, se crea un dilema. La circunstancia de la ausencia justificada está amparada por un certificado oficial (baja médica suscrita en nombre de una entidad pública) y financiada por una prestación pública y oficial (prestación económica de la Seguridad Social). Esta paradoja no se repite en el ordenamiento jurídico, es decir, que un acto de un tercero amparado por la norma, y en consecuencia con presunción de legalidad, pueda ser causa o justificación de una rescisión contractual de carácter unilateral en perjuicio de una de las partes.

En realidad, no deja de sorprender que la ley entienda que algo que está debidamente justificado pueda ser causa de extinción contractual y merma de derechos, pues si algo que está justificado no debiera haber sido justificado entonces se convierte en algo falsamente justificado o justificado indebidamente. Siguiendo con el argumento, si un acto es contrario al objeto del mismo el actor del mismo incurre en error o en falsedad lo cual no debería ser obviado u omitido por el legislador, pero no derivar la responsabilidad culposa al trabajador.

La imputación de las ausencias para este tipo de supuestos, despido objetivo, deberá atender al listado de tipos de ausencia susceptibles de serlo. El listado se genera por defecto dado que realmente el artículo 52 establece las ausencias que no se podrían imputar como ausencias al efecto de la extinción de contrato por causas objetivas (cuadro 8).

Cuadro 8. Listado de tipos de ausencia no imputables al artículo 52 del Estatuto de los trabajadores

> Listado de **tipos de ausencia no imputables** al artículo 52 del ET:
> A) huelga legal, ejercicio de actividades de representación legal de los trabajadores,
> B) accidente de trabajo,
> C) maternidad, riesgo durante el embarazo y la lactancia, enfermedades causadas por embarazo, parto o lactancia,
> D) paternidad, licencias y vacaciones, enfermedad o accidente no laboral cuando la baja haya sido acordada por los servicios sanitarios oficiales y tenga una duración de más de veinte días consecutivos,
> E) las faltas motivadas por la situación física o psicológica derivada de violencia de género, acreditada por los servicios sociales de atención o servicios de Salud, según proceda.
> F) las ausencias que obedezcan a un tratamiento médico de cáncer o enfermedad grave.

Concretando, el tipo de ausencias justificadas imputables en el Artículo 52.d) de ET son: "*las ausencias producidas por enfermedad común o accidentes no laborales de duración inferior a 20 días, que no hayan sido producidas por procedimientos terapéuticos con asistencia médica personal durante la jornada laboral, que no sean enfermedad graves o cáncer, en varones y en mujeres, además, que no estén embarazadas o en periodo lactante*".

A la condición de la esencia propia de la ausencia, es decir, a que cumpla con los criterios de la naturaleza de la ausencia en cuanto a un determinado perfil de enfermedad, hay que añadir otro criterio temporal, es decir, el criterio de la intermitencia.

La intermitencia es, en opinión del autor, un término jurídicamente indeterminado. Intermitencia es la cualidad de lo intermitente, e intermite es lo que se interrumpe y vuelve a empezar de modo alternativo cada cierto tiempo, de forma más o menos regular. En este orden de cosas, a lo intermitente se le exige que el objeto de la recurrencia sea siempre el mismo, y no cosa distinta o parecida, es decir, que lo mismo sea lo que empiece y acabe y vuelva a empezar y vuelva a acabar.

Así pues, el concepto de intermitencia implica episodios distintos de algo que mantiene su naturaleza intacta, que la cosa o el supuesto sea el mismo, es decir, la baja por enfermedad debe ser siempre debida a la misma enfermedad. Abundando en la frase anterior, no cabría la aparición de otra enfermedad adicional, aunque esta fuera una mera complicación. El antónimo de intermitente es continuo, mientras que discontinuo es sinónimo de intermitente.

La interpretación y la aplicación de criterio de intermitencia ha sido muy discutido y la doctrina entiende que es solo exigible en el supuesto temporal de dos (2) meses consecutivos[75].

En caso de cumplir todos los requisitos del artículo 52.d del Real Decreto Legislativo 2/2015, el plazo de cómputo es el de un año, que con carácter general se establece en el artículo 59 ET.

La aplicación del artículo 52.d) obliga a la empresa a explicar la causa por escrito mediante una carta al trabajador con un preaviso de quince (15) días o pagando esa falta de preaviso, a pagar al trabajador una indemnización de veinte (20) días por año trabajado, con un máximo de doce (12) mensualidades.

En la práctica cotidiana este tipo de despidos objetivos es poco habitual, pero pueden darse en determinadas circunstancias contra los que las empresas califican de absentistas profesionales, es decir, aquellos que las empresas entienden que aprovechan de modo excesivo y desproporcionado el tipo de ausencia justificada

---

[75] Sentencia del Tribunal Supremo 5157/2005 de 26 julio de 2005

por enfermedad, lo cual implica y cuestiona, como es natural, el criterio de quien certifica dicha justificación.

Esta causa de extinción del contrato de trabajo por causas objetivas del artículo 52.d) ha sido ampliamente criticada por estudiosos del derecho y por parte de la doctrina jurídica, pues los críticos consideran que si por una parte es cierto que la ley pretende evitar el absentismo laboral, por la otra también lo es que traslada al trabajador la sospecha de que el médico pueda conceder bajas que no estén legalmente acreditadas, en cuyo caso quien actuaría fraudulentamente sería el médico y no el trabajador.

La dogmática jurídica también critica la fijación del límite de veinte (20) días que a criterio de muchos autores no guarda relación con ningún motivo concreto, ni con las clasificaciones que utiliza la Seguridad Social (punto 2 del 2 del capítulo 3, págs. 38-39).

En resumen, las ausencias al trabajo cuando estas son un incumplimiento contractual claro deben ser objeto de responsabilidad respecto del sujeto ausente, sin embargo, se entiende que en ningún caso la ley debería contemplar el supuesto de que una baja justificada y más si esta baja está justificada o certificada por un médico pueda ser causa, bajo ningún supuesto, de despido del trabajador.

5. ESTADO ACTUAL DEL ABSENTISMO LABORAL EN ESPAÑA

La situación del absentismo laboral en España a partir del año 2015 motivo permanente de noticias de prensa. Este aluvión de noticias alarmantes se convirtió en uno de los motivos que despertó de nuevo la curiosidad del autor del ensayo por el absentismo llevándole a la elaboración de este libro.

Medir y comparar la realidad del absentismo laboral en un país encierra una cierta complejidad por la falta de definición del término absentismo, lo cual conlleva a que cada cual mida lo que entiende por conveniente o lo que más le afecta negativamente a los intereses de empresa. En consecuencia, este escenario de falta de homogeneidad en la metodología de registro y de imputación de variables obliga a que el investigador tenga que iniciar íntegramente los estudios, homologando las variables y midiendo en cada caso lo mismo.

Esta complejidad es mucho más acentuada si la pretensión del estudioso es comparar las tasas de absentismo de distintos países y no tan solo por la falta de definición del absentismo sino porque no en todos los países se entiende lo mismo por jornada laboral, trabajo efectivo, ausencia justificada o ausencia no justificada, sin olvidar que la extinción contractual es muy distinta entre unos y otros y que los subsidios por las ausencias poco tienen que ver entre países distintos.

Dependiendo si se está en periodo de crecimiento económico, en periodo de recesión económica o en periodo de estabilidad, los factores que parecen pueden influir más en la variación de los índices de absentismo entre un país a otro son los tipos de seguro médico o de salud que tenga la población trabajadora (en periodos de crecimiento, a más seguro privado menor absentismo), el porcentaje de la población con educación superior (en periodo de recesión económica el nivel educacional no influye en el absentismo), el nivel de desempleo y el modelo de percepción de salario, compensaciones o subsidios durante la ausencia del trabajador (en periodo de recesión económica es la única que influye en la variación de las tasas de absentismo)[76].

En los estudios analizados por el autor parece que no hay consenso en la afirmación de que España presenta índices de absentismo superiores a los de los países con los que se ha comparado (Alemania, Australia, Canadá, Dinamarca, EEUU, Francia, Finlandia, Japón y Suiza). El consenso no es claro dado que hay estudios que aseguran precisamente lo contrario, tal como hace ver en la revista Occupational and Environmental Medicine que publicó un

---

[76] Blasco de Luna, F. et al. Informe Adecco cobre Absentismo. Grupo Adecco, IESE Business School-Universidad de Navarra, Garriges, FREMAP, Confederación Española de Organizaciones Empresariales, Universidad Carlos III de Madrid

artículo en el año 2004[77], no dejando lugar a duda cuando afirma en sus conclusiones "*workers in Southern European countries reported less sickness absence than the EU average*" (*los trabajadores de los países del sur de Europa registraron menos ausencias por enfermedad que la media de la UE*).

En relación a la comparación internacional de los índices de absentismos, el 8º Barómetro Europeo del Absentismo y compromiso de los trabajadores de Ayming (2016) afirma que el absentismo laboral en España es un siete por ciento (7%) inferior al resto de Europa.

El defecto de información oficial sobre el absentismo en España es una realidad. Es a raíz de la publicación del Informe Adecco sobre Absentismo laboral en 2011 y de los sucesivos informes anuales sobre la misma materia (el último, el VI Informe de Junio de 2017) cuando se dispone de una herramienta de trabajo, comparación y seguimiento de la situación del fenómeno del absentismo. La prensa nacional se hace eco de esta nueva situación que genera el Informe de Adecco.

La prensa en el año 2013 recoge el descenso del absentismo en España. El periódico DiarioAbierto.es publicó el 17 de junio de 2013 que "*La tasa de absentismo laboral bajó al 4,3% en 2012*". Sin embargo, al año siguiente en 2014 la noticia es que el absentismo se incrementa, de tal forma el periódico Expansión el 18 de junio de 2014 informa que "*El absentismo laboral vuelve a repuntar. Las últimas cifras del INE concluyen que la tasa de absentismo en España empezó a aumentar en el último trimestre de 2013, después de varios años de fuertes caídas*".

La variación de los índices de absentismo son correlacionados con los indicadores económicos del país lo cual conlleva a que la prensa relacione absentismo y crisis, tal como si se tratara de una relación causal. El periódico El País publicó el 15 de junio de 2015

---

[77] Gimeno. D. Benevides, J. Benach, J. .Distribution of sickness absence in the European Union countries. Occupational and Environmental Medicine. October 2004. Volume 61, Issue 10

que "*El absentismo laboral repunta por el fin del 'efecto crisis'. La primera subida en seis años eleva la tasa al 4,4*". En la misma línea al día siguiente el periódico Cinco Días informa "*El absentismo laboral vuelve a subir al 'calor' de la recuperación*".

En el año 2016 el índice de absentismo sigue incrementando sus valores lo cual viene reflejado el 21 de marzo de 2016 en el periódico La Razón, al decir "*El absentismo laboral se dispara un 10% y alcanza los 3,9 millones de bajas. Los datos equivalen a que 758.181 trabajadores no acudieron ni un día a su puesto en 2015. El gasto en prestaciones por estas contingencias sube un 7,1% y llega a los 5.086 millones*".

Al igual que en el año 2015 la prensa nacional en el año 2016 encuentra una relación de causalidad entre la crisis económica y el absentismo laboral. Esta suposición de causalidad se desprende el 15 de junio de 2016 de las noticias que publican El Mundo y también el ABC. El periódico El Mundo dice "*Con la crisis, la tasa de absentismo en España se redujo hasta el punto de que algunas personas que deberían haberse cogido bajas no lo hicieron, ante el temor a perder sus puestos de trabajo. Esta tendencia cambió en 2014 al mismo tiempo que mejoraba la economía. Y el año pasado, la tasa volvió a repuntar hasta el 4,7%, tras haber bajado durante seis años, entre 2007 y 2013*". Mientras el ABC escribe: "*El absentismo laboral le costó a España 61.300 millones en 2015. El V Informe Adecco refleja que las faltas al trabajo volvieron a repuntar por segundo año tras desaparecer el "efecto crisis"*". "*En 2015, con la economía y el empleo creciendo por encima del 3% desapareció el "efecto crisis" y los trabajadores comenzaron a estar más confiados en sus empresas, lo que provocó que, tras seis años de descensos y un tímido aumento en 2014, las bajas laborales volvieran a repuntar y con ellas el gasto público.*"

En base a las noticias vertidas por los periódicos que se hacen eco del Informe Adecco y de otros Informes como el de la Mutua ASEPEYO, se deduce que la situación del absentismo en España en el año 2016 empeoró. En este sentido el rotativo ABC publicó el 13 de noviembre de 2016 "*El absentismo laboral se dispara en 2016 por encima de los niveles precrisis. Las patologías que acumulan más casos son las de columna lumbar (13%), las psiquiátricas (11%) y las gripes (7%), según datos de Asepeyo. El absentismo laboral se ha disparado en lo que va de año y ha superado los niveles previos a la crisis, una situación que conlleva un coste directo de unos 8.000 millones de euros a las empresas españolas, según datos de la mutua Asepeyo.*

Las bajas por contingencia común aumentaron hasta septiembre un 10,6% interanual, con cerca de 376.000 casos de incapacidad temporal por accidente o enfermedad no profesional, generando un déficit entre los gastos y los ingresos procedentes de las cuotas para cubrir estas eventualidades, una situación inédita en la historia de Asepeyo y extrapolable al resto del sector"

La Asociación de Mutuas de Accidentes de Trabajo elabora un informe que es recogido por el periódico El Mundo el 12 de diciembre de 2016, "*Las bajas laborales derivadas de una incapacidad temporal (IT) por enfermedad común no dejan de crecer y superarán este año los 4,5 millones, un 15% más que en 2015, lo que equivale a que más de 880.000 trabajadores no acudan a su puesto de trabajo ningún día del año, según datos de la Asociación de Mutuas de Accidentes de Trabajo (Amat). Estas bajas detraen 5.500 millones de la Seguridad Social, otros 4.800 millones de las empresas y suponen un coste de oportunidad del 6% en términos de PIB de 62.000 millones.*

El absentismo laboral, es decir, la ausencia al trabajo cuando está prevista la asistencia, se ha disparado y supera ya los niveles previos a la crisis. Amat cifra en 72.500 millones de euros su coste total. Una cantidad de la que consideran podrían recuperarse hasta 18.000 millones para dar un respiro a la Seguridad Social".

En el año 2017 las noticias de prensa van en el mismo sentido. El día 26 de febrero de 2017 el rotativo ABC arroja titular "*El absentismo laboral costó a España 75.875 millones el año pasado, un 24% más*". El día 14 de junio de 2017 Cincodías publica "*La recuperación *económica dispara el absentismo laboral en España" "La tasa de absentismo laboral repuntó en 2016 por tercer año consecutivo al situarse en el 4,88%, en niveles de 2009".* El mismo día el periódico Expansión titula "*El absentismo laboral crece más que la recuperación y el empleo por el repunte de bajas temporales*".

El VI Informe Adecco de 14 de junio de 2017 insiste en que el problema del absentismo laboral en España es un problema grave y añade "*Ahora en tiempos de recuperación, son frecuentes las voces –incluso desde la parte patronal- que plantean el abordaje del absentismo como un problema menor, lo que puede entenderse desde el desconocimiento*". "*Como en anteriores informes, volvemos a actualizar la información estadística tanto en el ámbito nacional como internacional, no sin problemas en las fuentes de información*".

En resumen, la situación del absentismo laboral en España no siendo, en principio, peor que en el resto de Europa ha variado negativamente desde 2013. En base a las informaciones vertidas por la prensa, que recogen los resultados de varios informes realizados por entidades expertas, el absentismo en España se ha relacionado con la crisis económica y en consecuencia con los niveles de desempleo y con los ajustes económicos en general que ha sufrido la gran mayoría de la sociedad. Este hecho nos vuelve a llevar a la cuestión de las causas del absentismo o en este caso de las causas de la variación o reducción del mismo, dado que según la información vertida la crisis de 2007-2008 actúo reduciendo el absentismo laboral o dicho de otra forma, la mejora económica incrementa el absentismo. En cualquier caso, son los propios datos los que orientan de nuevo hacia los factores motivacionales como moduladores del absentismo y sus variaciones.

6. EL ABSENTISMO LABORAL ESTRUCTURAL. AUSENCIAS MÍNIMAS

La insuficiencia doctrinal y la incapacidad académica para definir el término absentismo, a pesar de su prolija utilización, provoca que la objetividad del estudioso indague en la bibliografía existente para buscar elementos que estructuren y ordenen esta realidad.

El análisis de los informes y estudios que se pueden consultar en relación al absentismo demuestran que el enfoque de los mismos tratan este fenómeno, o las tasas que lo definen, como algo tan solo negativo o especialmente negativo, como algo muy perjudicial para las empresas y como algo que hay que combatir, señalando al trabajador como responsable de tal situación. Incluso, en algunos estudios subyace una cierta sorpresa por parte del estudioso del hecho de que el trabajador se ausente de su puesto de trabajo cuando, en realidad, se supone que en esos supuestos no debería acudir.

Lo cierto es que el absentismo no aporta nada bueno a la empresa ni al trabajador pero lejos de entenderlo solo como algo negativo también se podría intentar entender, en cierta medida, como algo consustancial a la organización. Esta visión pragmática ayuda al empresario a comprender y a gestionar esta realidad.

El estudio de las estadísticas del absentismo ha permitido observar que hay un valor o un índice por debajo del cual no es posible descender, hasta el momento. Este techo inferior define el absentismo mínimo, compuesto por unas ausencias que en este ensayo vienen denominadas como ausencias mínimas, es decir, aquellas que aparecen siempre en los estudios o dicho de otra forma, es el valor mínimo corriente del absentismo cuando este se estudia de forma agregada (en virtud de la ley de los grandes números).

La realidad de las ausencias mínimas se manifiesta en los estudios estadísticos al agregar muchos tipos de organizaciones, por ejemplo, análisis del absentismo por regiones geográficas o países, perdiendo peso los factores que influyen en el absentismo desde el punto de vista sectorial o local o unitario.

Esta realidad de la mínima expresión posible, hoy por hoy, del absentismo se establece en base al marco global del estudio de referencia, en cada caso. Este absentismo construido por las ausencias mínimas se puede entender como el absentismo estructural, es decir, aquella merma del valor económico del activo de recursos humanos imposible de evitar.

Al referirnos a las ausencias mínimas hacemos mención a aquel valor estadístico mínimo de ausencias que siempre aparece en los estudios de absentismo o el índice de ausencias más bajo encontrado en los estudios de absentismo controlados (contrastados) y comparables. Se entiende que si bien es un dato real, también hace referencia a un concepto teórico y que aparece en relación a la lógica de la estadística en la agregación de datos de grandes poblaciones a estudio, es decir, no sería aplicable a análisis de campo sin un gran número de trabajadores.

El establecimiento del concepto de ausencias mínimas arranca de la observación de los estudios más sólidos sobre este fenómeno y de los estudios de comparación internacional que llevan al lector a percibir que el índice cero de absentismo no existe o, en todo caso, no aparece reflejado en estos.

La asunción de la existencia de un nivel de absentismo mínimo cambia radicalmente el enfoque de los estudios sobre este fenómeno y cambia la lectura de los resultados de los estudios e incluso de los objetivos de las empresas en cuanto a sus políticas de recursos humanos.

Como ejemplo de la inexistencia del absentismo cero basta acudir a la página 20 del Informe Adecco de 2011 (tabla 5, pág. 94). Este Informe, como en muchos otros, se reflejan los índices de absentismo de varios países de la OCDE, siendo en todos ellos el índice más bajo el que presenta los EE.UU. con unos valores del promedio de días perdidos por trabajador y año oscilan de 1960 a 2010 entre cinco con dos (5,2) y cuatro (4,0), mientras el resto de países observados presentan valores superiores a valores del seis con dos (6,2), llegando en un caso hasta el valor de trece (13,1).

En relación a la tabla 5, si el absentismo más bajo es el de EEUU y se cifra en un valor entorno a un promedio de 4 días de ausencia/trabajador/año, cabe pensar que es del todo razonable adoptar este valor como estándar mínimo.

Tabla 5. Bajas laborales. Marco internacional

Tabla recogida del Informe Adecco sobre absentismo. Adecco. 2012. pág. 20

BAJAS LABORALES (promedio de días perdidos por trabajador y año)							
	Promedio 1960-1993	Promedio 1994-2007	Promedio 2007-2010	Media	Tendencia	Desv. Típica	Desv. Típica (% de la media)
España	9,4	13,1	-	11,6	Muy creciente	2,9	25%
Suiza	10,4	10,9	-	10,9	**Alza moderada**	0,4	3%
Finlandia	8,3	8,1	9,5	8,3	**Alza moderada**	0,6	8%
Dinamarca	6,6	7,1	7,0	7,0	Estable	0,4	6%
Canadá	6,5	6,9	7,7	6,8	**Alza moderada**	0,6	9%
Australia	6,3	7,1	-	6,6	**Alza moderada**	0,5	8%
EEUU	5,2	4,5	4,0	4,9	Decreciente	0,5	10%

Fuente: OECD HEALTH DATA 2005. OECD HEALTH DATA 2009. OECD HEALTH DATA 2011, June 2011 y elaboración propia

En base a los datos analizados, en el supuesto de que la ausencia al puesto de trabajo en cualquier empresa y en cualquier país sea algo esperable y sea algo que ocurre como mínimo con una media de cuatro (4) días por trabajador y año, entonces este hecho y este valor dejará de ser algo perseguible y pasará a ser incorporado tanto como un elemento a tener en cuenta al calcular las plantillas y la distribución del trabajo como un coste más de la empresa, en este caso un coste laboral más.

El hecho de que la variable tiempo tenga una variación o una oscilación con motivo de muchas y diversas causas no debe causar sorpresa al lector dado que tanto el sentido común como la observación de la vida cotidiana de cada cual permiten percibir tal realidad.

Una vez aceptada la circunstancia de que las necesidades de mano de obra o de horas de trabajo debe estimar como necesidad la cobertura de un número razonable de ausencias en un periodo de un año, el paso siguiente es determinar qué nivel de variación se debe considerar como normal y qué valor agregado de ausencias se debe considerar como anormal.

Es muy difícil atreverse a dar cifras en ese sentido, pues si bien el valor más bajo es el de EEUU con un promedio de días perdidos por trabajador y año de cuatro (4), el valor más frecuente de entre todas las series es el valor de seis (6) y el siete (7). En todo caso, sí que se puede afirmar que valores por encima de diez (10) no se dan, salvo en un caso el valor de trece con uno (13,1). En este orden de cosas, la horquilla oscila entre cuatro (4) y diez (10).

Sin embargo, el concepto de ausencia mínima se puede contextualizar. Puede pasar de ser un valor de referencia internacional a un valor de referencia regional, es decir, el valor de cuatro (4) días de ausencia hace referencia a valores medios de los países estudiados, podría darse otro valor distinto si el marco del estudio fuera tan solo un país y en este se comparan por ejemplo el ratio de región a región y todos con la media global.

Entonces, el estudio se puede regionalizar y aplicar por ejemplo al estudio de las regiones dentro de un mismo país, en este caso se obtendría el valor de ausencia mínima en este determinado país. En el caso de España se podría obtener el valor de la ausencia mínima a través de un estudio de todas las Comunidades Autónomas, por ejemplo, durante los últimos veinte años y observar cuál es el valor mínimo, siendo este el que correspondería a la ausencia mínima dentro de España a la hora de comparar una región con la otra.

La aplicación del concepto de ausencia mínima llevará al lector a leer la información sobre el absentismo laboral con otro punto de vista, si cabe, más práctico y real. Ejemplo de ello aparece en la página 90 sobre los datos que aporta AMAT, dice "*Amat cifra en 72.500 millones de euros su coste total*". Un simple cálculo matemático, si entendemos que 4 días de ausencia son inevitables tal como ya hemos explicado, deducirá que de estos 72.500 € millones solo 26.472,73€ millones son costes de ausencias inevitables.

En este orden de cosas, si estos costes son inevitables y son consustanciales a las propias organizaciones no cabe plantearse reducirlos (en el sentido de dedicar recursos en esa dirección) ni utilizarlos como medidas de comparación. En consecuencia, o deben ser asumidos por la empresa o, incluso, podrían ser asumidos por el propio Estado como una prestación dentro de su aseguramiento público.

El estudio de AMAT prosigue diciendo que podrían recuperarse de los 72.500€ un total de 18.000€ millones, es decir, un esfuerzo de un 24,82%. Sin embargo, el esfuerzo de reducción no se debería realizar sobre los 72.500€ millones sino sobre los 46.327,27 € millones imputables a ausencias potencialmente evitables, representando en este nuevo escenario una recuperación de un 38,85%.

En resumen, el concepto de ausencias mínimas incorpora al discurso del absentismo otra dimensión y otro abordaje. El absentismo laboral estructural debe considerarse como un coste laboral más de la empresa y su responsabilidad no puede trasladarse a los trabajadores ni a sus representantes.

7. EL ABSENTISMO PREDICTIBLE. LAS AUSENCIAS PACTADAS Y LAS AUSENCIAS NECESARIAS

Conjuntamente a la conceptualización del absentismo estructural o mínimo que se da en un entorno determinado se sitúa el concepto de absentismo predictible.

Tal expresión, absentismo predictible, se debe entender como aquel producto de las ausencias que ocurrirán en un entorno en base a las leyes que regulan las obligaciones entre trabajador y empleador y en base a los patrones de morbilidad y accidentabilidad del área.

El absentismo predictible, en este contexto, no contempla el supuesto de la ausencia injustificada ni el supuesto de la ausencia ilegal.

Este apartado del capítulo 4 explica al lector y define el concepto de absentismo predictible.

La relación entre el absentismo estructural y el absentismo predictible (Figura 1, pág. 97) se establece a través del tipo de ausencia. Se puede adelantar que si bien el absentismo estructural es, a su vez, previsible, sus esencias no lo son, no estando tampoco íntimamente vinculadas con las ausencias legales o pactadas, ni tampoco tienen relación con el nivel de ausencias necesarias sino que dependen de la naturaleza propia de las organizaciones y de las sociedades en donde estas están ubicadas. Es decir, en el absentismo estructural se incluye tanto las ausencias injustificadas como las justificadas, siendo previsible pero no evitable.

Figura 1. Absentismo, absentismo estructural y ausencias

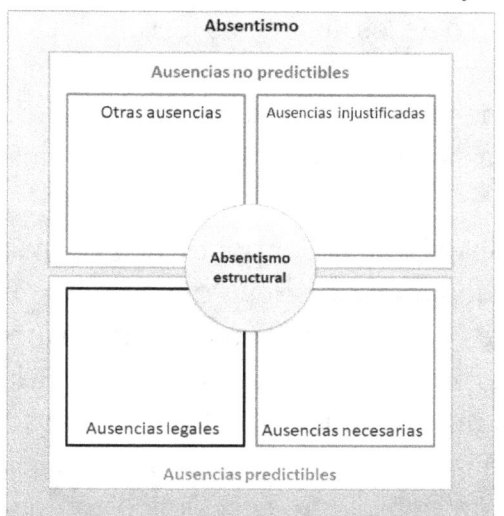

El absentismo predictible está íntimamente ligado a las ausencias legales o a las que la ley da pleno derecho y a las situaciones de salud de los empleados o colectivos de trabajadores.

Es muy posible que dentro del absentismo estructural estén incluidas las ausencias legales, pero en todo caso será solo parcialmente dado que las variaciones del absentismo estructural dentro de un mismo país no deberían incluir a las ausencias legales o pactadas, pues afectan a todos por igual.

Se puede deducir que dentro del absentismo estructural se incluyen parte de las ausencias necesarias, aunque es de suponer que no todas dado que los patrones de morbilidad de una población a otra y dentro de un mismo país pueden variar mucho e incluso cambian de un sector de la economía a otro.

1. Las ausencias legales o pactadas

El abordaje de las ausencias también se podría hace por la vía cualitativa, es decir, ver del total de las ausencias cuales son justificadas, cuales injustificadas, cuales necesarias y cuales innecesarias (punto 2 del apartado 2 del capítulo 3, pág. 42).

Así pues, dentro de las ausencias justificables habría que separar las que tienen retribución y de las que no la tienen, en base a poder estimar su previsibilidad, en el supuesto de que el trabajador tendiera a limitar las ausencias que aunque sean justificadas no están retribuidas.

La retribución del trabajador por un determinado hecho no es una consideración menor pues la ley equipara este hecho al del pleno cumplimiento de contrato y en consecuencia a un derecho del trabajador, es decir, a un bien económico de mismo. Si la ley considera que hay que pagar a un trabajador por algo que no hace, se entiende que cumple al no realizarlo y se equipara a lo que en realidad haya hecho. El tiempo tiene un valor, tanto económico como inmaterial, en consecuencia, la persona tendrá derecho a usar aquel tiempo que es suyo y que ya está valorado económicamente.

En relación a las ausencias justificadas, además habría que eliminar del concepto de absentismo aquellas justificables pero que pueden ser causa de extinción del contrato por causa objetiva, pues la ley penaliza a quien las tenga aun gozando del amparo legal, en su caso.

En cuanto a las ausencias necesarias, es decir, aquellas que por cualquier circunstancia aconsejan que el trabajador se ausente de su puesto de trabajo, no cabe más que decir que al tener esta calificación es muy aconsejable analizar su estimación.

De esta forma, las ausencias justificables con base a permisos retribuidos si bien no se pueden encajar dentro de las ausencias necesarias sí que se deberían computar como ausencia pactada y en consecuencia como ausencia esperable dado que debe entenderse como una ausencia o un descanso a la que tiene derecho el trabajador bajo determinados supuestos o justificaciones. En este supuesto, estas ausencias darán un absentismo predictible, y en consecuencia no combatible o al menos no de la misma forma que el causado por la ausencia imprevisible.

En este orden de cosas, si un trabajador tiene derecho a un permiso retribuido de quince (15) días por motivo de su boda y el trabajador se casa, es de esperar que haga uso de este derecho, que es un bien económico propiedad del trabajador. En este mismo sentido la persona que está una situación civil que le posibilita casarse sin tener que tramitar proceso adicional alguno que lo posibilite y además está en una franja de edad en la cual estadísticamente las bodas son más frecuentes que en otra, habrá que suponer que la ausencia es previsible, dado que la ley le otorga este derecho y se incorporará al sujeto como un bien exigible.

Las ausencias predictibles por ser legales y además retribuidas, en España están recogidas en los convenios colectivos y en el Estatuto de los Trabajadores en el artículo 37 (cuadro 9).

En este apartado de ausencias predictibles no se han incluido las que el empleador no retribuye, independientemente que puedan tener compensaciones por parte de la Seguridad Social, pues estás son ausencias que conllevan una extinción temporal del contrato de trabajo y están motivadas por causas relacionadas con la salud.

Cuadro 9. Ausencias legales y retribuidas

3. El trabajador, previo aviso y justificación, podrá ausentarse del trabajo, con derecho a remuneración, por alguno de los motivos y por el tiempo siguiente		
		días
a)	**Quince días** naturales en caso de matrimonio	15
b)	**Dos días** por el nacimiento de hijo y por el fallecimiento, accidente o enfermedad graves, hospitalización o intervención quirúrgica sin hospitalización que precise reposo domiciliario, de parientes hasta el segundo grado de consanguinidad o afinidad. Cuando con tal motivo el trabajador necesite hacer un desplazamiento al efecto, el plazo será de cuatro días.	2
c)	Un día por traslado del domicilio habitual	1
d)	Por el **tiempo indispensable**, para el cumplimiento de un deber inexcusable de carácter público y personal, comprendido el ejercicio del sufragio activo.	

	Cuando conste en una norma legal o convencional un periodo determinado, se estará a lo que esta disponga en cuanto a duración de la ausencia y a su compensación económica. (Con matizaciones)	
e)	Para realizar funciones sindicales o de representación del personal en los términos establecidos legal o convencionalmente.	
f)	Por el **tiempo indispensable** para la realización de exámenes prenatales y técnicas de preparación al parto y, en los casos de adopción, guarda con fines de adopción o acogimiento, para la asistencia a las preceptivas sesiones de información y preparación y para la realización de los preceptivos informes psicológicos y sociales previos a la declaración de idoneidad, siempre, en todos los casos, que deban tener lugar dentro de la jornada de trabajo.	

En resumen, se entiende por ausencia legal o pactada a todo tipo de ausencia retribuida y forma parte del absentismo previsible porque habitualmente este tipo de ausencias vienen tasadas en las leyes o en los convenios colectivos y aparecen en el ordenamiento jurídico como un derecho del trabajador.

2. Las ausencias necesarias

En los puntos anteriores se han considerado tanto las ausencias mínimas como las ausencia predictibles y se ha aludido a que las ausencias por causa del estado de salud de la persona no se incluirían en las legales, pues si bien también lo son como se verá en este apartado, su previsibilidad no depende del trabajador, ni de la ley, sino de factores externos al empleado, inherentes a su condición de persona, es decir, a su salud y a su medio.

En cuanto a las ausencias producidas por alteraciones de la salud y que estas alteraciones recomienden u obliguen a que el trabajador esté ausente de su puesto de trabajo, es necesario ir en busca de las áreas del conocimiento que nos permitan estimar en qué medida se podrá producir tales circunstancias, es decir, el número de personas que enfermarán al año, la gravedad de sus patologías y en qué condiciones presumiblemente podrá ocurrir tal cosa.

En cierta forma estas ausencias necesarias y al mismo tiempo inevitables son predictibles o al menos se pueden realizar estimaciones para la configuración de escenarios para la planificación de recursos.

La epidemiología en general es la disciplina médica que se encarga del estudio de la frecuencia, distribución y determinantes de las enfermedades y condiciones de morbilidad en las poblaciones humanas[78]. La epidemiología clínica por una parte y el estudio de la accidentabilidad y de los riesgos en el trabajo o epidemiología ocupacional[79] (epidemiologia de las enfermedades y los accidentes relacionados con el trabajo) por la otra, son las áreas del conocimiento que permitirá realizar estimaciones próximas a la realidad en cuanto a las ausencias por problemas en la salud del trabajador.

La epidemiología informará a la empresa de cuáles son las prevalencias de las enfermedades habituales en el entorno en donde está ubicada y de la gravedad de las mismas. El análisis de la casuística podrá dar información sobre el porcentaje de las enfermedades esperadas que requieran internamiento, intervención e incluso tipo de tratamiento. A su vez, se podrá estimar la carga de enfermedad o carga de morbilidad de enfermedades infectocontagiosas previstas para el año en curso y la probabilidad de contagio de sus trabajadores.

La sociedad actual, repleta de información, dispone de sistemas de información sanitaria de total accesibilidad y en la mayoría de los casos gozan de credibilidad. La utilidad de esta información dependerá en gran medida de la capacidad del observador de entenderla y de asimilar e integrar su significado. Las fuentes de esta información sanitaria son muy diversas.

---

[78] La OMS, define epidemiología: es el estudio de la distribución y los determinantes de estados o eventos (en particular de enfermedades) relacionados con la salud y la aplicación de esos estudios al control de enfermedades y otros problemas de salud. Hay diversos métodos para llevar a cabo investigaciones epidemiológicas: la vigilancia y los estudios descriptivos se pueden utilizar para analizar la distribución, y los estudios analíticos permiten analizar los factores determinantes.

[79] También llamada Epidemiología laboral

En España el Gobierno publica periódicamente la Encuesta del Sistema Nacional Salud en el cual se valora el estado de salud de la población, los problemas crónicos, el uso de servicios sanitarios, tanto los urgentes como los programados, el nivel de hospitalización, entre otras muchas cuestiones como la vacunación antigripal y la medición de algunos factores determinantes de la salud.

El Barómetro Sanitario es otra publicación periódica sobre información que suministra la población. Otro tipo de estadísticas las configuran las publicaciones sobre cifras de accidentes de trabajo o algunos estudios sobre enfermedades profesionales. En este orden de cosas, el Instituto Carlos III también elabora y publica estadísticas sobre enfermedades de declaración obligatoria, entre otras publicaciones.

Por otra parte, el Sistema Nacional de Salud (en adelante también SNS) a través del Sistema de Información Sanitaria del Sistema Nacional publica periódicamente sus datos en el Portal Estadístico del SNS[80]. El Informe Anual del SNS y el resto de informes del Sistema de Información Sanitaria abocan una importante cantidad de información, suficiente para poder obtener ratios e inferir los mismos en las poblaciones a estudio. A esta información se le puede añadir los estudios sobre los GDRs (Grupos de Diagnóstico Relacionados o Diagnosis related group o DRG –Robert B. Fetter, Yale School of Management, 1970-) en base al CMBD (Conjunto Mínimo Básico de Datos[81]) con objeto de poder conocer la distribución de las patologías de las altas hospitalarias y de su gravedad y trasladar sus estimaciones a los estudios de población en general.

---

[80] En el mes de marzo de 2017 se había publicado el Informe anual del Sistema Nacional de Salud 2015

[81] En el año 1987, el Consejo Interterritorial del Sistema Nacional de Salud (CISNS) decide adaptarse a las recomendaciones internacionales en materia de recogida de información asistencial y aprueba el Conjunto Mínimo Básico de Datos (CMBD), conjunto de datos administrativos y clínicos por cada contacto asistencial que permita conocer la morbilidad atendida en los hospitales públicos y privados. El Real Decreto 1360/1976, de 21 de mayo, es el origen de este registro, haciendo obligatorio el uso de un libro de registro obligatorio de ingresos y altas hospitalarias.

Toda esta información sobre la carga de morbilidad en una población determinada puede venir tratada o acompañada de la aplicación de los Tiempos Estándar de la Incapacidad Laboral editados por el Instituto Nacional de la Seguridad Social[82]. Este análisis cualitativo y cuantitativo permitirá conocer el impacto de la carga de morbilidad de la población en los posibles escenarios de absentismo por ausencias ocasionadas por alteraciones en la salud del trabajador, en una determinada empresa.

Como ejemplo práctico, a continuación, se valorará la información del año 2014 suministrada por el SNS. El Sistema de Información Sanitaria del SNS permite saber que en el año 2014 por cada 1000 habitantes en España se produjeron 112,2 ingresos hospitalarios, de los cuales el 77,33% se produjeron en hospitales del SNS. En el mismo año se produjeron en España 5,2 millones de ingresos hospitalarios de los cuales en el Sistema Nacional de Salud hubo aproximadamente 4 millones. En el mismo periodo de tiempo se produjeron 94,04 millones de consultas médicas especializadas o consultas de atención especializada[83], a su vez, se atendieron 26,64 millones de urgencias en el área de atención especializada y aproximadamente 5 millones de intervenciones quirúrgicas. Entre Comunidades Autónomas hay muy notables diferencias, por ejemplo, la Comunidad que más ingresos presenta por cada 1000 habitantes es el País Vasco con un ratio de 151,4, mientras la región que presenta menos es Castilla la Mancha con un ratio por cada 1000 habitantes de 89,3[84].

---

[82] INSS. Manual de tiempos óptimos de incapacidad temporal. Instituto Nacional de la Seguridad Social. Catálogo general de publicaciones oficiales. Http://publicacionesoficiales.boe.es/

[83] El Sistema Nacional de Salud se organiza en dos entornos o niveles asistenciales: Atención Primaria y Atención Especializada. La Atención Primaria pone a disposición de la población los centros de salud, donde trabajan equipos multidisciplinares integrados por médicos de familia, pediatras, personal de enfermería y personal administrativo, pudiendo disponer también de trabajadores sociales, matronas y fisioterapeutas. La Atención Especializada se presta en centros de especialidades y hospitales, de manera ambulatoria o en régimen de ingreso.

[84] Bestard, JJ. La asistencia sanitaria pública. Editorial Díaz de Santos. 2015. ISBN-13: 978-8499699776

El número de días de ingreso hospitalario medio por cada paciente ingresado fue de 7,5 días, en el año 2014, lo cual significa que si se dieron aproximadamente en torno a 39 millones de estancias hospitalarias en todo el Estado español.

A estas estancias hospitalarias habría que añadir una media de 4 días de convalecencia domiciliaria o reposo en domicilio por cada alta hospitalaria, así pues, deducimos que se producirían otros 20,8 millones de días de reposo domiciliario como consecuencia de los ingresos en hospitales una vez dado de alta el paciente.

A estas estancias habría que sumar los días de reposo domiciliario que implican el 1,5 millón de intervenciones quirúrgicas sin ingreso hospitalario. Si se estima una media de 5 días de reposo, las intervenciones quirúrgicas sin ingreso hospitalario supondrían 7,8 millones de días de reposo obligado. En consecuencia, la actividad de atención médica especializada con ingreso hospitalario o sin él, obligaría a realizar 67,5 millones de días/año de descanso necesario.

A esos días de obligado reposo que conlleva la ausencia, en las personas que trabajan, en su puesto de trabajo se le añaden los días de dependencia de la atención asistencial que conllevan las 94,04 millones de consultas médicas a especialistas, más las 26,4 millones de urgencias hospitalarias, así pues, podemos estimar que a razón de media jornada de dedicación por cada consulta al especialista o acceso a urgencias hospitalarias, se utilizarían 60,03 millones de jornadas completas para esta actividad, lo cual en las personas trabajadoras representaría otra causa de ausencia obligada.

Entre días descanso necesario y jornadas dedicadas a la atención médica programada o urgente, en el año 2014 se produjeron 127,9 millones de días de obligada dedicación a la asistencia sanitaria. Si este dato correspondiera al censo de 46,4 millones de habientes[85] entonces podríamos inferir que estadísticamente cada censado ocupó casi 3 días enteros en su atención médica.

Este ejercicio numérico no refleja, evidentemente, una situación real para cada uno de los censados, siendo tan solo un pequeño y breve ejemplo de la capacidad de estimación y previsión que aporta el análisis de los datos que están disponibles en la mayoría de países desarrollados.

El Barómetro Sanitario 2016, encuesta realizada a una población de estudio corresponde a 7.600 personas de ambos sexos de más de 17 años, residentes en las 17 comunidades y en las 2 ciudades autónomas, da una serie de resultados que ayuda al lector a ponderar las cifras de frecuentación que en han expuso con anterioridad.

Así pues, a la pregunta *"Durante los últimos doce meses, ¿ha acudido Ud. a la consulta de un médico o una médica de cabecera (o de familia) para una verdadera consulta, es decir, no para pedir una cita, hacerse una radiografía, un análisis u otra prueba, ni para acompañar a otra persona?"*, contestan que han acudido el 72,9%.

A la pregunta de *"En los últimos doce meses, ¿ha acudido Ud. a la consulta de un médico especialista, que no sea la del odontólogo o dentista?" (Se hace referencia a una verdadera consulta; es decir, no para pedir una cita, hacerse una radiografía, un análisis u otra prueba, ni para acompañar a otra persona)*, contestan que han acudido el 46,5% de los encuestados.

A la pregunta de *"Durante los últimos doce meses, ¿ha tenido Ud. que acudir a un centro sanitario público o privado por alguna urgencia?" (se hace referencia a la atención del entrevistado en un servicio de urgencias, pero no como acompañante de un miembro de su familia, amigo, vecino)*, contestan que han acudido el 31,40%.

A la pregunta de *"Durante estos últimos doce meses, ¿puede recordar cuántas veces acudió a un médico especialista en la*

---

[85] Hay que aclarar que no es correcto utilizar solo este censo dado que en España en el año 2014 vinieron 64.995.275 turistas internacionales y como es lógico parte de ellos, aunque fuera tan solo una pequeña parte, fueron atendidos en los centros sanitarios ubicados en el territorio nacional.

sanidad pública? ¿Y cuántas a uno privado?", contestan que han acudido 2,13 veces al público y 0,76 veces al privado.

En orden a la epidemiología ocupacional también podrá ser útil para predecir la accidentabilidad o la morbilidad profesional en un determinado trabajo o profesión y en consecuencias el número de ausencias que se producirán por esta causa.

Para este análisis serán útiles tanto los datos históricos de la empresa, como los datos de la epidemiología laboral como los datos suministrados por las empresas cuanto a las mejoras realizadas para eliminar o evitar los accidentes laborales. Está claro que una empresa que durante dos años tuvo, por ejemplo, veintidós (22) ausencias por causa de siete (7) siniestros por el riesgo de una determinada actividad, elimina el riesgo o mejora las condiciones de trabajo que produjeron los accidentes, el número de ausencias necesarias (necesarias para recuperase del accidente, claro) se reducirá o desaparecerá.

Por otra parte, el análisis de los riesgos inherentes a la actividad de una profesión que conlleve alteraciones en la salud del trabajador permitirá mejorar los procedimientos de ejecución o realizar actividades preventivas o compensatorias que reduzcan la carga mórbida de dicha actividad. En consecuencia, las ausencias necesarias ocasionadas por un episodio de una determinada enfermedad profesional podrán ser previstas y en consecuencia conocidas, planificadas e incluso reducidas.

A estos análisis se podrían añadir estudios más específicos sobre la morbilidad de las enfermedades infectocontagiosas y las que son sanitariamente evitables a través de la vacunación. En cuanto a enfermedades de muy alto impacto poblacional como la gripe, las estadísticas sobre enfermedades de declaración obligatoria, dan luz al respecto.

El análisis de todo este escenario dará a la empresa o a la organización oficial que lo estudie una idea muy cercana a la cantidad de ausencias por causas de la salud que podrán darse en un periodo determinado.

En resumen, son ausencias necesarias todas aquellas producidas por el estado de salud del trabajador y que este le impide acudir al trabajo, ya sea porque no puede o porque no debe. Estas ausencias también forman parte del absentismo predictible. Ya se ha comentado con anterioridad que la relación entre absentismo estructural y el absentismo predictible es evidente, expresan conceptos distintos. Por una parte, el absentismo estructural se debe a múltiple de causas y evidentemente, aunque es previsible sus ausencias no son evitables. Por otra parte, el absentismo predictible se debe a causas muy tasadas y aunque es predictible no es inevitable.

8. LA CARGA DE ABSENTISMO LABORAL

El absentismo estructural es aquel conjunto de ausencias, causas y factores, que se producirán como consecuencia de las ausencia mínimas e inevitables y el absentismo predictible es todo aquel conjunto de ausencias legales y de ausencias necesarias, que si bien se pueden prever no son necesariamente inevitables, ambos configuran la carga de absentismo que sufrirá una empresa.

La carga de absentismo se entenderá como las ausencias predictibles, evitables e inevitables, que tendrá cada empresa en base a su absentismo estructural y a su absentismo predictible. Esta carga dependerá de las peculiaridades de la empresa, de la naturaleza de su actividad, de su ubicación y de la distribución de la estructura de su plantilla.

Es decir, cuando aplicamos los criterios del absentismo estructural y el absentismo predictible a una empresa del sector químico o del sector de la construcción se obtendrá su carga de absentismo que será, sin duda, diferente que la carga de absentismo que pueda tener una empresa sanitaria en una gran capital y que a su vez será distinta de otra empresa del mismo sector ubicada en una población más pequeña o en un país distinto.

Estudiar y determinar la carga de absentismo de una empresa ayudará en primer lugar, a dimensionar sus costes, en segundo lugar, a ubicar las medidas preventivas en donde hagan más falta, en tercer lugar, ayudará a mejorar las políticas de recursos humanos y por último, permitirá dimensionar el problema del absentismo evitable en su justa medida.

En resumen, conocer la carga de absentismo de una organización es simplemente saber aplicar los cálculos del absentismo estructural en cada caso. En consecuencia, todo ello significa que la organización esté en disposición de información y conocimiento especializado y útil para la propia organización.

EL FACTOR K

Introducción al capítulo

Este capítulo se refiere al Factor K que aparece por primera vez en el estudio de investigación que viene reflejado en la Adenda. Este elemento, un cálculo matemático, muestra que las ausencias varían en base al tipo de contrato. Por otra parte, el tipo de contrato modifica en esencia los derechos del trabajador en relación a su puesto de trabajo y al empleador. Se entiende que a mayor motivación mayor es el compromiso del trabajador con su función en la empresa, esta motivación puede tener un origen en la satisfacción del trabajado, en la presión del empleador o en la conducta del empleado encaminada a asegurar su aceptación por parte de la empresa. La falta de motivación en el trabajo puede llevar al empleado a distanciarse del esfuerzo continuado que se requiere para cumplir los objetivos que le imponen o para cumplir las exigencias de su contrato. En función de los resultados de la Adenda, el elemento de inseguridad laboral actúa como un factor de estímulo para el trabajador en cuanto a mantener a la empresa satisfecha con su cumplimiento o en todo caso, no provocar el desinterés del empleador en su renovación contractual. Ahora bien, hay que tener muy en cuenta que la Adenda solo demuestra que la motivación influye en el absentismo pero de ninguna manera defiende o insinúa que la inseguridad en el empleo pueda ser un estímulo válido para motivar al trabajador. A todo esto, este capítulo 5 se complementa con la visión que durante todo el ensayo mantiene el autor sobre la inconveniencia de que los excesos de los factores de presión puedan llegar a promover las ausencias necesarias encubiertas.

1. EL FACTOR K DEL ABSENTISMO

El Factor K del absentismo nació del estudio que se presenta en la Adenda y que viene definido en su página 249 como: *la diferencia de índice de Absentismo entre Fijos y No fijos en una misma variable de estudio, o, es la parte del índice de absentismo no atribuible al certificado del tipo la ausencia.*

La tesina de la Adenda se extrae del análisis de los días de ausencia en una organización de 4.968 trabajadores durante dos años, midiendo la influencia de seis (6) factores en relación a los días de ausencia y a los días contratados. En los días de ausencia se incluyen las ausencias justificadas, exceptuando los permisos, que incluyen las bajas por enfermedad, por accidente de trabajo y por maternidad (los permisos sin sueldo no se imputan en las tasas) y también las ausencias sin justificar o faltas (0,6% del total).

Los seis (6) factores son: la edad; el rol (o role) del trabajador en relación al tipo de empresa (si era un role de personal sanitario o un role de personal no sanitario); el rol de trabajador en relación al cliente (con contacto con el cliente o sin relación con el cliente); el género (sexo); el turno de trabajo (habiendo tres turnos: mañana, tarde y noche); y por último, el tipo de contrato.

Los tipos de contrato estudiados fueron: el contrato fijo (contrato absolutamente estable); contrato interino (contrato con estabilidad relativa); contrato eventual (contrato temporal, sin estabilidad). El estudio concluyó que la variable que presentaba mayor relación con el índice de absentismo es el tipo de contrato, sin ningún tipo de duda.

Este resultado, sobre la relación entre tipo de contrato y tasa de absentismo, coincide con la tesis doctoral presentada en la UIB (Universitat de las Illes Balears) por Cristina Núñez Fernández en el año 2012. En las conclusiones de la misma en la página 331, dice: *3.- El colectivo de trabajadores con contrato fijo presenta mayor número de indisposiciones que el colectivo de trabajadores con contrato no fijo. El tipo de contrato es un factor que influye mucho en las indisposiciones por la estabilidad que el contrato fijo conlleva.*

En el estudio presentado en la Adenda, la tasa de absentismo global es del 7,99, mientras el tipo de contrato hace variar el índice de absentismo de un 9,6 para los fijos hasta un 2,26 para los interinos, presentado una diferencia de 7,34 puntos. Esta observación muestra que, en este estudio, el factor contrato tiene una influencia en las ausencias laborales 3,24 veces superior que el factor ausencia justificada.

En todos los factores estudiados el grupo de los fijos tiene tasas más elevadas que el grupo de los "no fijos". Es decir, el factor contrato modifica la tasa global en sentido ascendente en los fijos y en sentido descendente en los no fijos. Con carácter general la tasa de absentismo global con un valor de 5,537 se incrementa en un 19% en el grupo de los fijos y desciende un 64% en el de los no fijos. Esta oscilación se produce en todas las variable estudiadas, aunque no con la misma intensidad.

El descenso de las tasas en los no fijos es más homogéneo que el incremento de la tasa en los fijos. Los no fijos presentan una variación mínima de -40% y una máxima de un -67%. El incremento en los fijos oscila entre un 137% y un 2%.

En los subgrupos etarios el incremento de la tasa en los fijos es inferior al 10% excepto en el subgrupo inferior a 30 años que el incremento es superior al 135%. En el subgrupo de 41 a 50 años la variación es tan solo del 2%. Llama también la atención la variación de la tasa en los fijos en el estudio de la variable "relación con paciente" por parte del trabajador, la cual es tan solo del 7%.

Tradicionalmente se ha entendido que el grupo de las mujeres presentan más absentismo que el de los hombres. En el estudio de la Adenda cuando se estudia en el total de la plantilla el grupo "mujeres" este presenta una tasa de 6,21 mientras que el de "hombres" presenta una tasa de 4,14, sin embargo, el grupo "mujeres no fijas" presentan una tasa de 2,27, que es un 2,15 veces inferior al de los varones con contrato fijo. Aunque en el grupo de los "no fijos" los varones siguen teniendo menos absentismo que las mujeres, un 37% menos, lo cierto es que el factor género no implica mayor absentismo dado que hay un grupo de mujeres con tasas inferiores a los hombres.

Para estudiar el efecto del factor edad se subdivide a la población global en cuatro subgrupos etarios. La variable edad presentaba en el estudio global una tendencia ascendente poco clara, a medida que se incrementaba el intervalo de edad se incrementa la tasa de absentismo, sin embargo en el grupo de 41 a 50 años hay un descenso, de la tasa, en relación al grupo etario con edades comprendidas entre los 31 y 40 años.

Cuando se enfrenta la variable edad con el factor contrato, las cosas cambian. El desagregar a la población a estudio por tipo de contrato (fijos y no fijos) esta tendencia se modifica, en el grupo de los fijos la edad tiene una influencia descendente (con meseta en intervalo de 41 a 50 años) en la tasa de absentismo, mientras en el grupo de los "no fijos" la tendencia es ascendente (continua, sin mesetas) y es mucha más acusada que cuando se estudia toda la plantilla conjuntamente. Este hallazgo muestra que el factor contrato tiene mucha más fuerza que el de la edad.

Estudiados los grupos por separado, "fijos" y "no fijos" en todos los subgrupos etarios las tasas de los "no fijos" son tasas más bajas que la tasa más baja de los grupos etarios de los "fijos" (página 188 de la Adenda).

Se estudia la influencia de la tasa de absentismo con el rol que desempeña el trabajador en la empresa en relación a la propia naturaleza de la empresa. Al ser un hospital la organización que se analiza, se estudia la influencia que pueda tener que el trabajador sea sanitario o que sea un trabajador que dentro del hospital se dedique a una profesión no sanitaria.

En el cómputo global de la plantilla los "no sanitarios" presentan una tasa de 6,45 (los sanitarios presentan una tasa del 4,32), pero cuando se estudia en el grupo de empleados "no fijos" esta tasa baja a 2,42, aunque sigue siendo superior al grupo de los "sanitarios" "no fijos" dado que presentan una tasa de 1,58. Lo cierto es que el grupo de los "sanitarios y fijos" presentan una tasa de 5,92, muy superior a la tasa de 2,42 de los "no sanitario y no fijos".

El trabajo de investigación profundiza más todavía en el rol del trabajador dentro de la empresa. En los hospitales hay trabajadores de profesiones sanitarias que tienen relación directa con el paciente mientras otros no la tienen, de igual forma, hay empleados de profesiones no sanitarias que trabajan directamente en contacto con el paciente y otros que no lo hacen. De esta forma, el estudio desagrega los trabajadores que desempeñan su trabajo teniendo contacto directo con el paciente, de los empleados que no tienen relación directa con el cliente.

El grupo de "trabajadores que tienen relación con el paciente" presenta un tasa de 5,92 frente al grupo de "trabajadores que no tienen dicha relación" con una tasa de 4,19. Cuando se separa la población estudiada en los dos grupos en base a sus contratos, los que tienen relación con el paciente "fijos" pasan de un 5,92 a un 7,28, mientras que los "no fijos" reducen su tasa hasta un 1,95.

En el grupo de trabajadores que "no tienen relación" prácticamente no cambia la tasa de absentismo en los "fijos", pasando su tasa de 4,19 a un valor de 4,5, es decir, se incrementa un 7%, si bien en los "no fijos" se reduce a un valor de 2,36. Este es el único supuesto, exceptuando los subgrupos etarios, en el cual el grupo de fijos varía su tasa menos de un 17% cuando se compara con todo el grupo de trabajadores en su conjunto.

El turno de trabajo, muestra en el estudio una fuerte relación con la tasa de absentismo. En el cómputo global de la plantilla el personal del turno de mañana tiene un 35% menos tasa que el resto de turnos, cuando el estudio se realiza sobre la plantilla de los "no fijos" la diferencia baja al 25%.

El Factor K del absentismo es el que explica la diferencia entre los grupos fijos y no fijos por cada una de las variables estudiadas. El Factor K es el que incrementa la tasa de absentismo en un 19% en los fijos y es el que disminuye la tasa de absentismo un 64% en los no fijos, respecto de la tasa global del hospital.

En resumen, el Factor K, que es aquella variación que se debe al tipo de contrato, señala que hay otros factores distintos que los tradicionalmente estudiados que influyen en la variación de las tasas de absentismo y que, por lo explicado con anterioridad, tiene que ver con la motivación del trabajador dentro del clima laboral como también veremos más adelante.

2. SIGNIFICADO DEL FACTOR K

La relación entre la inestabilidad en el contrato y las bajas tasas de absentismo ha quedado demostrada. Lo cual significa que la inestabilidad actúa como un estímulo que modifica la conducta del individuo, en el sentido de motivar una determinada respuesta frente a varias opciones. Lejos de la voluntad del autor de este ensayo está que algún lector pueda interpretar que el tipo de contrato inestable es una de las soluciones al fenómeno del absentismo o que la inseguridad debe entenderse como un factor de motivación válido. En pocas palabras, la motivación no justifica el método para conseguirla.

La literatura en materia de absentismo, desde los años 70 del siglo XX, es reiterativa en cuanto describir como factor o causas del absentismo la desmotivación del trabajador o, lo que es similar, con la satisfacción del empleado en su puesto de trabajo o la satisfacción con su empresa. Son muchos los autores que han insistido en esta cuestión.

El estudio presentado en la Adenda tiene como título "*Los índices de absentismo como medidores de la motivación en el clima laboral*", precisamente porque en el año 1990 se detectó que las tasas de absentismo no lograban ser explicadas por las causas mediante las cuales se habían justificado, en el supuesto de que la ausencia hubiera sido una ausencia justificada (más de un 99,3%).

En sus páginas 18 a 24 la Adenda trata el concepto de la motivación y la satisfacción en el puesto de trabajo y en las páginas 25 a 27 se esboza brevemente el concepto de seguridad. Dice el estudio: "*A través del estudio de las diferentes corrientes de la teoría de la motivación y satisfacción laboral es observa la presencia de un factor constante en todas ellas, este es la Seguridad.*

La seguridad vista bajo el punto de vista de Maslow es una necesidad de primer orden, y la sitúa en el segundo escalón de las prioridades humanas.

Herzberg en el desarrollo de su teoría define a la seguridad como un factor Higiénico y no como un factor de motivación. Para él la ausencia de seguridad provocaría insatisfacción y la obtención de ella no pasa a ser un factor de motivación intrínseco".

Más adelante el trabajo de investigación continúa diciendo: "*En el complejo proceso del comportamiento humano la seguridad juega diferentes papeles según se tenga o no. El hecho de carecer de seguridad para muchos individuos podría servir como objetivo o incentivo, pero lo que no está tan claro es el periodo de tiempo que en el actuaría la falta de seguridad como incentivo antes de convertirse en factor de estrés (Hall and Johnson, 1989)*".

Es innegable que el tipo de contrato y su mayor o menor estabilidad en el empleo influye en la persona dentro del ámbito de la seguridad a la cual se refiere la literatura al respecto. Tener una vinculación temporal con la empresa que le da el sustento a un trabajador (y posiblemente también a su familiar) actuará en el empleado en el sentido de incrementar los factores que este pueda creer que reducen la temporalidad o incrementan la estabilidad en su puesto de trabajo. Sentirse estable en el puesto de trabajo reducirá, voluntaria o involuntariamente, el esfuerzo del empleado en reducir los factores que puedan incrementar su inestabilidad dado que esta ya no existe.

Sin entrar en juzgar o valorar si todos los distintos tipos de motivación laboral son igual de legítimos o recomendables, lo cierto es que el trabajador motivado tiende a ausentarse de su puesto de trabajo menos que el trabajador carente de motivación, ilusión o con bajo nivel de satisfacción.

El Factor K recoge todas aquellas causas que motivan las ausencias vinculadas a la estabilidad en el empleo del trabajador y en consecuencia es un medidor del clima laboral y en concreto de la motivación del empleado cuando se estudia en grupos desagregados por tipo de contrato y ausencias justificadas.

El estudio de la Adenda en su página 188 muestra que el grupo de trabajadores no fijos del subgrupo de < 30 años es el más motivado de la organización. Siguiendo con la Adenda, página 212, el grupo profesional menos motivado es el personal fijo del grupo de "otros profesionales no sanitarios", mientras que el más motivado sería el grupo de "otro personal sanitario" no fijo.

Utilizar los índices de absentismo para explicar las causas de las ausencias y en consecuencia actuar para reducirlas tiene importantes limitaciones.

La literatura sobre el absentismo tiende a realizar comparaciones entre empresas y en determinados sectores, lo cual no deja de tener una utilidad limitada. La búsqueda del Factor K del absentismo tan solo tiene sentido si el estudio se realiza dentro de una misma empresa buscando analizar y comparar las ausencias internamente, en base a los distintos tipos de ausencia y en base a los factores o variables que mejor definan las peculiaridades de la empresa tal como puede ser el role, el producto, la antigüedad, la turnicidad y sobre todo el tipo de contrato.

La evidencia de la existencia del Factor K obliga a los estudiosos y a los empresarios a dimensionar y a ponderar el significado que hasta ahora se ha pretendido dar al índice de absentismo. Si hasta ahora se fijaba la atención del directivo en los "malos de la empresa", es decir, en los absentistas, ahora se debería comparar entre directivos o mandos intermedios para valorar las tasas de absentismo de los grupos que dirigen y en consecuencia buscar cual presenta mayor o menor Factor K.

En resumen, la evidencia del Factor K nos indica que no hay que buscar tan solo factores vinculados con el trabajador en las causas de las ausencias sino sobre todo variables relacionadas con el buen hacer de los directivos y su capacidad de mando y motivación.

3. VIGENCIA DEL FACTOR K

Los resultados de la tesis doctoral de Núñez Fernández en el año 2012 demuestran la vigencia de las teorías sobre la influencia del tipo de contrato sobre la tasa de absentismo laboral. Esta tesis doctoral afirma que los trabajadores presentan más faltas a sus puestos de trabajo si tienen contratos laborales estables que si tienen contratos laborales temporales.

La motivación ha pasado de ser una simple consideración más dentro de las políticas de personal a ser una autentica herramienta de gestión dentro de las empresas. Por ejemplo, la empresa Abanca[86] es el caso de una organización empresarial en donde todas sus políticas de recursos humanos están fundamentadas en motivar al personal[87], al igual que muchas otras.

Las teorías de Maslow y de Hezberg que nacieron en la segunda mitad del siglo XX, siguen vigentes y con más fuerza, si cabe.

La prensa en España durante los años 2015 y 2017 recoge noticias sobre el absentismo laboral que relacionaban (punto 5 del capítulo 4, págs. 86 a 91) el fin de la crisis económica con el aumento en las tasas de absentismo:

"*El absentismo laboral repunta por el fin del 'efecto crisis'*" (El País 15/06/2015).

"*Con la crisis, la tasa de absentismo en España se redujo hasta el punto de que algunas personas que deberían haberse cogido bajas no lo hicieron, ante el temor a perder sus puestos de trabajo. Esta tendencia cambió en 2014 al mismo tiempo que mejoraba la economía. Y el año pasado, la tasa volvió a repuntar hasta el 4,7%, tras haber bajado durante seis años, entre 2007 y 2013*". (El Mundo 15/06/2016).

---

[86] Abanca es una entidad financiera con sede en Galicia que hasta diciembre de 2014 se denominaba NCG Banco, S.A., procedente de Novacaixagalicia, en 2011, que fue el resultado, a su vez, de la fusión de Caixa Galicia y Caixanova

[87] Peña Estrada, C. La motivación laboral como herramienta de gestión en las organizaciones empresariales. Facultad de ciencias económicas y empresariales. Universidad Pontificia Comillas. Madrid, Junio 2015

"En 2015, con la economía y el empleo creciendo por encima del 3% desapareció el "efecto crisis" y los trabajadores comenzaron a estar más confiados en sus empresas, lo que provocó que, tras seis años de descensos y un tímido aumento en 2014, las bajas laborales volvieran a repuntar y con ellas el gasto público." (ABC 15/06/2016).

Lo que el estudio de la Adenda denomina Factor K producido por la tensión o estímulo que genera la inestabilidad en el empleo, la prensa (años 2015 a 2017) lo aplica al efecto que la crisis económica tuvo sobre la sensación de inestabilidad del trabajador como consecuencia de las altas tasas de desempleo y sobre la probabilidad de que un ciudadano con contrato de trabajo pudiera acabar desempleado.

No ha sido rebatido y, en consecuencia, mantiene su plena validez lo que en el año 1990 concluyó el estudio *Los índices de absentismo como medidores de la motivación en el clima laboral*, realizado con los datos suministrados de los años 1988 y 1989 de las ausencias de la plantilla de un gran hospital de Madrid.

En resumen, el Factor K sigue vigente, lo cual viene avalado tanto por la bibliografía como por la naturaleza propias de las cosas pues los contratos siguen siendo los mismos, los factores de Maslow y Hezberg siguen vivos, las causas de las faltas al trabajo no han cambiado, el marco legal del absentismo se ha modificado muy poco y las tasas de desempleo siguen muy altas.

4. OTRAS EXPRESIONS DEL FACTOR K

El Factor K del absentismo se descubre en el estudio de 1990 cuando se demuestra que las ausencias laborales tienen mucho más que ver con el tipo de contrato que con las causas formales de las mismas o dicho de otra forma, cuanto más precaria es la estabilidad en el empleo menos motivos tiene en trabajador para faltar al trabajo.

El hecho de que un grupo de personas se ausenten del trabajo en determinadas circunstancias y que en la misma empresa otro grupo de personas se ausente un 227% más (pág. 188, Adenda) sin explicación plausible, lleva a plantearse una serie de cuestiones.

En el mismo supuesto anterior, si se entendiera que la tasa de absentismo de la plantilla global actúa como un índice estandarizado, cuál sería el motivo que justificaría que el grupo más absentista tuviera un 18% más ausencias que el valor estándar, pero sobre todo, qué es lo que explicaría que el grupo menos absentista hubiera tenido un 64% menos bajas que la media.

Sin duda la lectura expresada en los dos párrafos anteriores induce a creer que hubo trabajadores que no fueron a trabajar cuando deberían haberlo hecho y que, al mismo tiempo, hubo trabajadores que fueron a trabajar cuando no deberían haber ido.

Desde varios puntos de vista debería preocupar el 18% de exceso de absentismo, pero más deberían preocupar las ausencias necesarias encubiertas, es decir, aquellas ausencias que debiéndose haber producido no lo han hecho, tanto por los efectos sobre el trabajador como por los efectos sobre la empresa y su organización.

Si el Factor K mide la motivación del trabajador, es decir, cuanto más motivado está menos ausencias tiene, no debería permitirse que actuara como generador de ausencias necesarias encubiertas y que más que un indicador de motivación reflejara un indicador de exceso de presión sobre el empleado.

En resumen, la evidencia del Factor K es sin duda un buen hallazgo pues permite entender el fenómeno del absentismo con más objetividad pero también debe alertar a las organizaciones de los trabajadores sobre lo que nos dice este Factor K y, sobre todo, que la motivación del trabajador no puede tener nada que ver con la inseguridad laboral del empleado dado que el factor seguridad cuando se vincula al trabajo es muy sensible y rápidamente traspasa líneas rojas.

LOS LÍMITES DEL ABSENTISMO

Introducción al capítulo

El ensayo trata de dimensionar la cuestión del absentismo en términos razonables y con un discurso lógico y verosímil. Su falta de definición, su tratamiento alarmista y las exageraciones a las que es habitual, nos llevan a hablar necesariamente de los límites del absentismo en cuanto al uso de cifras. Las ausencias de un solo trabajador pueden ocasionar problemas y puede tener, incluso, difícil solución, sin duda, no será lo mismo para una empresa con tres trabajadores que para otra con mil. Un caso de ausencias de un trabajador ¿debe ser tratado como un problema llamado absentismo? o ¿solo requiere un abordaje específico y particular para el caso? Los problemas de las organizaciones mutualistas que cubren determinadas ausencias de los trabajadores ¿son justificación suficiente para que de forma unilateral expongan la cuestión del absentismo con la mirada puesta solo en el trabajador? En todo caso, el autor entiende que independientemente de la definición que se dé al absentismo en ningún caso se debe entender como responsable al trabajador y sobre todo nunca computar las ausencias por enfermedad como causa de despido, de ningún tipo. Es preciso determinar los límites éticos y técnicos en los que se debe mover todas las cuestiones relativas al absentismo debiéndose tener en cuenta la existencia del absentismo estructural y del absentismo predictible. Se vuelve a insistir en este capítulo, no se puede caer en el error de creer que la inseguridad en el empleo puede utilizarse como factor de motivación tan solo porque las tasas de absentismo de los no fijos son muy inferiores a las de los fijos.

1. LOS MITOS DEL INDICE DEL ABSENTISMO

Las faltas de asistencia al puesto de trabajo son en primer lugar, un incumplimiento contractual, salvo que esta ausencia estuviera permitida por la ley o por alguna norma con rango suficiente como son en España los convenios colectivos. En consecuencia, cuando una ausencia es incumplimiento de contrato ocasiona un perjuicio económico lesionando los intereses de una de las partes del contrato que no tiene la obligación jurídica de soportar.

En segundo lugar, al ser las organizaciones de trabajo sistemas de recursos y procesos planificados, explicita o tácitamente, en base a unos recursos previstos, las faltas de asistencia al trabajo ocasionan alteraciones de los sistemas dado que conllevan alternaciones en los recursos que se presuponían existentes y que en consecuencia se contaba con ellos en la cadena de valor de la propia organización.

Estas alteraciones de la planificación del trabajo obligan a que las empresas deban poner recursos adicionales a disposición del sistema organizativo o bien a que se ponga en juego la calidad del producto o del servicio. Tanto una consecuencia como la otra ocasionan un perjuicio económico, bien directo o bien indirecto, a la organización.

Las consecuencias de las ausencias pueden recaer sobre la empresa, pero también pueden recaer sobre entidades o compañías aseguradoras cuando la ausencia conlleve una prestación económica a cargo de la entidad, tal es el caso del Sistema de Seguridad Social en España y en muchos países de su entorno. Si bien, también es cierto que la entidad aseguradora ya ha cobrado previamente de la empresa y del trabajador la cuota o prima de la póliza que le da derecho a dicha prestación.

En este orden de cosas, las faltas de asistencia al trabajo ocasionan un problema a las empresas y a las entidades aseguradoras, públicas o privadas, que cubren determinadas contingencias.

Los análisis de los datos de las ausencias llevan a la conclusión de que hay un número de ausencias inevitables, no tanto por sus causas sino por las conclusiones de los estudios que demuestran que no hay entorno o país con absentismo con valor cero.

Sin embargo, los estudios sobre el absentismo tanto los que se originan en el sector médico como los que se originan en el sector de las ciencias jurídicas, no tienen en cuenta la evidencia de las ausencias inevitables, que en el punto 6 del capítulo 4 (pág. 91) aparecen como las ausencias mínimas y que ocasionan el absentismo estructural.

La inobservancia del absentismo estructural junto a la falta de cálculo del absentismo predictible (punto 7 del capítulo 4, pág. 96) que recoge las ausencias pactadas o legales junto a las ausencias necesarias, hacen de los habituales estudios del absentismo herramientas inútiles desde el punto de vista práctico y empresarial, sin menoscabo del interés científico-teórico de dichos trabajos.

Sin duda, el coste de las ausencias y, en consecuencia, el coste del absentismo es muy alto, es decir, atender los fallos de los sistemas productivos ocasiona costes. Sin embargo, el hecho de que algo ocasione costes no debe ser motivo para que se estudie únicamente la forma de evitar este coste, sobre todo si este se demuestra como inevitable, sino que debería servir para ver si el gasto en que se incurre corresponde con el valor de lo adquirido, es decir, de la solución al fallo del sistema.

Los costes en muchas ocasiones son inherentes de los servicios o de los sistemas, cuando estos costes son consecuencia de contingencias inevitables, entonces estos se convierten en componentes los mismos.

El mito de que todas las ausencias son evitables, es decir, de que el absentismo tiene solución, mueve muchos recursos y genera muchos ingresos en las empresas y profesionales que se dedican y viven de ello. Sin embargo, lo cierto es que los datos y el conocimiento dicen lo contrario.

El absentismo aparece frente a la opinión pública como un problema muy grave o incluso de extrema gravedad, cuando en realidad es que el problema no acaba de estar bien definido y que después de años de estudio sigue sin una solución creíble y verosímil. Frente a este complejo fenómeno se venden medidas preventivas y complejos sistemas de control, cuando en realidad se precisan buenos sistemas de previsión y planificación de los recursos humanos y una correcta medición de los fallos del sistema.

Llama la atención que frente a la gran alarma de este llamado gran problema del absentismo no haya habido ningún organismo público nacional e incluso internacional que haya procurado su codificación, su definición y su reglamentación.

En resumen, el absentismo genera mucho interés económico, tanto a las organizaciones encargadas de cubrir contingencias o siniestros como a las empresas dedicadas a vender soluciones. El absentismo es la manifestación de sistemas con errores, pero en todo caso poco tiene que ver con el trabajador. El absentismo estructural debe considerarse como inevitable y que conlleva costes inherentes a la propia organización, cuanto más ineficaz sea esta mayor será el absentismo que genere.

2. LA MEDICIÓN DEL ABSENTISMO Y SU NIVEL DE UTILIDAD

Las ausencias se registran y se contabilizan, entre otras cosas, por las repercusiones que sobre el salario y que sobre el contrato de trabajo puedan tener, en consecuencia, es un dato que ya existe y que utilizarlo no supone mayor coste que el que ya se ha incurrido en su registro previo.

La sistematización, catalogación y análisis estadísticos de las ausencias llevan a la medición de lo que se entiende como absentismo, y que como ya hemos visto en el capítulo 4 no tan solo no está bien definido sino que incluso no está ni medianamente bien planteado.

Capítulo 6. Los límites del Absentismo

Esta falta de definición del absentismo por parte de los organismo públicos o de los centros de investigación, formación y docencia no debería afectar, en ningún momento, a su medición interna en las empresas y demás organizaciones, pues en realidad el absentismo de cada empresa surge de la medición de las ausencias propias de cada una de ellas y no de otra cosa.

La empresa, pues, medirá las ausencias que ocurran en ella y dedicará los recursos necesarios para su estudio y entendimiento, tal como hace con otras actividades de la compañía como pueda ser la realización de sus propios estudios de mercado, financiación o de cualquier otro. Una vez que la empresa conozca el comportamiento de sus trabajadores en cuanto a las causas que les lleven a no acudir a su trabajo podrá utilizar este conocimiento para mejorar su producción, su política de recursos humanos y los estilos de dirección de sus directivos y sobre todo de sus mandos intermedios para que todos vayan en busca de la motivación de sus empleados.

Las organizaciones deberán tomar medidas en base a las ausencias evitables que detecten sus sistemas de información laboral, deberán conocer sus niveles de ausencias mínimas y deberán calcular su absentismo predictible. Nadie mejor que la propia empresa sabrá cuáles son las medidas a adoptar para que no se produzcan aquellas ausencias que sin causa justificada no deberían producirse.

Poco podrá hacer la empresa para que no se produzcan las ausencias legales o las que la ley o las que normas con rango suficiente permitan y retribuyan, salvo evitar la contratación de personas en situación de gozar de dichos permisos, circunstancia improbable, difícil de realizar y poco aconsejable, pues el sistema de reclutamiento y selección atiende y debe atender a perfiles profesionales y nunca a características a excluir.

En cuanto al absentismo predictible, una buena medición del absentismo con sus estudios de epidemiología hará más planificable lo previsible y evitará costes innecesarios.

En realidad, utilizar los índices de absentismo para baremar los resultados de la acción de mando de los directivos, que están más cerca de los trabajadores, es una buena herramienta y que puede acercar a la organización a la mejora de la gestión de los recursos humanos visto desde un punto de vista integral y no tan solo departamental.

En resumen, exagerar la importancia de los índices de absentismo, malignizar las ausencias laborales y sobre todo magnificar la utilidad de los estudios y medios preventivos no lleva a ninguna parte y provoca que lo que era un problema hace treinta (30) años siga siéndolo hoy en día y conduzca previsiblemente a que dentro de otros treinta (30) años aparezcan en la prensa los mismos titulares apocalípticos en relación al absentismo.

3. LOS LÍMITES DE LA UTILIZACIÓN DEL ÍNDICE DE ABSENTISMO

Los índices de absentismo se configuran con las cifras que se obtienen del cómputo de las faltas al trabajo, siendo estás, a los efectos del índice, datos. Estos datos pueden representarse como parámetro tiempo, tal es, una hora o un día de ausencia, como episodio, tal es, una baja o una ausencia, entendiéndose una jornada completa. También los datos pueden representarse como variable persona, trabajador o sujeto ausente o de baja. Estos índices utilizan sumas de cifras, es decir, trabajan sobre la agregación de datos en cualquiera de sus parámetros.

La utilización de los datos genera información y esta genera conocimiento cuando es útil y cuando es interpretado por alguien conocedor de la materia. La agregación de datos por sí sola no genera información y esta información sino es útil y no es utilizada por quien sepa sobre la materia (en la que se basan los datos) no genera, tampoco, conocimiento sino confusión.

El primer límite de la utilización del índice de absentismo vendrá impuesto por las restricciones que sobre la utilización de datos de carácter personal recogidos en la normativa de rango superior en España.

En este orden de cosas, la normativa más importante en este sentido es la Ley Orgánica 15/1999, de 13 de diciembre, de Protección de Datos de Carácter Personal y el Real Decreto 1720/2007, de 21 de diciembre, por el que se aprueba el Reglamento de desarrollo de la Ley Orgánica 15/1999. También hay que hacer referencia a las cautelas y precauciones que adopta la Ley 31/1995, de 8 de noviembre, de Prevención de Riesgos Laborales en relación a los ficheros con datos personales del trabajador.

En la Unión Europea la protección de datos personales viene amparada por el Artículo 16 del Tratado de Funcionamiento de la Unión Europea (TFUE); los artículos 7 y 8 de la Carta de los Derechos Fundamentales de la Unión Europea y se aplicará a parte de mayo de 2018 el Reglamento (UE) 2016/679 del Parlamento Europeo y del Consejo, de 27 de abril de 2016, relativo a la protección de las personas físicas en lo que respecta al tratamiento de datos personales y a la libre circulación de estos datos y por el que se deroga la Directiva 95/46/CE (Reglamento general de protección de datos); y Directiva (UE) 2016/680 del Parlamento Europeo y del Consejo, de 27 de abril de 2016, relativa a la protección de las personas físicas en lo que respecta al tratamiento de datos personales por parte de las autoridades competentes para fines de prevención, investigación, detección o enjuiciamiento de infracciones penales o de ejecución de sanciones penales, y la libre circulación de dichos datos, y por la que se deroga la Decisión Marco 2008/977/JAI del Consejo.

Es preciso diferenciar por una parte, los datos de las ausencias de los trabajadores que afectan a cada uno de ellos tanto para los que han tenido ausencias como para los que no las han tenido, y por la otra, los datos que generan los índices de absentismo que en sí mismos son siempre datos agregados. Así pues, siempre y cuando la utilización de los índices de absentismo no afecte a los derechos promulgados por las leyes, en cuanto a la protección de la intimidad de la persona, no hay colisión entre los resultados estadísticos y las leyes.

Sin embargo, la apreciación de los límites no solo hace referencia a lo que viene limitado por una ley sino también a lo que viene limitado por los criterios profesionales y los códigos de buena práctica. Es decir, tal como ocurre en las materias de responsabilidad en el derecho sanitario cuando se menciona que la *lex artis* obliga al médico en su práctica profesional, también la *lex artis* obliga a cualquier profesional en los procedimientos habituales en su quehacer y que se le supone capacitado.

Utilizar los índices de absentismo para generar alarmas innecesarias no es aconsejable y sobre todo no lo es que se utilice para dar a entender que la ausencia es en todo caso punible antes de conocer sus causas. O incluso, es difícil de entender a aquellos que incluyen a las vacaciones y días festivos como ausencias imputables en los índices de absentismo, pues tal extremo significa que no han entendido lo que pretende reflejar el índice de absentismo ni cuál es la esencia de la ausencia como supuesto de incumplimiento contractual.

¿Qué información útil, y para quién, genera un índice de absentismo que incluya a las vacaciones y días festivos como ausencias del índice? o ¿qué conocimiento crea que pueda generar algún tipo de valor en la organización? ¿Qué tipo de ausencia es no ir a trabajar cuando no se está obligado a hacerlo? ¿Qué hará el responsable de la organización para reducir dicho absentismo, prohibir las vacaciones?

Los límites de la utilización de los índices de absentismo vendrán dados por la identidad y esencia corporativa, por la cultura de la empresa y naturalmente por la propia visión de la empresa u organización ya no tanto en cuanto a su misión sino a sus valores. Es evidente que el control de presencias y de ausencias en un hospital no puede ser igual y tener la misma configuración que el que exista en una fábrica de coches o en un aserradero.

Noticias como "*El absentismo laboral se ha disparado en lo que va de año y ha superado los niveles previos a la crisis, una situación que conlleva un coste directo de unos 8.000 millones de euros a las empresas españolas, según datos de la mutua Asepeyo*" (ABC 13/11/2016) o "*AMAT cifra en 72.500 millones de euros su coste total*" (El Mundo el 12/12/2016) deben ser matizadas y explicadas, tanto en su vertiente terminológica, a qué tipo de absentismo hace referencia, como en su vertiente económica, son estos costes imputables ausencias mínimas, a ausencias necesarias o a ausencias evitables.

Los empresarios preocupados por las cuestiones del absentismo deben aprovechar los datos que suministran sus sistemas de producción para mejorar las condiciones de trabajo, incrementar su productividad y mejorar sus sistemas de planificación y organización.

En resumen, ni todo vale ni el fin justifica los medios. El límite lo establece la propia visión y cultura corporativa de la empresa. Los índices de absentismo deben superar ser una amenaza para pasar a medir directamente la eficacia de la organización y en especial la labor del mando (y del mando intermedio), en el sentido de que a mayor tasa menos habilidad directiva o menos cualidades para el mando y viceversa.

CONCLUSIONES

CAPÍTULO 7

Introducción al capítulo

Este ensayo nace, además, como reivindicación de los resultados de un estudio de investigación sobre el clima laboral de 1990. Ese estudio de investigación concluyó que los índices de absentismo son en realidad índices que miden la motivación en el clima laboral y que poco tiene que ver con lo que se ha venido a llamar por la bibliografía causas del absentismo. Los titulares de prensa de los años 2015 al 2017 ponen de manifiesto que el Factor K está más vigente que nunca en nuestros días. Estudios realizados en Europa y los EE.UU. entre 1960 y 1990 ya habían iniciado estudios sobre la relación entre el absentismo y la motivación (Taylor, 1968, 1974; Storlie, 1979; Yee, 1981; Deyo, 1987; Johnson, 1987; Kennelly, 1988; Pasternak, 1988; Turner, 1988; McKeown, 1989; Johnson, 1989; etc.). Este ensayo además de revisar el marco teórico de las ausencias al trabajo y del absentismo define el absentismo estructural (el mínimo posible) y el absentismo predictible (el legal y el necesario) y pone en aprietos la bondad de las teorías sobre las causas del absentismo. La definición y métodos de cálculos del absentismo deberían estar regulados por normativas nacionales e internacionales. Casos particulares y aislados de abuso de faltas de asistencia no pueden empañar una ley que protege a todos los trabajadores, es decir, la ausencia por enfermedad no debería constar en ninguna norma que permitiera el despido de un trabajador, le corresponde solo al médico y al sistema sanitario conducir al paciente hacia su curación, sin trabas. Las tasas de absentismo son buenos medidores de la habilidad directiva y de los valores de las empresas, deberían acompañar a balances y cuentas de resultados a la hora de solicitar y/o recibir la confianza de los mercados financieros.

1. ASPECTOS GENERALES

El estudio de las organizaciones empresariales y no empresariales en donde el trabajo implica a un sistema de procesos o tareas llevado a cabo por varias personas con un fin común, acaban por fijarse en las consecuencias de los fallos de los sistemas, de los procesos y procedimientos, ocasionados por la ausencia de quien debería llevarlos a cabo.

Las faltas de asistencia al trabajo deben ser vistas como lo que son, incumplimientos contractuales cuando el trabajador incumple lo pactado y no tan solo cuando el trabajador no está en el lugar de trabajo donde desempeña sus labores y funciones durante su jornada laboral.

Una falta de asistencia en el lugar de trabajo no es siempre una ausencia, pues tan solo puede tener esta consideración cuando la ausencia es de quien se esperaba su presencia y no cuando esta presencia no estaba prevista y contemplada por su contrato laboral.

Si un trabajador tiene derecho a un descanso, este tiempo no puede considerarse ausencia por dos motivos, el primero de ellos, por ser un derecho, el segundo, no es una ausencia o falta al puesto de trabajo pues no se esperaba la presencia de un trabajador que debe estar descansando, a no ser que el trabajador y la empresa hubieran pactado algo distinto y siempre y cuando este pacto se mantuviera dentro los límites de la legalidad y de las normas se seguridad.

Si un trabajador tiene derecho a un permiso retribuido por la circunstancia que sea, este periodo de tiempo no debe considerarse ausencia pues la empresa no debería esperar que el trabajador acudiera al puesto de trabajo cuando se le autoriza no acudir y además se le abona el salario.

Estos ejemplos, se exponen tan solo por nombrar algunos de los mitos y errores conceptuales más frecuentes.

Una ausencia provocada por la utilización de un permiso legal o estatutario (retribuido o no retribuido) o la ausencia por un quebranto en el estado de salud que impida al trabajador desplazarse y asistir a su puesto de trabajo tienen un naturaleza muy distinta que la ausencia producida por la voluntad unívoca del trabajador sin permiso o sin quebranto de su salud. Unas son previsibles y las otras no, unas son legales y las otras no, unas ocasionan al empresario unos costes que tiene la obligación de soportar y las otras no.

La definición correcta de estos términos, ausencias y tipos de ausencias, es muy necesaria para poder entender luego sus consecuencias. Pero más necesaria, es si cabe, la definición del absentismo y la concreción de la metodología para su cálculo.

El absentismo es utilizado para muchas cosas y sin embargo no se sabe exactamente qué es. Tal como se ha visto en este ensayo la bibliografía no tan solo no lo define con unanimidad, sino que expresa la no existencia de una definición aceptada por la gran mayoría de estudiosos y expertos.

Es muy difícil de entender la falta de criterio y la falta de definición a pesar de la plétora de estudios, informes y libros que se han publicado sobre esta materia. Más difícil todavía es entender que organizaciones de naturaleza pública (Mutuas) emitan estudios, información y comunicados con mensajes de gravedad y alarma sobre el absentismo mientras, por otra parte, ni tan siquiera estas mismas organizaciones han encontrado una definición o un marco común o han promovido desde lo público una definición legal o al menos con amparo normativo.

Las organizaciones empresariales junto con las organizaciones sindicales y las Administraciones Públicas deben buscar una delimitación y concreción en todo lo referente al absentismo, a su medición y a su definición.

2. DEL ABSENTISMO COMO PROBLEMA AL ABSENTISMO COMO FUENTE DE INFORMACIÓN GENERADORA DE VALOR

Una vez descubierto el Factor K del absentismo y la importancia que tiene en el cómputo global es preciso que cambie la visión de este fenómeno y, por descontado, que cambie la utilización de esta información.

El manejo de las ausencias al trabajo y el análisis de esta información y su tratamiento sistematizado debe redundar en utilidad para las organizaciones que suministran dicha información.

Las ausencias financiadas por entidades externas a las empresas, habitualmente entidades aseguradoras o Mutuas, en España, sufren una de las consecuencias de las ausencias, es decir, deben costear su financiación en determinadas circunstancias. Los estudios que provengan de estas organizaciones tenderán a reflejar el problema del financiador de la prestación ocasionada por un siniestro y estarán preocupados por evitar dichos siniestros.

Las empresas en las cuales ocurren las ausencias de los trabajadores, podrán obtener de la información que suministra el análisis de los índices de absentismo mayor rendimiento que el simplemente indique el origen y las causas del siniestro o que el que obtienen las organizaciones prestadoras de los servicios de atención al siniestro. Para la empresa, los índices de absentismo son una fuente de información que de otra manera no la tendrían o los costes de su obtención serían muy elevados.

Empresas con varias localizaciones geográficas, las que tienen numerosos departamentos, las que realizan varios servicios diferentes unos de otros o producen bienes de distinta naturaleza, las empresas con una importante relación con el cliente por parte de su base productiva, todas ellas y muchas otras más pueden beneficiarse de la información sobre las ausencias y pueden generar un verdadero conocimiento del funcionamiento interno y de algunas cualidades de dirección de sus mandos intermedios.

Las empresas deben llevar a cabo el diseño de los mapas de riesgo, pero no tan solo en cuanto a los riesgos físicos, de primordial importancia, sino también en cuanto a los riegos motivacionales o de insatisfacción profesional. La dirección de la compañía debe saber qué áreas de la organización producen menos satisfacción entre sus empleados e intentar solucionarlo en favor de la calidad global de toda la empresa.

Estudiar y tratar los índices de absentismo, sin duda, ayudará al empresario a conocer mejor a su propia organización, a detectar mejoras en higiene y seguridad en el trabajo, a promover campañas de prevención de enfermedades, a detectar núcleos de desmotivación o insatisfacción en el lugar de trabajo, a desvelar estilos de mando poco convenientes o carentes de profesionalidad e incluso a prevenir conductas de mando tóxicas.

3. EL ABSENTISMO ESTRUCTURAL Y EL EXCESO DE ABSENTISMO

La existencia de un absentismo estructural causado por el mínimo de ausencias inevitables existentes es más que evidente y las estadísticas lo desvelan continuamente. Algo más complicado, será determinar cuál es la magnitud de este absentismo estructural. La respuesta a esta incógnita debería tener en cuenta el entorno de medición y el escenario de comparación. Por ejemplo, cuando la medición se realice en una empresa de ámbito regional y el referente normativo del supuesto es nacional, entonces el absentismo estructural será el valor mínimo del absentismo que se ha dado en todas las regiones que afecta el supuesto normativo nacional. El caso se hace más complejo cuando la empresa a estudio es de ámbito plurirregional, en este caso lo razonable sería buscar el absentismo más bajo ocurrido en el país durante una serie de quince (15) años o bien buscar la tasa más baja de los países de su entorno inmediato y con los que le vincule relaciones normativas y políticas, tal es el caso de la Unión Europea.

Conocer la carga de absentismo de cada empresa ayudará al empresario a dimensionar correctamente el problema y a ubicar eficientemente sus polos de inversión y mejora.

Buscar las causas del absentismo estructural y luchar para eliminarlo será siempre muy difícil y a veces imposible, sin embargo, conocer la dimensión de este es bastante más sencillo y aporta al empresario información en dos vertientes, por una parte, ayuda a dibujar correctamente sus costes laborales y por otra parte, permite que a partir de este se calcule el exceso de absentismo, es decir, aquel absentismo que excede el estructural y que en consecuencia puede tener solución.

Por otra parte, en base a todo lo comentado los costes del absentismo estructural deberían ser incluidos como costes de la empresa tal como deben ser considerados muchos otros costes de producción y tal vez, debería considerarse la opción de que los costes del absentismo predictible necesario sean asumidos por el Estado de forma directa tal como lo es la asistencia sanitaria pública, eliminando el coste de cotizaciones por parte de los trabajadores.

4. NUEVA VISIÓN DEL ABSENTISMO EN LA EMPRESA MODERNA

El estudio de todo lo que ocurre en una organización en la cual su objetivo es conseguir beneficios en cada ejercicio fiscal siempre aportará información y conocimientos para hacer que el objetivo se pueda superar o mejorar.

Las ausencias al trabajo por causas justificadas no deben ser financiadas por el trabajador sino por quien deba asegurar dichas situaciones, en primer lugar, por el Estado cuando sean causas debidas a estado de salud del trabajador y en segundo lugar, por la empresa cuando sean causas debidas a los derechos contractuales del empleado.

Podemos concluir que dentro de entornos de eficiencia el empresario no debe obtener beneficios a costa de los trabajadores sino a costa del mercado y que la función de aseguramiento del Estado debe proteger a todos por igual evitando la intermediación de entidades públicas, las mutuas, generadoras de grandes costes y sin más aportación de valor que la mera transacción administrativa. El debate, en España, sobre la realidad y el futuro de las mutuas, está aún pendiente de realizarse.

En el siglo XXI todos entienden que la atención de los problemas de la salud debe estar, en todo caso, asegurados por el Estado de forma que ninguna persona deba quedarse sin atención sanitaria por

Capítulo 7. Conclusiones

cuestiones económicas. La cobertura económica de la asistencia sanitaria se entiende como un coste social. En este orden de cosas, la cobertura de todas las otras contingencias ocasionadas por una enfermedad debe tener la misma consideración y, en cualquier caso, no deberían ser cubiertas por el trabajador. Bajo esta óptica de aseguramiento público de las consecuencias de una enfermedad, la ausencia por baja por enfermedad no debería ser en ningún caso motivo de despido objetivo de un empleado, tal como se ha expuesto en este ensayo de forma reiterada.

Bajo el prisma del Factor K, las tasas de absentismo deben servir fundamentalmente para calificar y valorar el desempeño de los directivos de las organizaciones, en el sentido de que a mayor tasa de absentismo se debe suponer menos habilidad para la motivación del trabajador dentro del clima laboral y viceversa, a menor tasa de absentismo mayor habilidad directiva en la dirección de los recursos humanos de la organización.

En un extremo, por último, se podría proponer con total justificación que las tasas de absentismo llegaran a ser valoradas casi en la misma forma e intensidad que lo son los balances y las cuentas de resultados. Una organización con altas tasas de absentismo debería gozar de menos confianza por parte del mercado financiero que otra organización con tasas más bajas.

Finalmente, el dedo acusador de las cifras de absentismo debería señalar hacia los equipos de dirección de las empresas y cuestionar su cultura corporativa, pero en ningún caso se debe permitir que este dedo señale a los trabajadores como las personas que desempeñan su labor en las empresas, pues en este caso se está incurriendo en un grave e injusto error

ANEXOS

Anexo I y II

Anexo I. Dirección de la Tesis Doctoral

EL DR. D. FRANCISCO CRUZET FERNANDEZ, JEFE CLINICO DEL SERVICIO DE MEDICINA PREVENTIVA DEL HOSPITAL UNIVERSITARIO SAN CARLOS DE MADRID.

C E R T I F I C A, que D. JUAN JOSE BESTARD PERELLO, Licenciado en Medicina y Cirugía, Residente de Primer Año de Medicina Preventiva y Salud Pública del Servicio de Medicina Preventiva del Hospital Universitario de San Carlos está realizando la Tesis Doctoral sobre el tema "Absentismo del personal Hospitalario. Su Repercusión Laboral y Económica", bajo su dirección.

Madrid, 6 de Julio de 1.988

Anexo II. Solicitud de Lectura de Tesis Doctoral

D. Juan José BESTARD PERELLO Licenciado en MEDICINA Y CIRUGIA, natural de Palma de Mallorca Provincia de Baleares y con domicilio actual en Madrid calle Cuatro Amigos
n.º 1 piso 4º F C.P. 28029 Teléf. 315 87 09
D.N.I. nº 42981557

E X P O N E: Que desea presentar el Trabajo de investigación, base de Tesis Doctoral con el Título: Absentismo del personal hospitalario. Su repercusión laboral y económica.

y dirigido por el Dr. D. Francisco Cruzet Fernandez datos del Director Especialista en Medicina Preventiva y Salud Publica, Especialista en Medicina del Trabajo, Jefe clínico, servicio Medicina Preventiva; Hospital clinico Universitario de San Carlos.

S U P L I C A: Que me sea admitida la presente solicitud para poder leer y defender el mencionado Trabajo según la legislación vigente.

Madrid,

EL DIRECTOR   EL INTERESADO,

EL TUTOR

142

Anexo III. Código Laboral y de la Seguridad Social (2016) (España)

1. CONSTITUCIÓN ESPAÑOLA

2. LEGISLACIÓN LABORAL

2.1 DERECHOS Y DEBERES DE LOS TRABAJADORES

Estatuto de los Trabajadores. Real Decreto-ley sobre relaciones de trabajo

2.2 FOMENTO DEL EMPLEO

Ley de Empleo. Sistema de Formación Profesional para el Empleo en el ámbito laboral. Subsistema de formación profesional para el empleo. Ley por la que se regulan las empresas de trabajo temporal. Reglamento de las empresas de trabajo temporal. Agencias de colocación. Ley para la regulación del régimen de las empresas de inserción. Transición al empleo estable y la recualificación profesional. Prácticas no laborales en empresas

2.3 REPRESENTACIÓN DE LOS TRABAJADORES

Ley Orgánica de Libertad Sindical. Reglamento de elecciones a órganos de representación de los trabajadores

2.4 SALARIO

Racionalización de la regulación del salario mínimo interprofesional. Modelo de recibo individual de salarios

2.5 JORNADA DE TRABAJO

Jornadas especiales de trabajo. Jornada de trabajo, jornadas especiales y descansos

2.6 CONTRATOS DE TRABAJO

Información al trabajador sobre los elementos esenciales del contrato. Comunicación del contenido de los contratos de trabajo. Desarrollo de la comunicación del contenido de los contratos de trabajo. Tipos de Contratos. Aspectos formativos del contrato para la formación y el aprendizaje

2.7 SUSPENSIÓN DE CONTRATOS Y DESPIDOS COLECTIVOS

Procedimientos de despido colectivo, suspensión de contratos y reducción de jornada. Aportaciones económicas de las empresas con beneficios que realicen despidos colectivos

2.8 RELACIONES LABORALES ESPECIALES

2.9 CONVENIOS COLECTIVOS

2.10 FONDO DE GARANTÍA SALARIAL

2.11 TRABAJO AUTÓNOMO

Estatuto del trabajo autónomo. Trabajador autónomo económicamente dependiente y Registro de asociaciones. Desarrollo de la Ley de protección por cese de actividad de los trabajadores autónomos

3. SEGURIDAD SOCIAL

3.1 MARCO GENERAL DEL SISTEMA DE LA SEGURIDAD SOCIAL

Texto refundido de la Ley General de la Seguridad Social

3.2 INCORPORACIÓN AL SISTEMA DE LA SEGURIDAD SOCIAL

3.3 ENCUADRAMIENTO: REGÍMENES Y SISTEMAS

3.3.1 TRABAJADORES POR CUENTA PROPIA O AUTONOMOS

3.3.2 TRABAJADORES DE LA MINERIA DEL CARBÓN

3.3.3 TRABAJADORES DEL MAR

3.3.4 TRABAJADORES AGRARIOS

3.4 FINANCIACIÓN DEL SISTEMA

3.4.1 COTIZACIÓN

3.4.2 RECAUDACIÓN

3.4.3 FONDO DE RESERVA

3.5. ACCIÓN PROTECTORA

3.5.1 RÉGIMEN GENERAL DE LAS PRESTACIONES

3.5.2 ASISTENCIA SANITARIA

Ley General de la Seguridad Social. Ley de cohesión y calidad del Sistema Nacional de Salud

3.5.3 INCAPACIDAD TEMPORAL

3.5.4 MATERNIDAD, RIESGO DURANTE EL EMBARAZO, PATERNIDAD Y CUIDADO DE MENORES

3.5.5 INCAPACIDAD PERMANENTE

3.5.6 JUBILACIÓN

3.5.7 MUERTE Y SUPERVIVENCIA

3.5.8 PRESTACIONES FAMILIARES

3.5.9 PRESTACIONES NO CONTRIBUTIVAS

3.5.10 PROTECCIÓN POR DESEMPLEO

3.5.11 SERVICIOS SOCIALES Y ASISTENCIA SOCIAL

4. PREVENCIÓN DE RIESGOS LABORALES

Ley de prevención de Riesgos Laborales. Reglamento de los Servicios de Prevención

5. INFRACCIONES Y SANCIONES EN EL ORDEN SOCIAL

Ley sobre Infracciones y Sanciones en el Orden Social. Procedimientos para la imposición de sanciones por infracciones de Orden social

6. JURISDICCIÓN SOCIAL

Ley reguladora de la jurisdicción social. Procedimiento de reclamaciones al Estado por salarios de tramitación

Anexo IV. El término ausencia y falta de asistencia en el Estatuto de los Trabajadores

Anexo IV. El término ausencia y falta de asistencia en el Estatuto de los Trabajadores.

Real Decreto Legislativo 2/2015, de 23 de octubre, por el que se aprueba el texto refundido de la Ley del Estatuto de los Trabajadores

A) Punto 3 del artículo 37: "El trabajador previo, aviso y justificación, podrá ausentarse del trabajo por algunos e los motivos y por el siguiente tiempo:" En este punto nos indica: parece que dentro del contexto del Artículo 37 (descanso semanal, fiestas y permisos) el trabajador podrá ausentarse sin aviso y justificación en otro supuesto, es decir, en el supuesto de las fiestas. Entendiendo que en el descanso semanal no se produce falta de asistencia al no imputarse en el trabajo efectivo.

B) Punto 3 del Artículo 37, punto d): Por el tiempo indispensable, para el cumplimiento de un deber inexcusable de carácter público y personal, comprendido el ejercicio del sufragio activo. Cuando conste en una norma legal o convencional un periodo determinado, se estará a lo que esta disponga en cuanto a duración de la ausencia y a su compensación económica."

C) Punto 4 del Artículo 37: En los supuestos de nacimiento de hijo, adopción, guarda con fines de adopción o acogimiento, de acuerdo con el artículo 45.1.d), para la lactancia del menor hasta que este cumpla nueve meses, los trabajadores tendrán derecho a una hora de ausencia del trabajo, que podrán dividir en dos fracciones. La duración del permiso se incrementará proporcionalmente en los casos de parto, adopción, guarda con fines de adopción o acogimiento múltiples".

D) Punto d) del Artículo 52: "Por faltas de **asistencia al trabajo**, aun justificadas pero intermitentes, que alcancen el veinte por ciento de las jornadas hábiles en dos meses consecutivos siempre que el total de faltas de asistencia en los doce meses anteriores alcance el cinco por ciento de las jornadas hábiles, o el veinticinco por ciento en cuatro meses discontinuos dentro de un periodo de doce meses.

No se computarán como faltas de asistencia, a los efectos del párrafo anterior, **las ausencias** debidas a huelga legal por el tiempo de duración de la misma, el ejercicio de actividades de representación legal de los trabajadores, accidente de trabajo, maternidad, riesgo durante el embarazo y la lactancia, enfermedades causadas por embarazo, parto o lactancia, paternidad, licencias y vacaciones, enfermedad o accidente no laboral cuando la baja haya sido acordada por los servicios sanitarios oficiales y tenga una duración de más de veinte días consecutivos, ni las motivadas por la situación física o psicológica derivada de violencia de género, acreditada por los servicios sociales de atención o servicios de Salud, según proceda.

Tampoco se computarán las **ausencias** que obedezcan a un tratamiento médico de cáncer o enfermedad grave".

E) Punto 2. del Artículo 54: "*Se considerarán incumplimientos contractuales: a) Las faltas repetidas e injustificadas de asistencia o puntualidad al trabajo*".

A

abandono, 60, 67, 68
ABC, 2, 89, 90, 120, 131
absens, 60
absenta, 60
absenteeism, 60, 65, 70, 71
absentia, 60
absentis, 60
absentismo, 1, 2, 3, 5, 6, 29, 35, 42, 43, 59, 60, 61, 62, 63, 64, 65, 66, 67, 68, 69, 70, 71, 72, 73, 76, 78, 79, 81, 86, 87, 88, 89, 90, 91, 92, 93, 94, 95, 96, 97, 98, 99, 100, 103, 107, 108, 111, 112, 113, 115, 116, 118, 119, 120, 121, 123, 125, 126, 127, 128, 129, 130, 131, 133, 135, 136, 137, 138, 139
absentismo estacional, 66
absentismo estructural, 59, 92, 96, 97, 107, 108, 123, 125, 126, 133, 137, 138
absentismo imprevisible, 67
absentismo mínimo, 92, 93
absentismo predictible, 59, 96, 97, 99, 107, 123, 125, 127, 128, 133, 138
absentismo previsible, 67, 100
absentistas, 85, 118
abstención, 60, 62
abstencionismo, 62
abuso, 14, 50, 60, 80, 133
accidente, 38, 46, 47, 48, 52, 65, 82, 84, 90, 99, 106, 112, 144
accidente de trabajo, 38, 48, 82, 84, 112, 144
accidente laboral, 52, 65
acción de mando, 128
acción protectora, 25
acogimiento familiar, 47
acoso sexual, 80
actividad cognitiva, 54
actividad humana, 10, 12, 13, 14

Adenda, 1, 3, 4, 6, 42, 64, 65, 68, 71, 72, 76, 79, 111, 112, 113, 114, 116, 118, 120, 121
Administración pública, 4
Administración Pública, 18
adopción, 45, 47, 48, 49, 50, 100, 144
afiliación, 53, 75
agregado de ausencias, 94
alarmas, 130
Alemania, 87
alimentos, 51
alta, 17, 48, 60, 74, 104
alucinaciones, 60
AMAT, 95, 96, 131
análisis de campo, 93
antigüedad, 47, 53, 67, 118
Asamblea General de las Naciones Unidas, 14, 15, 25
aseguradoras, 59, 124, 136
aseguramiento público, 139
ASEPEYO, 89
asistencia, 12, 24, 25, 29, 32, 33, 34, 36, 37, 38, 40, 41, 43, 45, 46, 51, 52, 56, 61, 62, 63, 64, 65, 73, 80, 82, 84, 90, 100, 103, 104, 124, 133, 134, 138, 139, 144
asistencia indebida, 51
asistencia sanitaria, 25, 46, 103, 104, 138, 139
asistencia social, 25
atención especializada, 103
ausencia, 3, 29, 33, 34, 35, 36, 38, 39, 40, 41, 43, 44, 45, 50, 51, 52, 54, 56, 59, 60, 61, 62, 63, 64, 65, 66, 68, 69, 72, 73, 76, 77, 78, 79, 80, 81, 83, 84, 85, 87, 90, 93, 94, 95, 96, 98, 99, 100, 104, 107, 112, 113, 116, 117, 118, 124, 128, 130, 133, 134, 139, 144
ausencia ilegal, 96
ausencia justificada, 41, 51, 83, 85, 87, 113, 116
ausencia real, 29

147

ausencias laborales, 1, 3, 29, 42, 43, 113, 120, 128
ausencias legales, 96, 97, 98, 107, 127
ausencias mínimas, 59, 92, 93, 96, 100, 125, 127, 131
ausencias necesarias, 51, 53, 54, 56, 57, 59, 96, 97, 98, 100, 106, 107, 111, 121, 125, 131
ausencias permitidas, 34, 36
ausentismo, 60, 62, 63
Australia, 87, 94
Ayming, 88

B

baja laboral, 3, 46, 68
baja maternal, 47, 48, 49
baja médica, 3, 46, 52, 83
baja oficial, 38
Barcelona, 63
Barómetro Europeo del Absentismo, 88
Barómetro Sanitario, 102, 105
base reguladora, 48
beneficio, 21, 75
Berlín, muro de, 2, 3
bibliografía, 4, 10, 35, 59, 61, 65, 69, 71, 76, 78, 92, 120, 133, 135
bien económico, 98, 99
BOE, 73
buena fe, 80
bueyes, 10

C

caballos, 10
cadena de valor, 124
calidad, 17, 20, 50, 54, 56, 124, 136, 143
calidad global, 136
Canadá, 87, 94
capacidad de mando, 118

capacidad jurídica, 12, 30
capaz, 12, 13
capital, 12, 107
carga de absentismo, 59, 107, 108, 137
carga de enfermedad, 101
carga de morbilidad, 101, 103
carga mórbida, 106
cargo público, 46
carta, 85
caso fortuito, 31
Castilla la Mancha, 103
catalogación, 126
Cataluña, 2, 63
causa, 3, 34, 36, 37, 38, 39, 40, 41, 42, 45, 49, 51, 52, 53, 61, 63, 65, 69, 70, 71, 72, 77, 80, 81, 83, 85, 86, 98, 100, 104, 106, 123, 127
causa objetiva, 3, 36, 37, 38, 41, 52, 53, 63, 81, 83, 98
causalidad, 69, 72, 89
causas del absentismo, 59, 69, 72, 91, 116, 133, 137
causas formales, 42, 69, 120
causas médicas, 38, 50, 51, 57
causas objetivas, 37, 73, 82, 84, 86
causas reales, 42, 69
causas tipificadas, 45
cepa, 53
certificado oficial, 83
certificados, 3
Ceuta, 17
ciencias jurídicas, 125
cierre patronal, 23
Cinco Días, 89
ciudadano, 3
cliente, 50, 51, 112, 115, 136
clientes, 50
clima laboral, 1, 3, 5, 6, 42, 116, 118, 120, 133, 139
clínica, 67
CMBD, 102
cobertura, 70, 94, 139
cocinero, 55

codificación, 126
Código Civil, 13, 30, 31, 45
colocación, 16, 143
comercio, 10, 14
compañías aseguradoras, 124
complementos salariales, 18
compraventa, 19, 30
Comunidades Autónomas, 45, 95, 103
conciliación, 73
confederaciones, 23
consenso, 59, 87
Constitución española, 15
consultas médicas, 103, 104
contagio, 53, 101
contingencias inevitables, 125
contrato, 2, 5, 6, 13, 18, 25, 30, 31, 33, 34, 36, 38, 49, 50, 52, 53, 57, 67, 72, 73, 74, 75, 79, 80, 81, 82, 83, 84, 98, 99, 111, 112, 113, 114, 116, 117, 118, 119, 120, 124, 126, 134, 143
contrato de donación, 30
contrato de mandato, 30
contrato eventual, 67, 72, 112
contrato fijo, 112, 113
contrato individual, 18
contrato interino, 112
contrato laboral, 2, 30, 31, 33, 53, 83, 134
contrato sinalagmático, 30
contratos bilaterales, 30
contratos temporales, 1
contratos unilaterales, 30
convenios colectivos, 23, 25, 32, 43, 66, 81, 99, 100, 124
convulsiones, 60
corta duración, 38
coste de la no calidad, 56
coste directo, 35, 90, 131
coste empresarial, 9
coste laboral, 20, 21, 94, 96
costes, 2, 5, 19, 20, 35, 43, 44, 56, 57, 95, 107, 125, 126, 128, 131, 135, 136, 137, 138
costes de producción, 138
costes económicos, 5
costes indirectos, 35
costes salariales, 20, 43
costumbre, 61
cotización, 25, 48, 52
crisis económica, 1, 2, 6, 89, 91, 119, 120
cuarteles, 60
cuenta ajena, 12, 17, 22
cuenta propia, 12
cuidado de menores, 32
culpa, 31
culpable, 80, 81
cultura de la empresa, 131

D

daño, 50
datos, 4, 75, 89, 90, 91, 93, 94, 95, 102, 105, 106, 120, 125, 128, 129, 131
deber social, 14
Decisión Marco 2008/977/JAI, 129
Declaración Universal de los Derechos Humanos, 14
Decreto 298/1973, 74
defecto motor, 54
déficit presupuestario, 6
denominador, 64, 72, 76, 77
derecho, 9, 10, 11, 14, 15, 18, 22, 23, 24, 25, 32, 41, 44, 46, 47, 48, 49, 50, 53, 57, 65, 74, 86, 97, 98, 99, 100, 124, 130, 134, 144
derecho a la asistencia, 53
derecho al trabajo, 14, 15, 23
derecho del trabajo, 23
derecho fundamental, 9
derecho laboral, 22, 23, 25
derecho objetivo, 15

derecho público, 23
derecho sanitario, 130
derecho subjetivo, 15
derechos básicos, 15, 23
derechos contractuales, 53, 138
descanso, 16, 17, 19, 23, 32, 98, 104, 134, 144
descanso laboral, 32
descanso necesario, 104
descanso semanal, 32, 144
descansos, 32, 43, 143
desempleado, 120
desempleo, 9, 14, 16, 24, 25, 48, 70, 87, 91, 120
desigualdades, 15
desmotivación, 1, 56, 72, 116, 137
desobediencia, 80
despido, 3, 36, 37, 38, 41, 52, 59, 79, 80, 81, 83, 86, 123, 133, 139, 143
despido disciplinario, 41, 80, 81
despidos colectivos, 25, 143
deterioro intelectual, 60
diálogo social, 15
días contratados, 112
días festivos, 19, 32, 130
dignidad humana, 14
dilema, 83
Dinamarca, 87, 94
Directiva (UE) 2016/680, 129
Directiva 95/46/CE, 129
discapacitados, 32, 45
discontinuo, 85
doctrina jurídica, 86
documento, 12, 43, 63, 80
dogmática jurídica, 86
dolor, 10
duty, 61

E

economía, 9, 14, 15, 65, 89, 97, 119, 120
edad, 12, 13, 44, 45, 54, 71, 80, 112, 114
EEUU, 87, 93, 94
efectividad, 56
efectos psicológicos, 79
eficacia, 54, 56, 131
eficiencia, 2, 44, 56, 138
ejercicio fiscal, 138
El Mundo, 2, 89, 90, 119, 131
El País, 2, 88, 119
elemento esencial, 31, 36
embarazo, 38, 48, 49, 63, 75, 82, 84, 144
embriaguez, 80
empleador, 16, 22, 33, 34, 37, 38, 41, 42, 50, 52, 62, 96, 99, 111
empleo, 9, 15, 16, 17, 19, 23, 24, 26, 46, 53, 65, 89, 91, 111, 117, 120, 123, 143
empresa sanitaria, 107
empresario, 18, 20, 22, 25, 31, 32, 33, 35, 36, 43, 51, 52, 59, 63, 65, 80, 81, 92, 135, 137, 138
enferma, 3
enfermedad, 2, 3, 37, 38, 43, 46, 48, 50, 52, 53, 54, 60, 65, 70, 71, 72, 76, 77, 82, 84, 85, 86, 88, 90, 99, 106, 112, 123, 133, 139, 144
enfermedad común, 46, 48, 65, 84, 90
enfermedad infectocontagiosa, 50
enfermedad profesional, 46, 48, 106
enfermedades de declaración obligatoria, 102, 106
enfermo, 19, 51, 53
engranajes, 55
ensayo, 1, 3, 6, 9, 25, 29, 42, 62, 65, 71, 86, 92, 111, 116, 123, 133, 135, 139
entidad pública, 83
entidades mutualistas, 59
epidemiología, 101, 106, 128
epidemiología clínica, 101
epidemiología laboral, 106

Índice de voces analítico

episodios, 76, 77, 78, 85
equitativa, 14
ERGASAT, 63
error, 20, 57, 69, 72, 83, 123, 139
ERTEs, 65
esclavos, 10
escolar, 62
escuelas, 60
España, 1, 2, 6, 11, 12, 15, 16, 18, 23, 25, 34, 36, 38, 48, 63, 66, 70, 71, 72, 73, 77, 78, 86, 87, 88, 89, 90, 91, 94, 95, 99, 102, 103, 105, 119, 124, 129, 136, 138
estabilidad, 1, 87, 112, 117, 120
estabilidad relativa, 112
estadística, 69, 72, 91, 93
Estado, 19, 20, 23, 49, 63, 95, 104, 138, 143
estado civil, 44, 66
estado de salud, 52, 53, 100, 102, 107, 134, 138
estancias, 104
estancias hospitalarias, 104
estándar mínimo, 93
estándares, 9
Estatuto de los trabajadores, 23, 80, 84
estilos de dirección, 127
estímulo, 111, 116, 120
etarios, 113, 114, 115
Europa, 88, 91, 133
excedencia forzosa, 46
exceso de absentismo, 121, 137
Expansión, 88, 91
extinción del contrato, 37, 63, 70, 86, 98

F

fabricación, 55
fabricantes de yeso, 66
factores, 3, 14, 19, 44, 54, 60, 69, 70, 72, 87, 91, 92, 100, 101, 102, 107, 111, 112, 113, 116, 117, 118, 120
factores de producción, 14
factores determinantes de la salud, 102
factores motivacionales, 91
Facultad de Psicología, 61
fallecimientos, 54
fallo del sistema, 125
fallos, 55, 125, 126, 134
falta al trabajo, 29
falta de asistencia, 34, 35, 36, 38, 40, 41, 42, 43, 45, 48, 50, 53, 56, 61, 62, 65, 73, 76, 80, 81, 134, 144
faltas injustificadas, 65
familia, 9, 14, 15, 31, 103, 105
familiar, 17, 45, 59, 117
ferralla, 66
festivos, 65, 73
feto, 49
fiestas, 18, 32, 37, 73, 144
finiquito, 53
Finlandia, 87, 94
fomento de empleo, 25
fondo de garantía salarial, 25
fondo de reserva, 25
Francia, 87
franja de edad, 99
fraude de ley, 50
fuerza mayor, 31, 36, 46
función de aseguramiento, 138

G

gastos, 17, 19, 43, 90
Gobierno francés, 60
gripe, 53, 54, 106

H

habitantes, 103

Hall, 117
Hausknecht, 71
herramienta, 10, 88, 119, 128
Herzberg, 117
hijo prematuro, 32
Hiller, 71
hombres, 18, 26, 47, 49, 113
horario de trabajo, 31
horas, 19, 30, 31, 32, 44, 56, 63, 64, 65, 76, 77, 78, 94
horas ausentes, 76, 77
horas retribuidas, 32
horas teóricas, 64, 76
Hospital Clínico, 4
huelga, 23, 37, 82, 84, 144

I

Iberoamérica, 62
ICADE, 42, 69
igualdad, 23, 24, 26, 47, 49
igualitaria, 9
ilusión, 117
imagen, 16
imparcialidad, 135
impuntualidad, 33
imputables, 1, 32, 36, 37, 41, 57, 84, 96, 130, 131
incapacidad laboral temporal, 3
incapacidad temporal, 25, 38, 45, 46, 47, 52, 75, 90, 103
incidencia, 53, 78
incumplimiento, 2, 29, 30, 33, 34, 35, 36, 37, 50, 61, 80, 81, 83, 86, 124, 130
incumplimiento contractual, 2, 29, 33, 34, 35, 36, 37, 61, 80, 86, 124, 130
indemnización, 50, 52, 53, 70, 81, 85
indemnizaciones, 17
indicadores, 2, 76, 78, 88
índice cero, 93
índice de frecuencia, 77
índice de gravedad, 77, 78
índices, 3, 5, 6, 29, 59, 64, 70, 72, 76, 87, 88, 93, 116, 118, 120, 128, 130, 131, 133, 136, 137
inembargables, 16
información, 21, 24, 31, 73, 88, 91, 95, 100, 101, 102, 103, 108, 127, 128, 130, 135, 136, 137, 138
Informe Adecco, 62, 71, 87, 88, 89, 91, 93, 94
infracción laboral, 33
ingreso hospitalario, 104
ingreso justo, 26
inimputables, 37, 41
inmueble, 19
INSALUD, 4
insatisfacción, 72, 117, 136, 137
insatisfacción profesional, 136
inseguridad, 111, 116, 121, 123
inserción social, 45
insostenible, 15
Instituto Carlos III, 102
integración social, 26
intermitencia, 84, 85
intermitentes, 36, 37, 40, 82, 144
Internet, 24, 61, 68
intervenciones quirúrgicas, 103, 104
intimidad personal, 24
IPREM, 48
ismo, 60
izquierdas, 1

J

Japón, 87
Johnson, 4, 117, 133
jornada de trabajo, 25, 31, 32, 33, 34, 77, 100
jornada laboral, 30, 31, 32, 33, 34, 35, 36, 43, 44, 45, 84, 87, 134
jornadas hábiles, 52, 82, 144
jurídicamente indeterminado, 85
jurisdicción social, 25, 143

justificación, 1, 2, 36, 37, 38, 39, 40, 41, 42, 43, 56, 68, 81, 83, 86, 99, 123, 139, 144
justificación formal, 43
justificadas, 34, 36, 37, 39, 40, 41, 42, 43, 50, 51, 52, 53, 61, 63, 69, 81, 82, 83, 84, 97, 98, 112, 118, 138, 144
justificar, 1, 36, 39, 41, 43, 79, 112
justo, 39

K

Kornhauser, 65

L

La Razón, 89
labor del mando, 131
lactancia, 32, 37, 38, 45, 48, 49, 75, 82, 84, 144
legally able, 12
legislación española, 59
legislador, 34, 40, 41, 59, 83
lex artis, 130
ley, 14, 16, 33, 34, 35, 37, 49, 50, 68, 73, 74, 83, 86, 92, 97, 98, 99, 100, 124, 127, 130, 133, 143
Ley 20/2007, 73
Ley 24/1972, 74
Ley 31/1984, 74
Ley 31/1995, 129
Ley 32/2010, 75
Ley 44/2007, 74
Ley de la Seguridad Social, 72
Ley del Voluntariado, 12
Ley Orgánica 15/1999, 24, 129
Ley para la igualdad, 47
leyes, 3, 12, 22, 45, 72, 96, 100, 130
leyes especiales, 72
libertad ideológica, 24
libertad sindical, 23
libre, 9, 14, 15, 19, 22, 23, 61, 68, 129
libre circulación, 129
libre elección, 14, 15, 23
licencias, 37, 82, 84, 144
lista cerrada, 37
literatura, 39, 62, 67, 116, 117, 118
LRML, 73
lugar de trabajo, 26, 43, 134, 137

M

malos, 118
malos de la empresa, 118
mandos intermedios, 118, 127, 136
mano de obra, 20, 21, 43, 94
manufacturación, 19, 50
mapas de riesgo, 136
marco laboral, 33
marco legal, 72, 120
Maslow, 117, 119, 120
máster, 1
materias primas, 19
maternidad, 25, 37, 45, 47, 48, 65, 75, 82, 84, 112, 144
medicina, 4, 9, 65
médicos, 2, 3, 4, 57, 103
medidas judiciales, 50
Melilla, 17
mercado, 16, 19, 73, 127, 138, 139
métodos, 29, 101, 133
México, 11
Ministerio de Empleo y Seguridad Social, 63, 77, 78
misión, 9, 21, 131
mito, 29, 125
morbilidad profesional, 106
motivación, 1, 3, 5, 6, 42, 70, 111, 116, 117, 118, 119, 120, 121, 123, 127, 133, 139
motoras, 51
mujer trabajadora, 49
mujeres, 18, 26, 47, 49, 72, 84, 113

Muprespa-Mupag-Previsión, 63
muro de Berlín, 2, 3
mutua colaboradora, 63, 67

N

nacimiento, 32, 47, 48, 49, 99, 144
nacional, 88, 89, 91, 105, 126, 137
negociación colectiva, 17, 18
negocio, 54, 56, 67
neke, 10
nekezale, 10
nivel de estudios, 66
nómina, 51, 52
normas autonómicas, 12
normas imperativas, 50
numerador, 64, 66, 72, 76, 77, 81
Núñez Fernández
    Cristina, 112

O

objetivo común, 55
obligaciones, 3, 12, 23, 25, 29, 30, 31, 33, 38, 45, 47, 49, 53, 96
obligaciones del trabajador, 31
obligatoriedad, 52
obra, 1, 17, 18
obreros, 22, 60
ofensas, 80
oficio, 15, 23
OIT, 15, 26, 63
omisión, 31, 34, 39, 41, 42, 50
omisiones, 49
orden cronológico, 73, 74
ordenamiento jurídico, 23, 33, 37, 39, 50, 83, 100
organismo público, 126, 127
organización del trabajo, 29, 55
organización empresarial, 65, 119
Organización Internacional del
    Trabajo, 9, 15, 25, 63

P

Pacto Internacional de Derechos
    Económicos, 18
padre, 31, 49
pagas extraordinarias, 52
País Vasco, 103
paradoja, 83
Parlamento Europeo, 31, 129
participación, 23
parto, 37, 47, 48, 82, 84, 100, 144
parto múltiple, 47
paternidad, 37, 45, 48, 49, 75, 82, 84, 144
patologías, 49, 90, 100, 102
patologías asociadas, 49
patrón de conducta, 61
patrones de morbilidad, 96, 97
pattern, 61
peligrosidad, 17
penosidad, 17
percepciones económicas, 16
periodo de baja, 38
periodo temporal, 66
perjuicio económico, 124
permiso de trabajo, 13
permisos estatutarios, 43
permisos no retribuidos, 37, 68
permisos retribuidos, 37, 41, 98
personal fijo, 67, 118
personal sanitario, 67, 112, 118
personas físicas, 12, 13, 129
Piedrola, 65
planificación, 20, 21, 55, 57, 101, 124, 126, 131
plantilla, 73, 77, 78, 79, 107, 113, 114, 115, 120, 121
pluriregional, 137
poder disciplinario, 33
poderes públicos, 24
política económica, 24
políticas, 1, 93, 108, 119, 137
póliza, 124
Portal Estadístico del SNS, 102

pre-adoptivo, 45
preaviso, 85
prensa, 1, 2, 86, 88, 89, 90, 91, 119, 120, 128
presencia física, 31
presión, 57, 111, 121
prestación laboral, 45
prestaciones económicas, 48, 70, 75
prestaciones sociales, 24
presupuestos, 19
prevalencias, 101
prevención, 25, 54, 57, 129, 137, 143
Prevención de Riesgos Laborales, 129
previsibilidad, 44, 55, 56, 68, 98, 100
principio de efectividad, 55
principio de legalidad, 24
principios rectores, 23
prisión, 63
problema, 62, 64, 91, 108, 123, 124, 126, 128, 136, 137
problemas crónicos, 102
proceso médico, 53
productividad, 1, 2, 131
producto, 19, 21, 22, 35, 50, 55, 67, 79, 96, 118, 124
profesión, 15, 23, 67, 106, 114
profesión no sanitaria, 114
profesional de la salud, 19
propiedad, 10, 99
propiedades, 61
propietario, 61
proporción, 76
protección de datos, 24, 129
protección del trabajador, 24, 25
protección social, 14, 15, 25, 26
prueba, 12, 41, 105
psicología, 9, 65
puesto de trabajo, 17, 18, 22, 34, 35, 36, 41, 46, 47, 49, 50, 51, 53, 56, 57, 60, 63, 64, 67, 68, 79, 82, 90, 92, 94, 98, 100, 104, 111, 116, 117, 124, 134, 135
puntualidad, 33, 41, 80, 144

Q

quiebra empresarial, 5

R

razones, 4, 39, 46, 76
Real Academia Española, 60
Real Decreto 1146/2006, 75
Real Decreto 1300/1995, 74
Real Decreto 1368/1985, 74
Real Decreto 1382/1985, 74
Real Decreto 1529/2012, 75
Real Decreto 1541/2011, 75
Real Decreto 1720/2007, 129
Real Decreto 2720/1998, 74
Real Decreto 295/2009, 48, 75
Real Decreto 357/1991, 74
Real Decreto 625/1985, 74
Real Decreto 625/2014, 38, 75
Real Decreto 782/2001, 75
Real Decreto 84/1996, 75
recaudación, 25
reclutamiento, 55, 127
reconocimiento médico, 52
recursos humanos, 20, 55, 57, 93, 108, 119, 126, 127, 128, 139
reducción salarial, 32
reducción sensitiva, 54
reducciones de jornada, 32, 44
registro, 5, 86, 102, 126
reglamentación, 126
relación, 1, 6, 9, 11, 13, 19, 21, 22, 24, 25, 30, 38, 47, 50, 56, 62, 64, 66, 67, 71, 74, 75, 76, 78, 79, 86, 88, 89, 92, 93, 96, 98, 107, 111, 112, 113, 114, 115, 116, 128, 129, 133, 136
relación directa, 67, 115
relación laboral, 9, 13, 47, 74, 75

remuneración, 14, 15, 16, 17, 18, 19, 22, 56, 99
remunerar el trabajo, 45, 47
reposo domiciliario, 99, 104
reposo obligado, 104
representación legal, 37, 82, 84, 144
representantes de los trabajadores, 23, 24
República de México, 14
reserva, 47, 53
residentes, 4, 105
responsabilidad, 3, 17, 30, 31, 33, 35, 50, 80, 83, 86, 96, 130
restaurante, 55
resultados, 3, 6, 17, 18, 91, 93, 105, 111, 119, 128, 130, 133, 139
retribución, 10, 12, 14, 16, 17, 18, 22, 35, 98
revisión salarial, 53
Rhodes, 65
riegos motivacionales, 136
riesgos, 22, 25, 49, 54, 57, 101, 106, 136
riesgos en el trabajo, 101
riesgos físicos, 136
riesgos inherentes, 106
riesgos laborales, 22, 25, 57
rol del trabajador, 66, 115

S

salario, 14, 16, 17, 18, 21, 22, 25, 31, 32, 33, 34, 87, 126, 134, 143
salario base, 17, 18
salud, 4, 5, 25, 49, 50, 54, 68, 87, 97, 99, 100, 101, 103, 106, 135, 138
salud laboral, 5, 25
sanción, 33, 34, 53
sector médico, 125
sector privado, 23
sector público, 5
sector químico, 107

seguridad, 18, 22, 23, 25, 26, 68, 116, 117, 121, 134, 137
seguridad del trabajador, 22
seguridad en el trabajo, 25, 137
seguridad jurídica, 22
Seguridad Social, 16, 17, 24, 25, 39, 46, 47, 48, 49, 52, 53, 63, 67, 74, 75, 83, 86, 90, 99, 103, 124, 143
seguro médico, 87
selección de personal, 35
semiacabados, 55
sentencia condenatoria, 46
sentencia judicial, 47
servicio doméstico, 31
servicios sanitarios, 82, 84, 102, 144
servicios sociales, 25, 45, 82, 84, 144
sexo femenino, 72
sexo masculino, 72
Sharplos, 65
siglo XIX, 11
siglo XX, 1, 6, 60, 65, 76, 116, 119, 138
sindicarse, 14
síndrome, 4, 69
Sistema Nacional de Salud, 5, 47, 102, 103, 143
sistemas de control, 126
sistematización, 60, 126
sobrecarga de trabajo, 56
sociedad occidental, 2
sociología, 9
soporte legal, 42, 43
sostenibilidad, 2
subsidio de paro, 53
sueldo, 46, 53, 112
Suiza, 87, 94
suplidos, 17
suspensión de empleo y sueldo, 53
suspensión del contrato, 41, 45, 47, 49, 52, 53, 74
suspensión temporal de contrato, 45
suspensiones, 17, 57

T

tareas, 14, 20, 21, 54, 55, 56, 67, 68, 134
tarjeta de residencia, 13
tasa, 37, 64, 65, 69, 70, 71, 72, 76, 77, 78, 88, 89, 91, 112, 113, 114, 115, 119, 121, 131, 137, 139
tasa de absentismo, 65, 70, 71, 72, 76, 78, 88, 89, 91, 112, 113, 114, 115, 119, 121, 139
tasa de gravedad, 77, 78
tasa global, 113, 115
Taylor PJ, 65
temporalidad, 1, 29, 117
tesina, 1, 5, 112
tesis doctoral, 1, 3, 4, 5, 112, 119
texto refundido, 16, 23, 48, 73, 144
TFUE, 129
tiempo, 12, 17, 18, 19, 30, 31, 32, 33, 36, 45, 46, 47, 51, 52, 55, 63, 64, 68, 76, 78, 82, 85, 89, 94, 98, 99, 100, 103, 117, 119, 121, 128, 134, 144
tiempo de trabajo, 31, 32
tipos de ausencias, 36, 39, 42, 62, 135
titulados medios, 67
titulados superiores, 67
titulares, 59, 128, 133
titulares de prensa, 59, 133
tortura, 10
toxicidad, 17
toxicomanía, 80
trabajador, 1, 2, 3, 10, 11, 13, 14, 16, 17, 18, 20, 22, 23, 24, 25, 30, 31, 32, 33, 34, 35, 36, 38, 41, 42, 43, 45, 46, 47, 49, 50, 51, 52, 53, 54, 56, 63, 66, 67, 68, 70, 73, 77, 78, 79, 80, 81, 82, 83, 85, 86, 87, 92, 93, 94, 96, 98, 99, 100, 101, 103, 106, 107, 111, 112, 113, 114, 116, 117, 118, 120, 121, 123, 124, 126, 128, 129, 133, 134, 138, 139, 143, 144
trabajo, 1, 3, 4, 5, 9, 10, 11, 12, 13, 14, 15, 16, 17, 18, 19, 20, 21, 22, 23, 24, 25, 26, 29, 31, 32, 33, 34, 35, 36, 38, 41, 42, 43, 45, 46, 47, 49, 50, 51, 52, 53, 54, 55, 56, 59, 61, 63, 64, 65, 66, 67, 68, 70, 71, 73, 74, 75, 77, 78, 79, 80, 82, 86, 87, 88, 89, 90, 94, 99, 101, 102, 106, 107, 111, 115, 117, 119, 120, 121, 124, 126, 127, 128, 131, 133, 134, 136, 138, 143, 144
trabajo autónomo, 25, 73, 143
trabajo decente, 15, 25, 26
trabajo efectivo, 31, 32
trabajo gratuito, 11, 16
trabajo humano, 54
trabajo mecánico, 54
trabajo nocturno, 17
trabajo obligatorio, 11
trabajo voluntario, 12
transacción administrativa, 138
traslados, 17
tribunal, 4, 43
tripaliare, 10
tripalium, 10
turno de trabajo, 71, 112, 115
turnos, 17, 112, 115
tzale, 10

U

Unión Europea, 13, 129, 137
Universidad Autónoma de Madrid, 5
Universidad de Barcelona, 68
Universidad de Murcia, 61
Universitat de las Illes Balears, 112
urgencias, 103, 104, 105
urgencias hospitalarias, 104
USA, 4, 65

V

vacaciones, 19, 32, 37, 43, 53, 65, 82, 84, 130, 144
vacuna, 53, 54
vacunación, 53, 54, 102, 106
vacunación antigripal, 102
valor, 5, 9, 18, 19, 20, 21, 92, 93, 94, 95, 98, 113, 115, 121, 125, 130, 137, 138
valor añadido, 20, 21
valor económico, 9, 20, 93
valor estadístico, 93
valores, 2, 78, 79, 89, 93, 95, 131, 133
Vance, 71
varones, 47, 72, 84, 113
vía cualitativa, 98
víctima, 46
vida familiar, 73
vidas, 26, 63
Villaplana García, 61
vínculo contractual, 45
vínculos de amistad, 11
violencia de género, 32, 38, 46, 82, 84, 144
virulencia, 53
virus circulantes, 54
voz, 61

W

web, 15, 60, 63, 67
Wikipedia, 61, 68

Y

yugo, 10

ADENDA

Esta Adenda del Libro Mitos del absentismo y Factor K, contiene la tesina con el título de "Los índices de absentismo como medidores de la motivación en el clima laboral. Estudio trasversal en busca de asociaciones" presentada en noviembre de año 1990 como trabajo final del Master en Salud Pública (Administración sanitaria) de la Universidad Autónoma de Madrid.

La Adenda es el fiel reflejo de dicha tesina y mantiene todo su contenido intacto así como el formato del documento original respetando tanto la letra, como el interlineado, la paginación y su contenido en cada una de ellas. Se ha incomparado al final el índice de voces del trabajo que corresponde fielmente al índice del trabajo original.

El estudio de investigación, para su neta distinción del contenido propio de ensayo, se presenta en páginas con un recuadro en cada una de ellas y a píe de página la numeración viene descrita como *pg. nº de Adenda*.

LOS INDICES DE ABSENTISMO COMO ME-DIDORES DE LA MOTIVACIÓN EN EL CLIMA LABORAL

Estudio transversal en busca de asociaciones

Este trabajo de investigación ha sido realizado y presentado por D. Juan José Bestard Perelló como Tesina en el Master de Salud Pública (Administración Sanitaria) (Universidad Autónoma de Madrid / Comunidad autónoma de Madrid) (Noviembre de 1990).

Queda prohibida la publicación o exhibición pública de cualquier dato o de la totalidad o de parte de este trabajo, sin permiso escrito del autor. (Registrada en Propiedad Intelectual, con Depósito Legal M-13956-1991)

TRABAJO DE CAMPO DEL MASTER DE SALUD PÚBLICA (Administración sanitaria) (Universidad Autónoma de Madrid/Comunidad Autónoma de Madrid)

Tutor del trabajo de campo	: Dr. D. Luis Puchol (Prof. del Master de Salud Pública. Gestión de Recursos Humanos)(Prof. Gestión de Recursos Humanos I.C.A.D.E.)
Tutor de estadística e informática	: Dr. D. Francisco Casanova Domingo (Prof. del Master de Salud Pública, Estadística)(Prof. de Bioestadística Universidad Autónoma de Madrid)
Tutor en tema de motivación	: D. Antonio Palou Bretones (Licenciado en Derecho y en Filosofía y Letras) (Prof. Piscología Laboral I.C.A.D.E.) (Investigador sobre motivación el Clima Laboral en la empresa española)
Se agradece la colaboración	: Dr. D. Francisco Cruzet Fernández Jefe de Servicio de Medicina Preventiva. Hospital INSALUD). (Experto en Salud laboral) Dña. Asunción Alonso de la Torre (Programadora del Servicio de Informática. Hospital INSALUD)

Agradecimientos:

A la Dra. Dña. Victoria Zunzunegui Jefa de Estudios del Master de Salud Pública, por el enriquecimiento de sus consejos en la discrepancia de algunos puntos.

A D. Juan Carlos Alberdi Prof del Master de Salud Pública, por el gran provecho de sus consejos y orientación en puntos de desacuerdo.

El trabajo ha sido elaborado por el alumno del Master de Salud Pública: D. Juan José Bestard Perelló.

EMPRESA A ESTUDIO:

- Tipo de empresa : sector servicios

- Tipo de producto : sanitario

- Número de empleados : 4.968

- Ciudad : Población de más de 2.000.000 de habitantes

- Ubicación : Centro urbano

- Gasto 1988 : 12.708.503.363 pts (total)

  9.618.445.447 pts (gasto personal)

  (Fuente: Información económico-funcional de las Instituciones Sanitarias INSALUD. 1988

INDICE

(Este trabajo ha sido dividido en un prólogo y seis bloques)

Prólogo	10
Bloque 1. INTRODUCCIÓN	12
Capítulo I. Introducción	15
Capítulo II. Motivación y satisfacción.........	18
Capítulo III. Factor Seguridad	25
Capítulo IV. Absentismo.......................	28
Capítulo V. Estado actual de la investigación sobre absentismo y motivación.....	42
Capítulo VI. Enfoque de este trabajo de investigación	69
Bloque 2. MATERIAL Y MÉTEDOS........................	72
1. Material.......................................	75
A. Descripción	75
1. Base de datos agrupados................	75
2. Base de datos individualizados.........	77
2.1. Transformaciones	77
B. Utilización	83
1. Base de datos agrupados................	83
2. Base de datos individualizados.........	84
2. Metodología (Método)	85
2.1. Estadística descriptiva...................	85
2.2. Estadística analítica.....................	85

Bloque 3. RESULTADOS 88

Primera Fase 99

   Población de la empresa a estudio, 1988 99

   1. Distribución del número de empleados por mes, categoría profesional y sexo 99

   2. Distribución de las edades medias y sus desviaciones típicas de los empleados de la empresa, 1988 . 106

   Población por contrato de la empresa, 1988 108

   1. Tipos de contrato a estudio 108

   2. Distribución del número de empleados según contrato, por categoría profesional y sexo 108

   3. Distribución de las edades medias y sus desviaciones típicas según contrato, categoría profesional y sexo 117

   Descripción de la distribución de las ausencias imputadas en los índices de absentismo y permisos sin sueldo, durante 1988 122

   1. Distribución de las ausencias según: contrato, por categoría profesional y sexo 122

   2. Distribución de las ausencias según: días, empleados (bajas) y días / empleados, en las tres poblaciones contractuales 132

   3. Distribución del total de: días, empleados (bajas) y días/empleado según tipo de ausencia en el cómputo global de la plantilla. Con número de orden y % sobre global 138

   4. Indicadores de ausencia por contrato 139

   5. Distribución en la plantilla total de los días de baja, empleados (bajas) y días de baja por empleados de baja 139

   Descripción de la tasa de absentismo 140

   1. Distribución de las tasas de absentismo durante 1988 por mes 140

   2. Distribución de las tasas por mes según contrato 141

   3. Distribución de las tasas según contrato por categoría profesional 143

4. Distribución de las tasas de absentismo según contrato por categoría profesional. Ponderadas.. 143

5. Tasas de absentismo en Fijos por categoría profesional. Media global (ponderada) 145

6. Tasas de absentismo en Interinos por categoría profesional. Media global (ponderada) 145

7. Tasas de absentismo en Eventuales por categoría profesional. Media global (ponderada) 146

8. Tasas de absentismo por categoría profesional en plantilla total. Media global (ponderada) 146

9. Tasas de absentismo en plantilla de Fijos y media total (ponderadas) 146

10. Tasas de absentismo en plantilla de Interinos (ponderada) 147

11. Tasas de absentismo en plantilla de Eventuales (ponderada) 147

12. Tasas de absentismo en plantilla global (ponderada) 147

Segunda Fase 148

Asociaciones 148

1. Asociación entre días de baja/días de no baja y tipos de contrato 149

2. Asociación entre días de baja/días de no baja y edad 152

3. Asociación entre días de baja/días de no baja y tipos de contrato por grupos de edad 154

4. Asociación entre días de baja/días de no baja y grupos de personal sanitario y No sanitario 165

5. Asociación entre días de baja/días de no baja y grupos de personal que tiene relación directa con el paciente y los que no la tienen 167

6. Asociación entre días de baja/días de no baja y sexo 169

7. Asociación entre días de baja/días de no baja y turnos de trabajo 171

Influencia relativa 173

8. Asociación entre días de baja/días de no baja según sexo y grupos de Fijos y No fijos 176

9. Asociación entre días de baja/días de no baja y grupos de edad en Fijos y No fijos 179

10. Asociación entre días de baja/días de no baja y grupos de personal sanitario y No sanitario en las categorías de contratación (Fijos y No fijos).... 191

11. Asociación entre días de baja/días de no baja y grupos de personal que tienen relación directa con el paciente y el que lo la tiene, en los grupos de Fijos y No fijos 194

12. Asociación entre días de baja/días de no baja y turnos de trabajo, en los grupos de Fijos y No fijos 197

Bloque 4. DISCUSIÓN Y COMENTARIOS 200

Primera Fase (Base de datos Agrupados) 204

1. Distribución de la plantilla................... 204
2. Causas de ausencia por contrato y global 207
3. Índices de absentismo 212
4. Categorías profesionales 215

Segunda Fase (Base de datos individualizados) 235

Asociaciones 235

1. Contrato e índices de absentismo 235
2. Edad e índice de absentismo 236
3. Sexo e índice de absentismo 239
4. Ser sanitario o no sanitario e índices de absentismo 240
5. Relación con el paciente e índice de absentismo. 240
6. Turno de trabajo e índice de absentismo 241

Bloque 5. CONCLUSIONES 243

A. Conclusiones generales 245
B. Conclusiones específicas 249

    C. Reflexiones sobre la gestión de los recursos humanos   250
Bloquee 6. ÍNDICES   251
    1. Índice de gráficos   253
    2. Índice de bibliografía   255
        2.1. Índice por autores   255
        2.2. Índice por año de publicación   264
    3. Índice de voces   273

LOS ÍNDICES DE ABSENTISMO COMO MEDIDORES DE LA MOTIVACIÓN EN EL CLIMA LABORAL

PRÓLOGO

El trabajo se divide en seis (6) bloques, cada uno de ellos dotado de su propia estructura y dinámica. Así, en la introducción, síntesis molecular del estudio, el autor pone de manifiesto el sustrato científico, tomando como referencia investigaciones realizadas a nivel internacional, que sirvieron d punto de referencia para construir un método de estudio propio, diseñado para el sector servicios, dentro de un contexto español, aunque con una proyección internacional indudable.

El autor, a modo de planteamiento "a priori" juzga de gran importancia la correlación existente entre motivación –enmarcada dentro del clima laboral y otros factores situacionales– y el nivel de absentismo en la empresa.

En este sentido, aporta un cuadro sistemático que precisa el concepto de absentismo, sus distintas formas de manifestación y, fundamentalmente, sus sistemas de cálculo, valoración e interpretación, dando claridad, transparencia y uniformidad a los que hasta ahora era algo difuso, no debidamente estructurado a nivel de definición, sistematización y medida.

La **hipótesis de trabajo**, que enmarca la investigación, parte del principio de que "el absentismo laboral, reflejado a través del correspondiente certificado médico y en situación de Incapacidad Laboral Transitoria (I.L.T.), es un producto, no solamente derivado de la causa reflejada en el certificado de I.L.t., sino que también se debe a un Factor K, de carácter multiforme y muchas veces latente, cuyo peso específico es la motivación, que debe ser interpretada dentro de un maco situacional."

Desde el **punto de vista metodológico** se partió del análisis de dos bases de datos sobre una misma población, que fueron tratadas informáticamente, y se les aplicó el método estadístico descriptivo e inferencial.

Dentro del **método** utilizado conviene destacar que el autor selecciona unos hechos observados en la realidad, los somete a una medición y control, y explica los resultados de dicha observación, utilizando la estadística, pero obviando la realización de proyecciones de futuro (correlación, regresión lineal, etc…..)

Las conclusiones del estudio pueden sintetizarse del siguiente modo:

A) TIPOS DE CONTRATO.

(1) Hay una diferencia significativa en los niveles de absentismo entre trabajadores Fijos y No fijos.

(2) Existe un factor diferencial en función de los tipos de contrato, que debe ser investigada en posteriores estudios.

B) EDAD.

(3) Dentro de la población de trabajadores fijos el comportamiento, a nivel de índices de absentismo, es idéntico en edades inferiores a 31 años o superiores de 50 años, lo que no ocurre en la población de trabajadores No fijos.

(4) La explicación de la identidad anteriormente enunciada requiere una investigación encaminada a su explicación y predicción de comportamiento futuro.

C) ROL PERSONAL EN EL TRABAJO Y SU MOTIVACIÓN.

(5) En el personal sanitario con contrato fijo, cuanto mayor es la relación con el paciente mayor es el nivel de absentismo y viceversa. Sin embargo, en el personal **no** sanitario No fijo el principio es el contrario; os sea, "a menor relación con el paciente, mayor es el nivel de absentismo".

(6) Existe una relación entre turnicidad y absentismo.

D) MOTIVACIÓN.

(7) Controlando el factor seguridad en el empleo, el mayor o menor nivel de absentismo podría reflejar un mayor o menor nivel de motivación, y consecuentemente, una mayor o menor integración del trabajador en su empresa.

Madrid, a 2 de Noviembre de 1990

D. Antonio Palou Bretones

Profesor de ICADE/TADE

Bloque 1.
INTRODUCCIÓN

INTRODUCCIÓN

SUMARIO

Capítulo I.   Introducción

Capítulo II.   Motivación y satisfacción

Capítulo III.   Factor seguridad

Capítulo IV.   Absentismo

       1. Definición del concepto de absentismo

       2. Causas y tipos de absentismo

       3. Medición del absentismo

Capítulo V.   Estado actual de la investigación sobre absentismo y motivación

Capítulo VI.   Enfoque de este trabajo de investigación

CAPÍTULO I. INTRODUCCIÓN

CAPÍTULO I

INTRODUCCIÓN

El objetivo inicial de este trabajo fue el de investigar sobre el índice de absentismo como un indicador de la respuesta de los individuos de una organización de trabajo a la política de personal que los responsables de la misma llevaban a cabo.

No se intenta describir el absentismo de una organización de trabajo con la intención de compararlo con el absentismo de otra, sino que se intenta demostrar que el índice por si solo no es útil, y que su utilidad estriba en la comparación de los índices de absentismo dentro de una misma estructura organizada de trabajo, dando a entender que es más un indicador del comportamiento (motivación/satisfacción) de grupos homogéneos dentro de la estructura, más que un indicador de morbilidad (o enfermedad).

El trabajo se inició con entusiasmo y con ganas de demostrar lo que subyace en la mente de todos, tanto organizadores como organizados, que la gente trabaja fundamentalmente empujadas por lo que podríamos llamar motivación y que el descontento tiene diversas formas de manifestación individuales y entre ellas esta la de no acudir "con justificante al puesto de trabajo".

La investigación se ha encontrado con diversos obstáculos que se han ido solventando progresivamente, no obstante la complejidad del estudio sobrepasa en mucho las limitaciones de tiempo y de recursos que el desarrollo del trabajo de campo ha permitido a los investigadores del mismo.

Por las limitaciones antes mencionadas su redujeron las aspiraciones de los investigadores a intentar confirmar la hipótesis de que el absentismo manifiesta una respuesta del trabajador frente a la organización, limitándolas en una primera fase a una sencilla descripción de la plantilla de la empresa de servicios a estudio y en una segunda fase en la búsqueda de asociaciones entre el índice de absentismo y Factores relacionados directamente o indirectamente con el comportamiento de las personas -motivación/satisfacción-. Con el objeto final de demostrar la necesidad de estudiar y utilizar el índice de absentismo no tan solo como un indicador de morbilidad sino como un indicador que varía según las características de la subpoblación a estudio.

EL ESTUDIO SE PRESENTA DE LA SIGUIENTE FORMA:

En primer lugar en el Bloque de Introducción se estudia la teoría de motivación y las diferentes corrientes actuales sobre la misma, en segundo lugar se abre el capítulo sobre el Factor Seguridad con intención de subrayar uno de los factores comunes a las dos grandes teorías académicas sobre la motivación y de justificar la razón de incluir en el estudio la característica "contratación" como variable independiente, entre otras. En tercer lugar, se define el marco actual del concepto "absentismo" y seguidamente se hace referencia a la bibliografía (internacional) consultada más relevante, sobre absentismo, motivación, satisfacción en el trabajo y clima laboral. Este primer Bloque de revisión conceptual da paso al Bloque sobre el material y los métodos utilizados, para pasar al Bloque de resultados y al de discusión y comentarios y se finaliza con el Bloque de Resultados e índice de bibliografía.

CAPÍTULO II. MOTIVACIÓN Y SATISFACCIÓN

CAPÍTULO II

MOTIVACIÓN y SATISFACCIÓN

La palabra motivación se deriva del Latín "Motivum" que significa "lo que pone en movimiento" es decir, aquello que provoca la acción. Un motivo es distinto que un estímulo, aunque ambos tienen el poder de incitar. Los motivos, ya sean conscientes ó inconscientes, marcan la pauta de conducta del individuo encaminada a conseguir el objetivo propuesto.

Históricamente no fue hasta Descartes (siglo XVII) que el pensamiento humano empieza a contemplar la voluntad del hombre sobre su conducta, hasta entonces las corrientes de pensamiento de la civilización occidental habían estado muy influidas por Platón y Aristóteles quienes no contemplaban la motivación en la conducta humana (Peña ,1985).

Es el siglo XX en el que se inician los estudios profundos sobre la motivación humana. Maslow púbica en 1954 la obra *Motivación and Personality*, en la cual desarrolla la teoría sobre las necesidades del hombre.

En esta obra el autor diseña la famosa Pirámide de las Necesidades de Maslow (Figura 1) (Peña 1985).

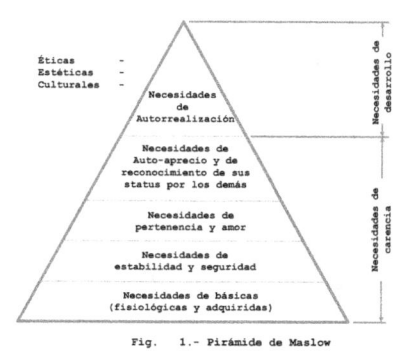

Fig. 1.- Pirámide de Maslow

La teoría de Maslow sobre las Necesidades del hombre establece cinco tipos de necesidades, estas son:

1. Necesidades básicas
2. Necesidades de seguridad
3. Necesidades de pertenencia y amor
4. Necesidades de estimación
5. Necesidades de autorrealización

Las explica de la siguiente forma:

1. Necesidades básicas:

Son las que surgen de las funciones vitales tales como el hambre, la sed, la necesidad de dinero, etc. Las define como primordiales e imperiosas y en el caso de que el ser humano careciese de todo, tendería a satisfacerlas antes que cualquier otra. Aun siendo tan importantes, pierden toda su significación cuando se satisfacen normalmente.

Maslow se muestra contrario a considerarlas como modelos de motivación humana (Peña ,1985).

2. Necesidades de seguridad:

Cuando el hombre ha cubierto sus necesidades básicas (fisiológicas y adquiridas) surgen otras de orden superior que llama necesidades de seguridad.

Esta fase surge de la necesidad de garantizar en el futuro la resolución de la fase anterior.

Este sentimiento de seguridad, no hace referencia sólo a la posibilidad de cubrir las necesidades fisiológicas, sino también las de sentirse protegido. En los adultos esta necesidad se manifiesta con la búsqueda de un puesto de trabajo " seguro " tanto por la solvencia de la empresa como por las condiciones de su contrato, contratando seguros que reduzcan las posibilidades de infortunio ó protegiendo sus cosas en función de la sensación de inseguridad asumida por el entorno.

3. **Necesidades de pertenencia y amor.**

Cuando las dos necesidades anteriores están satisfechas y no antes aparece como factor motivante, las de afecto, amor y posesión. Aparece la necesidad de integrarse en un grupo, amigos, pareja etc.

4. **Necesidades de estimación.**

Esta fase arranca de la necesidad de sentirse respetado y apreciado tanto por los demás como por uno mismo. Esta necesidad puede dividirse en dos:

-La necesidad de suficiencia, de efectividad, confianza, independencia y libertad.
-El deseo de reputación y prestigio.

La frustración de estas necesidades provoca sentimientos de impotencia, debilidad e inferioridad, que pueden ocasionar reacciones de desanimo, llegando incluso a compensarse con conductas neuróticas y agresivas.

5. **Necesidades de autorrealización.**

Esta necesidad, según Maslow no aparece siempre. Tras cubrir las fases anteriores puede surgir el deseo de desarrollar sus propias posibilidades o potencialidades, de ser cada vez más lo que es uno.

Otro investigador relevante en materia de motivación es Frederick Herzberg, profesor y Jefe del departamento de psicología de la Case Western Reserve University. Hezberg y sus colaboradores Mausner y Snyderman (1965) desarrollaron la teoría de los Factores Higiénicos y los Factores Motivadores, posteriormente Hezberg la amplió (Arias ,1987).

En 1968 Herzberg publicó en el número de Enero-Febrero de la Harvard Business Review su estudio sobre la satisfacción e insatisfacción en el trabajo. El trabajo recoge 12 estudios sobre 1.685 empleados.

La teoría de Herzberg resume las causas de satisfacción y descontento en factores motivadores y factores de condicionamiento ó de higiene ó ergonómicos. Siendo los factores motivadores ó intrínsecos causa primera de satisfacción (81% de los casos) y los Factores ergonómicos o extrínsecos los que cuando están ausentes provocan insatisfacción (69% de los casos).

Los factores motivadores son (causas de satisfacción 81%):
- El éxito
- El reconocimiento del éxito
- La responsabilidad
- El progreso
- El trabajo en sí mismo

Los factores de higiene son (su efecto = causas de descontento 69%):
- Las normas de la empresa

- Los procedimientos de gestión de la empresa
- La supervisión
- Las relaciones interpersonales
- Las condiciones de trabajo
- Los salarios
- El rango
- La seguridad

Un aspecto importante que Herzberg enfatiza con frecuencia es la mayor duración de la influencia positiva que ejercen los factores motivadores en relación a los ergonómicos y extrínsecos.

La teoría de la motivación ha llevado a los investigadores a contemplar el concepto de satisfacción. La satisfacción laboral es definida (Peña, 1985) como el factor que determina el grado de bienestar que un individuo experimenta en su trabajo por diferentes causas. Entre estas causas estará la pertenencia a un grupo, las condiciones económicas y sociales imperantes en la empresa, su sentimiento de seguridad, el reconocimiento de su labor, etc.

Las manifestaciones del grado de satisfacción en el puesto de trabajo son diversas y difíciles de medir, no obstante parece más claro la correlación que existe entre la insatisfacción y el bajo rendimiento, y no sólo con este factor de medición directa sino con una serie de efectos indirectos como la mala calidad, las equivocaciones repetidas, la ineficiencia o el absentismo (Peña, 1985).

En 1964 la National Industrial Conference Board realizó un estudio entre los trabajadores de seis compañías. El método utilizado fue el de remitir una encuesta con una lista de factores productores en potencia de satisfacción laboral, los encuestados debían elegir 10 situándolos en orden preferente, de más a menos. La siguiente tabla (Peña, 1985) presenta el resultado, que, a pesar del tiempo transcurrido situa en la primera posición la seguridad, tal como pasaría hoy probablemente.

Tabla 6

Los 10 factores que más influyen en la satisfacción laboral, de acuerdo con las opiniones de los empleados, ejecutivos y líderes sindicales.

Fuente: National Industrial Conference Board. "Factors Affecting Employee Morale". Studies in Personnel Policy. 85/1947.

Rango	*Estimación de los empleados*	*Opinión de los ejecutivos*	*Opinión de los líderes sindicales*
1	Seguridad	Retribuciones	Retribuciones
2	Promoción	Seguridad	Seguridad
3	Retribución	Vacaciones	Horas
4	Beneficios marginales	Promoción	Condiciones de trabajo
5	Información referente al éxito o al fracaso en el trabajo	Condiciones de trabajo	Sindicatos
6	Clase de trabajo	Actitud de la compañía	Reparto de beneficios
7	Vacaciones y días festivos	Clase de trabajo	Atención a las quejas
8	Supervisión (estilo de)	Beneficios marginales	Vacaciones
9	Reparto de beneficios	Supervisión (estilo de)	Relaciones entre trabajadores y dirección
10	Condiciones de trabajo	Horas	Programas de valoración de puestos

(Tabla recogida del libro "La Psicología y la Empresa". Peña 1985)

CAPÍTULO III. FACTOR SEGURIDAD

CAPÍTULO III

FACTOR SEGURIDAD

A través del estudio de las diferentes corrientes de la teoría de la motivación y satisfacción laboral se observa la presencia de un factor constante en todas ellas, este es la Seguridad.

La seguridad vista bajo el punto de vista de Maslow es una necesidad de primer orden, y la sitúa en el segundo escalón de las prioridades humanas.

Herzberg en el desarrollo de su teoría define a la seguridad como un factor Higiénico y no como un factor de motivación. Para él la ausencia de seguridad provocaría insatisfacción y la obtención de ella no pasa a ser un factor de motivación intrínseco.

En el estudio de la National Industrial Conference Board (1964) se concluye que la seguridad se sitúa en el primer nivel de interés para los trabajadores y en el segundo para los ejecutivos y sindicatos. (Ver pg 24)

En cualquier caso está aceptado que este factor juega un papel decisivo en el comportamiento humano ya sea en la búsqueda de la satisfacción, ya sea en la resolución de la escala de necesidades o ya sea como factor extrínseco de motivación.

Si nos dispusiéramos a describir lo que los trabajadores y asalariados en general consideran como seguridad, obtendríamos una vasta lista de factores. Para unos la seguridad estribaría en el prestigio y solvencia de la empresa y para otros en las características de su contrato laboral.

En el complejo proceso del comportamiento humano la seguridad juega diferentes papeles según se tenga o no. El hecho de carecer de seguridad para muchos individuos podría servir como objetivo o incentivo, pero lo que **no está tan claro es el periodo tiempo que en el actuaría la falta de seguridad como incentivo antes de convertirse en factor de estrés (Hall and Johnson, 1989).**

Actualmente existen corrientes del estudio del comportamiento humano y su efecto en el ámbito laboral que tienden a enfocar la perspectiva de las investigaciones en el efecto del stress sobre el hombre. En esta corriente trabaja, entre otros, Jeffrey V. Johnson (Johns Hopkins University), el cual no encuentra en las teorías de la motivación y satisfacción laboral fundamentos suficientes para explicar los diversos problemas que surgen en el trabajo (insatisfacción, absentismo, etc.) (entrevista entre J. V. Johnson y J.J. Bestard, Agosto 1990, Johns Hopkins University) para lo cual han desarrollado un modelo "demand-control-support model", dentro de la teoría del stress como causa de morbilidad, el cual intenta explicar las causas del stress y sus efectos (Johnson and Hall, 1988).

CAPÍTULO IV. ABSENTISMO

CAPÍTULO IV

ABSENTISMO

1. DEFINICIÓN DEL CONCEPTO DE ABSENTISMO

Este trabajo no intenta crear una definición de Absentismo ni intentará crearla en ningún momento del trabajo de investigación. Se revisó la literatura y se observó una falta de unificación de criterios a la hora de definir el concepto de absentismo. La literatura sobre absentismo es diversa y en ella cada autor define el concepto en relación con el estudio que lleva a cabo, sin partir de un concepto previamente acordado.

En la literatura el concepto de absentismo no es sinónimo de ausencia del empleado en la empresa en dónde trabaja, pues así lo demuestra por ejemplo el estudio de Klerman et al (1987) "why adolescent do not attend school" el cual estudia el absentismo en la escuela, pues como dicen los autores, en algunas zonas de EE.UU. el índice supera el 30%. En la misma línea el estudio del absentismo Holleman and Holleman publicaron (1988) "Scholl and work release evaluation" en el cual se estudian tres casos particulares de absentismo en la escuela y luego el comportamiento de los sujetos en el trabajo. Meyers et al (1989) publicaron "Scholl breakfast program and school performance" referente a medidas frente al absentismo del estudiante en la escuela.

El Dr. Sangro hace, en su publicación (1971) sobre Absentismo Industrial, una introducción histórica del concepto "Así se aplicaba esta palabra a los propietarios rurales que abandonaban el campo y tendían a vivir en las ciudades". Él mismo define el absentismo como "todas las ausencias al trabajo, sea por el motivo que fuera...". De igual forma hace el Dr. Piedrola en su Tratado de Medicina Preventiva y Salud Pública (1989) al hablar del absentismo y añade "que la palabra absentismo viene de abesse, que significa estar ausente", definiéndolo "Nosotros consideramos como absentismo las faltas imprevistas de asistencia al trabajo".

El Subcomite de Absentismo de la Comisión permanente y la International Association on Occupational Health definieron el absentismo como "la ausencia al trabajo atribuible a enfermedad o accidente y aceptada como tal por la empresa o la Seguridad Social"(1973).

La Real Academia Española definió en el diccionario de la lengua Española en su edición de 1970 el término absentismo como "la costumbre de residir el propietario fuera de localidad en que radican sus bienes". La edición de 1984 añade a esta definición otras dos: "La costumbre de abandonar el desempeño de funciones y deberes ajenos a un cargo" y "La abstención deliberada de acudir al trabajo".

La Gran Enciclopedia de Larousse (1974) añade un nuevo concepto, económico-agrícola, independiente de la acepción más comúnmente utilizada, diciendo además que el término absentismo se refiere también a: "una forma de explotación de la tierra en la cual un intermediario (intendente, arrendatario general) se interpone entre el propietario no residente y el agricultor".

La Enciclopedia de Medicina, Higiene y Seguridad del Trabajo (1974) dice al hablar de absentismo "la ausencia al trabajo puede tener por causa multitud de factores. No obstante, el tipo más importante de ausencia del trabajo, desde el punto de vista de la seguridad e higiene laboral, es el atribuible a enfermedad o accidente".

La Asociación Internacional de la Medicina del Trabajo (1972) definió el concepto diciendo "Proponemos que la palabra absentismo incluya la ausencia del trabajador a su trabajo cuando se espera que debe asistir al mismo, por cualquier razón que sea, médica o de otro tipo".

Otros autores han estudiado el absentismo en algún tipo de empresa dándole en cada caso un concepto propio, por ejemplo la Dra. Sainz (1981) en un estudio realizado en el Hospital Clínico San Carlos de Madrid dice "así podemos entender que el absentismo o ausentismo es el efecto producido tras las causas multifactoriales que inciden sobre el sujeto", necesitando posteriormente enumerar las causas a estudio y dice "El material de investigación fue recogido de las Altas y Bajas facilitadas por el Servicio de Personal y de Informática Médica del Hospital". Otros autores no definen el concepto sino que implícitamente queda definido al formular la fuente de datos en el Material y Métodos, por ejemplo el Dr. Gestal dice, en su estudio Etiología del Absentismo Laboral Hospitalario (1982), lo que sigue "Para llevar a cabo el estudio se han revisado la totalidad de los expedientes de personal que existen en los archivos del centro.", aunque más adelante en el apartado de Resultados hace mención a "número total de bajas por incapacidad laboral transitoria". En la misma línea vemos que la definición del concepto de absentismo viene reflejada en el Material y Método que el investigador utiliza para estudiar el absentismo, el Dr. Mayordomo (1980) en su trabajo sobre Absentismo Laboral Hospitalario dice en Material y Métodos "La fuente de información básica para la realización de este trabajo proviene de la relación de Incapacidad laboral transitoria."

Otros autores que han tratado el tema del absentismo no han definido el concepto sino que le han dado un significado implícito y han acotado el concepto al ámbito de su estudio. Nos referimos por ejemplo al trabajo del Dr. Calbo et al (1982) el cual define en cierta forma lo que ellos entienden por absentismo al titular el trabajo por "Absentismo laboral por accidente de trabajo y enfermedad profesional en el personal hospitalario", de igual manera refleja esta forma de definición "el Estudio de las Enfermedades profesionales Diagnosticadas en un Periodo de Cuatro años en el personal del Hospital Clínico de San Carlos de Madrid" por el Dr. Cabanillas et al (1984).

Vemos pues que la literatura define de alguna forma que el interés de los investigadores parece apuntar hacia definir el absentismo por la causa que lo produce, aunque dejan sin concretar las ausencias sin causa mórbida.

Otro autor, el profesor Arias Galicia (1988), en su libro Administración de Recursos Humanos, trata el absentismo con otro punto de vista diciendo sobre este "Una de las más sútiles y al mismo tiempo más comunes identificaciones del descontento o actitud negativa de los empleados y de su inquietud, es el ausentismo. Este descontento mostrará las actitudes negativas hacia el trabajo, teniendo una relación moderada con los índices altos del propio fenómeno" y a su vez dice "El Ausentismo está constituido por todas aquellas faltas de asistencia al trabajo, que ocurren cuando el empleado debería presentarse a laborar". El profesor Peña Baztan dice en (1985) "La psicología y la empresa" dice: "El absentismo o ausentismo es la falta de asistencia al trabajo, por las causas que sean y se mide a través de la relación porcentual entre el tiempo de trabajo previsto para un periodo determinado para una empresa o una parte de la misma y la asistencia real."

Parece difícil pues definir lo que se entiende por absentismo, aunque entre diversos autores hay una cierta coincidencia en hablar de causas y factores, y en todos una clara intención de indicar como debe medirse y que en definitiva también por la medición podemos completar su definición. A continuación comentaremos las diferentes clasificaciones y causas descritas en la literatura, así como las formas de medirlo.

2. CAUSAS Y TIPOS DE ABSENTISMO

El Dr. Piedrola en su Tratado de Medicina Preventiva y Salud Pública (1989) se extiende profusamente y habla de cinco tipos de absentismo: el Absentismo voluntario, el Absentismo legal o estatutario, el Absentismo por enfermedad común (incluye la maternidad), el Absentismo por enfermedad o accidente laboral y el Absentismo compulsivo como aquel no voluntario y que está fuera de los cuatro restantes. Seguidamente describe las causas y las llama factores, los cuales son: Factores dependientes del trabajo, Factores perilaborales, Factores dependientes del medio extralaboral, Factores de la patología real del trabajador, Factores de la personalidad del trabajador, Factores del sistema compensador al trabajador y Factores del sistema administrativo.

El profesor Arias Galicia (1988) describe los factores internos y los factores externos. En los factores internos adjunta todos los factores que pueden causar insatisfacción y entre los externos describe los que antes hemos llamado extralaborales y perilaborales por una parte y los factores de la patología real y algunos de los perilaborales por otra.

En la misma línea el Dr. Sangro (1971) describe tres tipos de absentismo: el voluntario, por enfermedad y por patología profesional.

Las causas del absentismo podrían definirse también como causas reales y causas formales (Seminario sobre Motivación en el Clima Laboral, Prof. Antonio Palou Bretones, ICADE, Abril 1989). Las causas reales vendrían a ser las que el Dr. Piedrola (1989) clasifica como Factores, aunque se podrían subclasificar estas en Factores directos, Factores indirectos y Factores coadyuvantes. Las causas formales vendrían ser aquellas que vienen definidas por la presentación formal de las causas reales, en este caso por un certificado de I.L.T. por una parte, por los diversos permisos que pueda expedir la empresa o simplemente por una notificación de ausencia no justificada. De otra forma tendríamos, a las causas reales como: necesarias y no necesarias; y a las causa formales como: justificadas y no justificadas.

3. MEDICIÓN DEL ABSENTISMO

Las mediciones del absentismo vendrán dadas en primer lugar por el recuento absoluto de las bajas de un periodo determinado, por otro lado el número total de días de baja registrados en el mismo periodo, estos datos vendrán expresados en meros indicadores. Estos indicadores por si solos no dan una información aprovechable, por los que junto con otra serie de datos como el número de trabajadores de la empresa o puesto de trabajo durante el periodo de tiempo estudiado, podemos establecer una serie de índices, los cuales nos permitirán conocer el estado de la situación estudiada y establecer comparaciones.

La importancia de que la medición sea metodológicamente uniforme en todos los estudios de absentismo, excede incluso el fundamental principio de la comparabilidad y aboca en la trascendencia del dato que establece el 5% como cifra sobre la que deberán regirse las demandas que apelen al artículo 52 del Estatuto de los Trabajadores (Ley 8/1980, de 10 de Marzo).

Ante de definir las relaciones que estableceremos entre los diversos indicadores, indicadores de recursos e indicadores del factor a estudiar, es preciso aproximarnos al concepto de los diferentes tipos de relación numérica.

Un índice es una razón. Una relación entre un valor mensurable y otro, con el fin de determinar un tercer valor que mide el grado de correlación existente entre ambos y entre este tercer valor y otro calculado de igual forma. Tipos de índices: Clark (1981)

a. Razón (Ratio) : es un cociente entre dos frecuencias absolutas en el que el numerador no está incluido en el denominador (Ej.: número de mujeres/número de hombres)

b. Proporción : es un cociente en el que el numerador forma parte del denominador (Ej.: número de empleadas casadas/número total de empleadas). Indica que parte del total de mujeres estudiadas están casadas.

c. Tasa : potencial instantáneo de cambio de una variable por una unidad de otra. (Ej.: velocidad=kilometro/hora)(Ej.: Tasa de ab-sentismo=días ausencia por trabajador/año).

El Tratado de Medicina Preventiva y Salud Publica (8 edic.) (1989) (Prof. Piedrola) define las tasas y los índices de absentismo de la siguiente forma:

Las Tasas:

1. Tasa global de ausencia o tasa de tiempo perdido por ausencias en un lapso de tiempo dado

$$\frac{\text{Número total de días de trabajo perdidos por ausencias}}{\text{Número de días de trabajo previstos}} \times 100$$

2. Tasa de ausencia por enfermedad

$$\frac{\text{Número total de días de trabajo perdidos por enfermedad}}{\text{Número de días de trabajo previstos}} \times 100$$

3. Tasa de ausencia, excepto los días debidos a enfermedad certificada

$$\frac{\text{N. total de d. trabajo perdidos (excepto los certificados)}}{\text{Número de días de trabajo previstos}} \times 100$$

Los índices:

1. Índice de frecuencia

$$\frac{\text{Número de ausencias}}{\text{Número de trabajadores}} \times 100$$

Otros autores, en caso de Accidentes Laborales colocan en el denominador el número de horas trabajadas. Dr. sangro (1971)

2. Índice de gravedad

$$\frac{\text{Número de días de ausencias}}{\text{Número de trabajadores}} \times 100$$

Otros autores, en caso de Accidentes Laborales colocan en el denominador el número de horas trabajadas. Dr. sangro (1971)

3. Duración media de la ausencia

$$\frac{\text{Horas de ausencias}}{\text{Número de ausencias}} \times 100$$

4. Promedio de días de duración de cada episodio de enfermedad

$$\frac{\text{Número total de días entre baja y alta}}{\text{Número total de episodios}} \times 100$$

5. Índice de concentración de bajas

$$\frac{\text{Número de trabajadores que han tenido dos ó más bajas en el periodo considerado}}{\text{Número total de trabajadores que causaron baja}} \times 100$$

Los índices pueden ser expresados, también, en horas. El denominador puede ser el total de horas de trabajo previstas o sólo las horas trabajadas.

Los índices de absentismo reflejan el comportamiento de toda una población que no es homogénea, por tanto la información de estos es grosera y permite hacer pocas o ninguna inferencia sobre el estado de la situación a estudio.

La empresa como tal es un conjunto de personas unidas por un objetivo común, pero las características antropométricas, antropomórficas y personales son muy diversas. En estos grupos estudiados existen personas de diferentes edades, diferente formación, estado civil y sexo, personas con diferentes motivaciones y diferente grado de motivación, diferentes estados de salud y diferente situación laboral. Asimismo hay departamentos, secciones y servicios muy distintos entre sí.

Al leer una cifra que representa un índice de absentismo, estamos leyendo los datos que suministran los Sistemas de Información (los Sistemas de Información son un conjunto de datos ordenados de procesos, recursos y actividades de utilidad para el cambio en estructuras, procesos, actividades o actitudes, como dijo el Dr. Julio Moreno en una intervención realizada en el Máster de Salud Pública de la U.A.M. de 1990).

Al no tener en cuenta todas las diferentes variables dependientes que influyen sobre una independiente podemos incurrir en lo que venimos a llamar Sesgo. El Sesgo viene definido como un error sistemático de tipo metodológico: en método de selección o/y en el método de información.

Sesgos en método de selección: si comparamos el absentismo entre dos poblaciones o subpoblaciones utilizando muestras de las mismas sin tener en cuenta los factores que las diferencian incurriremos en error. Por ejemplo: si la selección de las muestras no tienen en cuenta el factor edad, y pretendemos estudiar si los fijos se ausentan más que los No fijos, podríamos incurrir en un grave error al no tener en cuenta que los más viejos son los que han permanecido fijos y también son los que muestran más morbilidad (crónicos).

Sesgos en el método de información: si comparamos sendas muestras de dos poblaciones valorando cual de ellas muestra más casos de una determinada enfermedad, sin haber validado que entiende el medidor de cada muestra por dicha enfermedad.

Al describir los indicadores, índices y sesgos, nos damos cuenta de la necesidad de precisar la información que vamos a tratar.

Los índices de poblaciones generales son datos groseros al no ser las poblaciones homogéneas. Nosotros podemos ajustar los índices y de esta forma homogeneizar las muestras o poblaciones. Los índices ajustados por variables nos permiten comparar datos de poblaciones diferentes respecto a un factor confusor (factor de confusión).

Por tanto la medición del absentismo no solo debe abarcar el manejo de indicadores e índices sino que deben ser dados por las diferentes poblaciones que por sus características diferenciales puedan hacer variar el dato no por el factor estudiado -baja- sino por otro asociado directa o indirectamente o bien no asociado.

CAPÍTULO V. ESTADO ACTUAL DE LA INVESTIGACIÓN SOBRE ABSENTISMO Y MOTIVACIÓN

CAPÍTULO V

ESTADO ACTUAL DE LA BIBLIOGRAFÍA SOBRE ABSENTISMO Y MOTIVACIÓN

Esta revisión conceptual del comportamiento del hombre nos sitúa en el punto previo al análisis del índice de absentismo como Indicador del factor motivación.

La bibliografía más relevante repasada por el autor de este trabajo de investigación muestra una tendencia de la mayoría de los investigadores a tratar el absentismo como la manifestación de la morbilidad laboral o escolar. Algunos autores han ido realizando observaciones interesantes sobre los posibles significados del índice de absentismo y su conexión con el comportamiento del individuo y de diferentes grupos con algún carácter común, no obstante ya sea por la dificultad del estudio en si mismo o ya sea por el contenido de la materia de investigación actualmente hay pocos estudios que hayan profundizado en los índices de absentismo.

A continuación se citará la bibliografía internacional consultada de interés, comentando la que se ha considerado más relevante para la línea de este estudio de investigación. Se ha subdividido su presentación en los siguientes apartados:

B) Bibliografía internacional más relevante sobre absentismo.

   1. Absentismo y Accidentes
   2. Absentismo y Comportamiento
   3. Absentismo y Escuela
   4. Absentismo y Morbilidad
   5. Absentismo y Hospital
   6. Absentismo e Industria
   7. Absentismo y Médico de cabecera

C) Bibliografía internacional más relevante, para el estudio, sobre comportamiento en relación con el trabajo.

   1. Comportamiento y Hospital
   2. Comportamiento e Industria

D) Bibliografía internacional más relevante, para el estudio, sobre "Job enviroment" (clima laboral) en relación con absentismo.

   1. "Job enviroment" e Industria

E) Bibliografía internacional más relevante, para el estudio, sobre motivación en relación con absentismo.

   1. Motivación y escuela
   2. Motivación y hospital
   3. Motivación y médico de cabecera

A) Bibliografía Internacional más relevante sobre absentismo

1. Absentismo y accidentes

1.1 Autor: Leigh, JP
    Título: Specific illnesses, injuries and job hazards associated with absentism
    Fuente: JOURNAL OF OCCUPATIONAL MEDICINE. 1989 Sep;31(9): 792-797

El autor de este trabajo ha utilizado la base de datos (Q.E.S.) de la Universidad de Michigan para estudiar la relación de las 36 enfermedades y 17 riesgos laborales que están en la base de relación con el absentismo.

Presenta las tablas relativas a las frecuencias y por severidad de cada una de ellas, distribuyéndolas por sexo y categoría profesional.

1.2 Autor: Sinks T; Mathias CG.; Halperin; Timbrook C; Newman S.
    Título: Survillance of work-related cold injuries using worker' compensation claims
    Fuente: JOURNAL OF OCCUPATIONAL MEDICINE. 1987 Jun; 29(6):504

Este estudio basado en el estudio de las demandas de compensación a través de la vigilancia de los accidentes producidos por frío en diferentes estaciones climáticas, industrias y estados de U.S.A.

2. Absentismo y comportamiento

2.1 Autor: McWhinney IR
    Título: An approach to the integratión of behavioral science and clinical medicine
    Fuente: THE NEW ENGLAND OF MEDICINE. 1972 Aug; 287(8): 384-387

Este articulo (Special Article), plantea la necesidad de establecer una clasificación del comportamiento del paciente y los factores sociales que intervienen en él.

En la página 386 comenta brevemente el aspecto de relación meramente administrativa médico-paciente.

3. Absentismo y escuela

3.1 Autor: Holleman WL; Holleman MC;
    Título: School and work release evaluation
    Fuente: JOURNAL OF THE AMERICAN MEDICAL ASSOCIATION. 1988 Dec:23-30; 260(24):3629-3634

Este trabajo estudia tres casos particulares de absentismo. Los autores insisten sobre las razones médicas legítimas para ausentarse del trabajo. Utilizan los conceptos de "short-term absenteeism" y el de "casual absenteeism" para introducir el tema, para finalmente proponer soluciones.

Los autores comentan en la introducción que la literatura médica sobre absentismo se basa en las causas extremas de este y añaden que estas son tan solo una fracción del total de las causas.

Hacen notar que son fundamentalmente los médicos generales los que certifican el absentismo sin entrenamiento en Medicina del Trabajo.

Nota de interés:
Como en casi toda la literatura norteamericana revisada, el concepto absentismo está ligado a certificado de enfermedad.

3.2 Autor: Meyers AF; Sampson AE; Weitzman M; Rogers BL; Kayne H
    Título: School breakfast program and school performance
    Fuente: AMERICAN JOURNAL OF DISEASES OF CHILDREN. 1989 Oct; 143(10):1234-1239

Los autores de este trabajo intentaban demostrar la hipótesis de que la aplicación del "School breakfast

Program" en alumnos de bajos resultados mejoraría su rendimiento y disminuiría su absentismo.

Los resultados fueron que tan solo se mejoró el rendimiento pero no disminuyo el absentismo.

Nota de interés:

En los Estados Unidos de América el concepto de absentismo versus la preocupación por él no es exclusivo (como parece demostrar la literatura Europea) del mundo estrictamente laboral. El análisis de este hecho podría de alguna forma modificar tanto la definición de este como el significado de los índices del mismo y la búsqueda casi exclusiva de la morbilidad y accidentabilidad en su causalidad.

3.3 Autor: Klerman LV; Weitzman M; Alpert JJ; Lamb GA; Kayne H; Gerominini KR; Rose L; Cohen L.
 Título: Why Adolescents do not attend school. The views of students and parents
 Fuente: JOURNAL OF ADOLESCENT HELATH CARE. 1987 Sep; 8(5): 425-430

El absentismo en las escuelas preocupa en los EEUU pues como dicen los autores del trabajo en algunas zonas el índice supera el 30%, (The New York Time. Third of high school are chronically asbent from class. Jan.9,1983).

Nota de interés:

La encuesta se realiza tanto a padres como a alumnos. Refiriendo que la mitad hacen referencia a "low motivation" o al "school environment".

Concluyen diciendo: que los factores "non-health-related" juegan un importante papel en el exceso de ausencias.

4. Absentismo y morbilidad

4.1 Autor: Deyo RA; Tsui-Wu YJ
    Título: Functional disability due to back pain. A population-based study indicating the importance of socioeconomic factors
    Fuente: ARTHRITIS AND RHEUMATISM. 1987 Nov;30(11):1247-1253

Este interesante estudio intenta demostrar la hipótesis de que los días de trabajo perdidos (días de baja actividad laboral, ausencia del trabajo, estancia en cama o reducción del trabajo de la casa) debidos a dolor de espalda están relacionados con factores socioeconómicos. Utilizan como indicadores el nivel de educación y el sueldo percibido.

En la discusión determinan posibles explicaciones de las relaciones directas de los bajos niveles de educación y los dolores de espalda y la indirecta entre el sueldo y el absentismo, así como diferentes niveles de relación cuando controlan por el sexo.

Nota de interés:

Este estudio corrobora las hipótesis de los múltiples factores que influyen en los índices de absentismo. Incluso hacen mención (pg 1252) al factor motivación.

4.2 Autor: Taylor PJ
    Título: National and international trends
    Fuente: PROC.ROY.SOC.MED. 1970 Nov; 63:32-34

Taylor en 1970 publicó este artículo alarmado por la tendencia creciente de los índices de absentismo de su país. Hace referencias a países como Holanda, Suecia, Francia, Alemania, Italia, Polonia, y los Países del Este. Menciona la necesidad de un acuerdo en la medición de los índices y criterios para posibles y futuras comparaciones internacionales.

Hace mención a los certificados por enfermedad, a los accidentes laborales y a los días de trabajo perdidos por huelga de forma diferenciada.

4.3 Autor: Haines A.P.
     Título: Sickness absence.(Editorial)
     Fuente: JOURNAL OF THE ROYAL COLLEGE OF GENERAL PRACTITIONERS. 1982 Jul :396-397

El Dr.Haines (General practicioner, London) a través de una refundición de datos y su importancia intenta llamar a una reflexión a los médicos generales y a los especialistas en Medicina del Trabajo ante la falta de conocimiento del tema.

Notas de interés:

Considera (pg 396) que la relación entre la satisfacción en el trabajo, la organización y el absentismo por enfermedad requiere clarificación.

Considera necesario estudiar el absentismo en sub-grupos.

El autor hace una referencia a Taylor: en los determinantes etiológicos de la ausencia por enfermedad hay que incluir probablemente factores culturales, organizacionales, personales y médicos, e incluye: los aumentos de los índices de ausencias por enfermedad no tienen porque necesariamente reflejar un patrón subyacente de morbilidad.

4.4 Autor: McKeown
     Título: Sickness absence
     Fuente: JOURNAL OF THE ROYAL COLLEGE OF GENERAL PRACTITIONERS. 1989 Apr; 82 (4): 188-189

En este artículo el autor hace una revisión rápida sobre los factores que influyen en el absentismo. Menciona la diferencia entre sexos, siendo la mujer quién presenta los índices más elevados, y también menciona las diferencias entre estados civiles. Hace referencia a la edad y dice "la edad ha sido frecuentemente implicada como relevante factor en el comportamiento del absentismo".

Afirma que según la bibliografía los índices de absentismo no pueden ser considerados como sinónimos de morbilidad.

4.5   Autor: Taylor P.
       Título: Sickness absence
       Fuente: J. ROY.COLL.PHYCNS LOND. 1974 July; 8(4): 315-33

Taylor plantea lo que él considera hechos y mitos sobre las ausencias por enfermedad. Afirma que el coste en Gran Bretaña, provocado por las ausencias, es igual que el presupuesto del National Health Service, pero afirma más adelante que es un error creer que los índices de absentismo en Gran Bretaña son los más altos de Europa y que hay razones para suponer que el aumento del índice de absentismo no tiene relación con las prestaciones de la Seguridad Social, ni con las condiciones de trabajo.

Finalmente se refiere a la satisfacción y a la motivación con la siguiente cita: "la relevancia y significado de la satisfacción en el trabajo se discute en relación a la motivación de acudir al trabajo".

5. Absentismo y hospital

5.1   Autor: Hasiuk AM
       Título: Absenteeism among nursing personnel
       Fuente: JOURNAL OF NURSING ADMINISTRATION. 1987;17(10):4, 10, 21 passim

Este trabajo realizado sobre la observación en un hospital pediátrico de 128 camas durante dos años fiscales, considera que los aspectos internos del clima de organización pueden ser fundamentales en la contribución del absentismo.

Considera importante el estudio del "short duration absence" y el estudio de sub-grupos en contraposición al análisis de los índices de datos agregados.

Los aspectos mencionados se consideran interesantes, aunque la validez del trabajo es discutible.

5.2 Autor: Curran MA; Curran KE
Título: Gambling away absenteeism
Fuente: JOURNAL OF NURSING ADMINISTRATION. 1987 Dec;17(12): 28-31

Este estudio de seguimiento de una técnica para reducir el absentismo en un hospital de 1000 camas y 1500 empleados, se utilizaron 975 de ellos. El modelo pretende cambiar el comportamiento de los trabajadores.

En la introducción los autores consideran que la satisfacción en el trabajo así como otros factores juega un papel importante en absentismo.

El modelo lo aplicaron durante menos de un año (40 semanas) y la bibliografía demuestra que los modelos de intervención sobre los grupos de trabajo suelen presentar tolerancia a lo largo del tiempo ("En busca de la Excelencia" de Peters TJ y Waterman RH, en una referencia a Elton Mayo pg 6).

5.3 Autor: Parker RM; Hoekelman RA; Napodano Rj
Título: Illness and others causes of unexpected Absences from work during residency training
Fuente: Journal of Medical education. 1987 Dec; 62(12): 959-968

Los autores de este artículo pasaron una encuesta a 114 residentes de los Hospitales asociados a la Universidad de Rochester, el objetivo era averiguar tipo y días de ausencias y lo que ellos opinaban sobre la ausencia al trabajo.

El estudio concluyó con una respuesta con excesiva preocupación del individuo ausente hacia la repercusión de su ausencia.

Nota de interés:

Los autores en la introducción se refieren al concepto "enfermedades u otras razones de ausencia inesperada".

5.4 Autor: Ringl KK; Dotson L
    Título: Self-scheduling for professional nurses
    Fuente: NURSING MANAGEMENT. 1989 Feb ;20(2) :42-44

Este artículo propone imponer el "self scheduling program" en la organización de los horarios de trabajo del personal de enfermería. Presentan ejemplos en los que este programa o similares han dado resultado.

Nota de interés:

En la pg. 42, en el apartado de objetivos, en el punto cinco hacen mención especial a la reducción del absentismo.

5.5 Autor: Anónimo
    Título: Sickness absence in hospital staff
    Fuente: THE LANCET. 1979 Dec ;15 :1278-1279

Determina diferentes índices de absentismo entre diferentes enfermeras según el tiempo de dedicación diaria, no obstante no hace referencia a otro personal hospitalario.

Plantea que las ausencias por enfermedad no son en realidad un índice de morbilidad.

5.6   Autor: Linton SJ; Bradley LA; Jensen I; Spangfort E; Sundell
     Título: The secondary prevention of low back pain: acontralled study with foolow-up
     Fuente: PAIN. 1989 Feb; 36(2): 197-207

El estudio investiga los efectos de un programa de prevención secundaria para enfermeras con dolor de espalda.

5.7   Autor: Pasternak ID
     Título: Theeffects of primary care nursing and feelings of isolation/depersonalitation of critical care nurse: Part I-Background for the study
     Fuente: NURSING MANAGEMENT. 1988 Mar ;19(3) :112I-112J, 112L, 112N passim

Este artículo describe un estudio realizado por la American Association of Critical Care Registered Nurses (AACCRN) con un diseño de 74 preguntas con la técnica Delphi.

Notas de interés:

Los autores afirman que son muchos los factores que actúan sobre lo que ellos llaman "burnout" y absentismo. Entre ellos mencionan la falta de motivación y el aislamiento.

6. Absentismo e Industria

6.1   Autor: Astrand NE ; Isacsson SO
     Título: Back pain, Back abnormalities, and competing medical, psychological, and social factors as predictors of sick leave, early retirement, unemployment, labor turnover and mortality: a 22 years follow up of male employees in a Swedish pulp and paper company
     Fuente: BRITISH JOURNAL OF INDUSTRIAL MEDICINE. 1988 Jun ;45(6) :387-389

Este artículo segundo de una serie de publicaciones sobre un estudio de seguimiento de 391 empleados de una fábrica de papel Sueca durante 22 años (primero en 1987).

6.2 Autor: Beale N; Nethercott S
    Título: Certificated sickness absence in industrial employees threatened with redundancy
    Fuente: BRITISH MEDICAL JOURNAL (Clinical research Ed). 1988 May 28; 296(6635):1508-10

Este estudio concluye que la inseguridad en el empleo es un factor que provoca más absentismo.

Los autores en la discusión refieren (g 1509): la popular suposición de que los trabajadores con miedo a perder su empleo abandonan menos el trabajo por causa de enfermedad están solo mantenida por el comportamiento de los trabajadores de menos de 40 años.

6.3 Autor: Woodall GE; Higgins CW; Dunn JD; Nicholson T
    Título: Characteristics of the frequent visitor to the industrial medical department and implications of health promotion
    Fuente: JOURNAL OF OCCUPATIONAL MEDICINE. 1987 Aug ;29(8):660-664

En la introducción del estudio el autor hace una serie de aseveraciones en cuanto a magnitudes de los índices de absentismo de la industria en general en EEUU (de 2 a 5 %) y de la industria de manufacturación (de 15 a 20%) pero en ningún momento expresa como calcula los índices.

El estudio examina la relación entre el absentismo, la utilización de los servicios médicos y los riesgos para la salud.

6.4 Autor: Abenhaim L; Suissa S
    Título: Importance and economic burden of occupational back pain a study of 2.500 cases representative of Quebec
    Fuente: JOURNAL OF OCCUPATIONAL MEDICINE. 1987 Oct ;26(5):365-369

6.5 Autor: Astrand NE
Título: Medical, Psychological, and social associated with back abnormalities and self reported back pain: a cross sectional study
Fuente: BRITISH JOURNAL OF INDUSTRIAL MEDICINE. 1987 May; 44 (5) :327-336

Este artículo primero de una serie de publicaciones sobre un estudio de seguimiento de 391 empleados de una fábrica de papel Sueca durante 22 años (segundo en 1988), estudio que versa sobre el dolor y anormalidades en la espalda y su asociación con el status ocupacional, bajo nivel educacional, duración del empleo, bajos resultados en tests cognitivos y neurosis.

6.6 Autor: Howe HF
Título: Organization and operation of an occupational health program.(Special article)
Fuente: JOURNAL OF OCCUPATIONAL MEDICINE. 1975 June; 17(6) :360-395

Este artículo fechado en Junio del '75 refleja de alguna forma las tendencias de aquella época al tratar el asunto del absentismo.

En la pg 391 propone en el apartado "Illness Absenteeism Control" soluciones solamente relativas a medidas de control que sin ser desechables en su totalidad distan del concepto actual de programa de salud laboral.

6.7 Autor: Taylor PJ
Título: Personal factors associated with sickness absence
Fuente: Brit. J. Industrial Med. 1968; 25 :106-118

Este estudio realizado sobre una población de trabajadores de una refinería.

El autor estudia el absentismo y su relación con múltiples variables, tales como edad, sexo, ocupación, tiempo de trabajo, historial médico, satisfacción en el trabajo, etc.

A destacar que incluso ofrece factores predictores de absentismo en ciertos antecedentes patológicos (neurosis, úlcera péptica y dolor de espalda) de los individuos(registrados en la revisión previa al contrato)pero sin demostrar claramente su causalidad.

Nota de interés:

Este autor ya en 1968 (hace más de 20 años) concluye que el factor de "Job satisfaction" está significativamente ligado a los índices de absentismo, aunque en la discusión se plantea que esta significación podría deberse a otros factores asociados también a esta como la edad y ocupación.

Asegurando (pg 116) que el factor comportamiento debe ser considerado más que el médico, el ambiental o el económico.

6.8 Autor: Kennelly J
    Título: Sickness absence and smoking (Letter)
    Fuente: New zealand medical journal. 1988 Dec 14; 101(859) :835

El autor de esta carta critica que la investigación realizada por Dr W E D Turner sobre "Sickness absence in the freezing industry" no hace referencia al hábito tabáquico como causa de absentismo, restando importancia al factor del "Job satisfaction".

6.9 Autor: Turner WE
    Título: Sickness absence in the freezing industry
    Fuente: New zealand medical journal. 1988 Oct 26; 101(856 Pt1) :663-666

El objetivo de esta investigación es la de estudiar la etiología y la incidencia del absentismo en una industria de frío. El autor pretende determinar a través de un cuestionario la influencia del factor stress en el absentismo y a través de un cuestionario sobre "Job satisfaction" la actitud frente al trabajo.

Notas de interés:

Los trabajadores jóvenes (menos de 45 a.) presentan menos nivel de satisfacción que los mayores (mayores de 45 a.).

La mayoría de los trabajadores mencionaron el sueldo y el número de horas trabajadas como factores de satisfacción.

El autor menciona el stress y la falta de satisfacción en el trabajo como causas importantes de absentismo.

6.10 Autor: Jackson SE; Cheneweth D; Glover ED; Holbert D
Título: Study indicates smoking cessation improves Workplacee absenteeism rate
Fuente: OCCUPATIONAL HEALTH AND SAFETY. 1989 Dec; 58(13), 15-6, 18

El estudio se realizó sobre una población de 1.400 trabajadores a tiempo completo de una empresa farmacéutica de Carolina del Norte. Se usó un "time series control group design" para identificar patrones de absentismo entre fumadores y ex fumadores.

Notas de interés:

Concluyen que aunque los ex fumadores inicialmente tienen más absentismo que los fumadores, los primeros descienden sus índices de ausencias en cada uno de los tres años siguientes al abandono del hábito.

Los ex fumadores inician el descenso de sus índices antes de iniciar el abandono del hábito, sugiriendo que puede haber otros factores que influyan en el descenso.

6.11　Autor:　　Bjelle A; Hagberg M; Michaelson G
　　　Título:　　Work related shoulder neck complains in industry: a pilot study
　　　Fuente:　　BRITIS JOURNAL OF RHEUMATOLOGY. 1987 Oct; 26(5):365-369

7. Absentismo y el médico de cabecera

7.1　Autor:　　Fried RA
　　　Título:　　Absenteeism certification. Commentary
　　　Fuente:　　JOURNAL OF FAMILY PRACTICE. 1988 Jun; 26(6):654-655

　　El Dr. Fried comenta la repercusión y trascendencia del certificado médico, válido como escusa frente a muchas actuaciones del individuo en la sociedad.

　　Propone la revisión del mecanismo de dicho certificado.

7.2　Autor:　　Mayhew HE; Nordlound DJ
　　　Título:　　Absenteeism certification: The physician's role
　　　Fuente:　　JOURNAL OF FAMILY PRACTICE. 1988 Jun; 26(6):651-653

　　Los autores del trabajo diseñaron dos encuestas una dirigida a los médicos generales y otra a gestores de empresas con vistas a determinar el papel del médico de cabecera en la certificación de las ausencias por enfermedad.

　　La mayoría de los médicos se sentían frecuentemente utilizados por los pacientes: "El paciente frecuentemente toma la decisión de no ir al trabajo, entonces pide al médico que asienta con su decisión".

　　Ambos sectores están de acuerdo en que se deberían revisar los sistemas de certificación del absentismo.

7.3   Autor: Srinivasa DK; D'Souza V
      Título: Economic aspects of an epidemic of haemor-
                rhagic conjuntivitis in rural community
      Fuente: JOURNAL OF EPIDEMIOLOGY AND COMMUNITY
                HEALTH. 1987; 41(1):79-81

   Este trabajo realizado en la India (Goa) a raíz de una epidemia de Conjuntivitis Hemorrágica Aguda en 1981 en una comunidad rural demuestra que el interés, los efectos y el coste de la epidemia y sus consecuencias excede el marco estrictamente trabajador empresa/ausencia.

   El coste durante el escaso periodo de la epidemia se compara al que provoca en la zona una enfermedad crónica como la tuberculosis.

7.4   Autor: Coggon D
      Título: Sickness absence:The doctor's role
      Fuente: B M J. 1988 Sep 10; 297(6649) :636-637

   El Dr Coggon Epidemiólogo y Médico del Trabajo diferencia claramente los conceptos de ausencias de corta y larga duración y menciona factores que influyen en el absentismo como las condiciones de trabajo, tamaño y estructura de la organización, el convenio del pago de la enfermedad y características personales tales como la edad, el sexo, la personalidad y las responsabilidades familiares.

   Define el papel del médico como fundamental para el retorno del trabajador al trabajo después de largos periodos de ausencia por causa de enfermedad grave.

7.5   Autor: Coe J
      Título: The physician's role in sickness certification: a reconsideration

Fuente: JOURNAL OF OCCUPATIONAL MEDICINE 1975 Nov; 17(11) :722-724

Este artículo discute la influencia de los sistemas de registro y pago de las ausencias en EEUU y el Reino Unido sobre el absentismo.

Notas de interés:

El autor define que en este caso la "enfermedad" es el producto de la insatisfacción del trabajador en su trabajo y el resultante del stress y la frustración del día a día.

Concluye que "stress y frustración" ha llegado has ser una enfermedad ocupacional.

7.6 Autor: Semmence AM
Título: The politics of occupational medicine
Fuente: JOURNAL OF THE ROYAL SOCIETY OF MEDICINE. 1987 Nov; 80(11) :668-673

Esta revisión de la situación sobre el tema evalúa los sistemas de información utilizados en el momento.

Notas de interés:

Asegura, el autor, que las ausencias por enfermedad no pueden ser utilizadas para evaluar la eficacia y los resultados de los servicios de salud laboral.

En contradicción con otros autores afirma que las ausencias por enfermedad son un buen indicador de morbilidad y en el "Civil Service" en todo caso, con estrecho paralelismo con mortalidad.

B) Bibliografía internacional más relevante sobre comportamiento (Behavior) en relación con el trabajo.

1. Comportamiento y hospital

1.1 Autor: Storlie, F
    Título: Burnout: the elaboration of a concept
    Fuente: AJN. 1979, 5:2108-2111

En EEUU hay una creciente interés por lo que ellos llaman "behavior" o "comportamiento". Este interés se refleja, entre otras cosas, por los numerosos artículos y trabajos sobre nuevos conceptos como el de "burnout".

Este artículo trata de definir este concepto. Utiliza el colectivo de enfermeras para estudiarlo, haciendo especial hincapié entre las enfermeras de las Unidades de Cuidados Intensivos.

1.2 Autor: Stehle, JL
    Título: Critical carenursing stress: the findings revisited
    Fuente: NURSING RESEARCH. May-June 1981; 30 (3): 182-187

Revisión de 19 investigaciones sobre stress en las enfermeras de las unidades de cuidados intensivos. Encontrando que las unidades de cuidados intensivos no son para este colectivo más estresantes que otras unidades, insistiendo en la necesidad de diferenciar el stress de la ansiedad.

1.3 Autor: Celentano DD; Johnson JV
    Título: Stress in health care workers.
    Fuente: OCCUPATIONAL MEDICINE: state of the Art Review. 1987 July-Sep; 3(3): 593-608

Los autores explican el mecanismo del estrés mediante el "Demand-Control Model" (interacción de factores estresantes y recursos potenciales).

Nota de Interés:

Afirman que el sentimiento de insatisfacción puede ser considerado como un síntoma del estrés relacionado con el trabajo.

1.4 Autor: Vreeland R.; Ellis GL
    Título: Stresses on the nurse in an intensive-care unit
    Fuente: JAMA. 1969 April; 208 (2): 332-334

Este artículo intenta describir las situaciones estresantes con las que convive la enfermería de la U.C.I.

Inicialmente refiere como situaciones estresantes ·sucesos relacionados directamente con las necesidades individuales del paciente e indirectamente con la presión del ambiente", revisando posteriormente las situaciones paciente-enfermera, médico-enfermera y médico-paciente-enfermera.

Nota de Interés:

Una posible pregunta: ¿el contacto con el paciente es en sí mismo una situación potencialmente estresante?

1.5 Autor: Yee BH
    Título: The dynamics and management of burnout
    Fuente: NURSING MANAGEMENT. 1981 Nov; 12(11): 14-16

Se inicia el artículo con una inferencia sobre la continua alusión de los medios de comunicación (prensa) sobre el concepto de "burnout", aludiendo a este como la enfermedad del estrés de los años 70.

Se refiere al concepto como: "un síndrome de fatiga física y emocional, concepto negativo sobre uno mismo, actitud negativa frente al trabajo y pérdida de consideración y afinidad por el cliente".

Nota de Interés:

El artículo considera el "burnout" como un factor clave en el absentismo.

2. Comportamiento e industria

2.1 Autor: Johnson JV; Hall EM
   Título: A case study of stress and mass psychogenic illness in industrial workers
   Fuente: JOURNAL OCCUPATIONAL MEDICINE. March 1989; 31(3): 243-250

Se trata de un estudio de investigación de las condiciones industriales. Los autores afirman que la intensidad en el trabajo, la presión mental, los problemas trabajo/casa, la educación y el sexo son predictores independientes que explican el 35% de la severidad de las enfermedades.

C) Bibliografía internacional más relevante sobre "Job environment" (Clima laboral) en relación con absentismo.

1. "Job environment" e industria

1.1 Autor: Johnson JV
    Título: Collective control: strategies for survival in the workplace
    Fuente: INTERNATIONAL JOURNAL OF HEALTH SERVICES. 1989; 19(3):469-480

Johnson, dentro de la línea de investigación que sigue en la Universidad Johns Hopkins, publica este trabajo (1989) refiriéndose al proceso del "collective control" como un mecanismo (strategie) para la adaptación del individuo a la demanda crónica y a las presiones de los sistemas de producción, situando el concepto entre el de "social support" y el de "social solidarity".

En este mismo artículo el autor revisa los conceptos de "social support and health" y el propio concepto a estudio.

1.2 Autor: Johnson JV; Hall EM.
    Título: Job strain, work place social support, and cardiovascular disease: a cross-sectional study of a random sample of the swedis
    Fuente: AMERICAN JOURNAL OF PUBLIC HEALTH. 1988 October; 78(10): 1336-1342

Los autores de este estudio transversal investigan la relación entre el clima sicosocial del trabajo y la prevalencia de enfermedad cardiovascular. Utiliza una selección randomizada, obteniendo una muestra representativa de 13.779 trabajadores (hombres y mujeres) de Suecia.

Concluye que niveles crecientes de presión en el trabajo están asociados con niveles crecientes de prevalencia de la enfermedad cardiovascular.

Finalmente afirma que sus resultados sugieren solamente que el "social support" está vinculado a procesos de influencia tal como el "work control" que tiene algún efecto sustancial sobre la salud cardiovascular.

1.3   Autor: Lodahl Tm; Kejner M.
Título: The definition and measurement of job involvement
Fuente: JOURNAL OF APPLIED PSYCHOLOGY. 1965; 49(1): 24-33

Este trabajo define el concepto de "Job enviroment" y posteriormente presenta los resultados de una encuesta realizada a 137 profesionales de la enfermería y 70 profesionales de la ingeniería.

Definen "Job involment": "Dubin (1961) dice que es la interiorización de valores acerca de los positivo del trabajo o de la importancia del trabajo en la valoración de la persona". Los autores lo definen: "en la medida que el desarrollo del trabajo de una persona afecta a su propia estima".

D) Bibliografía internacional más relevante sobre motivación en relación con el absentismo.

1. Motivación y la escuela
(Artículo 3.3 de Absentismo y Escuela)

2. Motivación y hospital

  2.1   Autor: Ward J.
          Título: Continuing medical education. Part 3 doctors as learners
          Fuente: MEDICA JOURNAL OF AUSTRALIA. 1988 Febr 1 ;148(3) :134-138

  2.2   Autor: Relman DS
          Título: Economic incentives in clinical investigation
          Fuente: THE NEW ENGLAND JOURNAL OF MEDICINE. April 1989; 320(14) :933-994

     El autor hace crítica de los efectos que produce la comercialización de la investigación clínico-médica, afirmando que el incentivo económico actúa débilmente sobre la motivación previa del investigador.

  2.3   Autor: Vestal KW
          Título: Job design: Process and product
          Fuente: NURSING MANAGEMENT. Dec 1989; 20(3) :26-29

  2.4   Autor: Eason FR
          Título: Job motivators. A ranking of eight variables
          Fuente: JANA. June 1987; 17(6): 4,35

     El autor presenta los resultados de una encuesta sobre 8 variables (Job motivators) que fue efectuada a 120 enfermeras.

Los resultados se presentan con un alista de los 8 factores ordenados por orden decreciente de preferencia: 1)Trabajo interesante; 2) Buen sueldo; 3)Aceptable número de horas de trabajo; 4)Buenas prestaciones adicionales; 5)Ubicación del trabajo cerca del domicilio; 6)Oportunidad de ganar MSN; 7) Asociación con escuela de medicina; 8)Confortabilidad en el trabajo.

2.5   Autor: Allen D.; Clarkin J; Peterson M.
       Título: Making share governance work: a conceptual model
       Fuente: JONA. Jan 1988; 18(1): 37-42

2.6   Autor: Schwenk TL; Marquez JT; Lefever DL; Cohen M.
       Título: Physician and patient determinants of difficult physician-patient relationships
       Fuente: THE JOURNAL OF FAMILY PRACTICE. 1989 ;28 (1) :59-63

2.7   Autor: Imperato J.P.
       Título: Salaried physicians and economic incetives. (Letter)
       Fuente: THE NEW ENGLAND JOURNAL OF MEDICINE. Jan 1988 ;320(3) :187-188

2.8   Autor: Nauright
       Título: Toward a comprehensive personnel system: performance apprasial part IV
       Fuente: NURSING MANAGEMENT. Aug 1987 ;18(8) :67-77

3. Motivación y el médico de cabecera

3.1   Autor: Ben-Sira Z.
       Título: Practice compatibility and type of framework: essential dimentions in the salaried primary care pratctitioners' approach
       Fuente: SOC. SC. MED. 1988; 27(2): 1401-1409

4. Motivación

4.1　Autor:　　Tappe NK; Robinson L; Macrina DN
　　　Título:　 Motivational characteristics of community health education interns and intership situation: the personal investment appro
　　　Fuente:　 HEALTH EDUCATION. Dec 1988/Jan 1989; 24-31

4.2　Autor:　　Sloan RP; Gruman JR
　　　Título:　 Participation in workplace health promotion programs: the contribution of health and organitational factors
　　　Fuente:　 HEALTH EDUCATION QUARTELY. 1988 ;15(3) :269-288

4.3　Autor:　　Jarvis RG
　　　Título:　 The "tired person syndrome"
　　　Fuente:　 POSTGRADUATE MEDICINE. May 1987 ;16(3) :334-341

CAPÍTULO VI. ENFOQUE DE ESTE TRABAJO DE INVESTIGACIÓN

CAPÍTULO VI

ENFOQUE DE ESTE TRABAJO DE INVESTIGACIÓN

Este trabajo pretende confirmar la hipótesis de que el índice de absentismo medido con la contabilización de los certificados médicos de enfermedad, refleja algo más o Factor K que la enfermedad referida en dichos certificados o Factor de Morbilidad. Si nombramos las Ausencias por I.L.T. (Incapacidad Laboral Transitoria) como Bajas por Factor de Morbilidad reflejado obtendremos:

$$\text{Absentismo (I.L.T.)} : \text{Factor de Morbilidad} + \text{Factor K}$$

El Factor K mencionado es de carácter amplio y extensivo y si bien, en principio, podría definirse por un criterio de exclusión (lo que no es la causa morbil relejada en el certificado de I.L.T.) lo hemos concretado como "una función (f) en la que se relacionan la motivación (M) (ver teoría de Herzberg y Pirámide de Maslow) y otras variables conductuales (Vc)".

$$\textbf{Factor K} : f\,(M,\ Vc)$$

Este Factor K (los Factores de la motivación de Maslow y los Factores de la Satisfacción de Herzberg) vienen comentados en la bibliografía como motivación, insatisfacción, problemas personales o causas multifactoriales.

Para confirmar o eliminar dicha hipótesis se han buscado variables que de alguna forma puedan significar directa o indirectamente el Factor K antes mencionado. Estas variables son la modalidad de contratación del empleado (su seguridad en el puesto de trabajo), el rol que el empleado establece con el producto final de la empresa (sanitario o no sanitario, relación con el paciente o no) y turnicidad. Se quiere descartar o confirmar de igual forma la influencia de la edad y el sexo.

Bloque 2.

MATERIAL Y MÉTODOS

MATERIAL Y MÉTODOS (METODOLOGÍA)

SUMARIO

1. MATERIAL

    A. Descripción

        1. Base de datos agrupados

        2. Base de datos individualizados

            2.1. Transformaciones:

                2.1.1. Edad

                2.1.2. Categoría profesional

                2.1.3. Sanitario o No Sanitario

                2.1.4. Relación o No Relación

    B. Utilización

        1. Base de datos agrupados

        2. Base de datos individualizados

2. METODOLOGÍA

    2.1. Estadística descriptiva

    2.2. Estadística analítica

MATERIAL Y MÉTODOS (METODOLODÍA)

El material utilizado son dos bases de datos facilitadas por el Servicio de Informática del Hospital .... de Madrid. (Se mantiene la confidencialidad del nombre del hospital)

Las dos bases de datos contienen datos referentes a todos los trabajadores de todas las categorías profesionales que trabajaron en la empresa durante 1988, con un total de 4.968.

1. MATERIAL

   Bases de datos utilizadas

   A. Descripción

   B. Utilización

A. DESCRIPCIÓN

1. BASE DE DATOS AGRUPADOS

La primera base de datos (BASE DE DATOS AGRUPADOS) utilizada fue presentada en soporte de papel y consta de un listado por cada mes del año y para cada tipo de contrato, de todas las categorías profesionales agrupadas en 10 clases y con datos de:

1.- Número de empleados

2.- Total empleados con incidencia

3.- Proporción empleados con incidencia sobre total empleados

4.- Total días de incidencia

5.- Promedio días de incidencia sobre total plantilla

6.- Promedio días de incidencia sobre total de empleados con incidencia

7.- Índice de absentismo (el índice que utiliza la empresa)

8.- Días, empleados y días/empleado por:
- Enfermedad de menos de 4 días
- Enfermedad de más de 3 días
- Maternidad
- Accidentes laborales
- Faltas
- Permiso sin sueldo

9.- Número de empleados por clase de categorías profesionales por grupos de edad y sexo.

Esta base de datos es la que utiliza la empresa a estudio.

Esta base de datos fue introducida en el programa DBase III Plus y fue tratada con el mismo. Los datos tratados fueron trasladados a la Hoja de cálculo Lotus 123 en donde se realizaron los cálculos reflejados en la primera fase de los Resultados.

Se ha utilizado el programa de gráficos HPG con los datos calculados con la Hoja de cálculo Lotus y con los índices de absentismo calculados por el Hospital.

El hospital para calcular el índice de absentismo utiliza un quebrado que sitúa en el denominador los días de ausencia por enfermedad de menos de 4 días, por enfermedad de más de 3 días, por maternidad, por accidente laboral y por faltas y en el denominador los días contratados menos los sábados y domingos o días libres compensatorios correspondientes a cada situación contractual de cada empleado. (Variable número -7-)

2. BASE DE DATOS INDIVIDUALIZADOS

Esta segunda base de datos (BASE DE DATOS INDIVIDUALIZADOS) se obtuvo en soporte informático con lenguaje ASCII. Esta base consta de las siguientes variables cuantitativas y cualitativas por cada uno de los trabajadores de la empresa (4.968):

- Código por registro (despersonalizado)
- Categoría profesional
- Código de la Categoría profesional
- Fecha de nacimiento
- Sexo
- Situación laboral
- Turno
- Número de bajas
- Días contratados
- Días de baja de menos de 4 días
- Días de baja de más de tres días
- Días de baja por maternidad
- Días de baja por accidente laboral
- Días de falta
- Total días baja
- Distrito postal

2.1. Transformaciones

Esta base de datos se transportó al programa DBase III plus y los datos fueron tratados y fue configurada una nueva base de datos con las siguientes variables:

- Código (despersonalizado)
- edad
- sexo
- contrato
- categoría profesional
- sanitario
- relación
- turno
- número de bajas
- días contrato

Para lo cual se realizaron las siguientes trasformaciones:

2.1.1. Edad

Se trató la fecha de nacimiento para calcular la edad.

Una vez calculada la edad de cada uno de los registros en los que constaba la fecha de nacimiento, se formó una primera agrupación de edades:

- < 31 a.
- Entre 31 a 50 a.
- > a 50 a.

Una vez utilizada esta agrupación para estudiar una primera asociación entre el índice de absentismo y la edad, se subdividió el grupo de "entre 31 a 50 a." en otros dos subgrupos: "31 a 40 a." y "41 a 50 a."

2.1.2. Categoría profesional

La base de datos presentaba las categorías profesionales reseñadas en el esquema 1 (páginas siguientes):

CATEGORIAS PROFESIONALES

Código	Nombre de la categoría profesional	Sanit / No Sanit.	Relación	Cat. Agrupada
010	CATEDRATICO (JEFE DEPARTAMENTO)	SA	SI	MEDICO
014	CATEDRATICO (JEFE DEPARTAM) 6 H.	SA	SI	MEDICO
020	CATEDRATICO	SA	SI	MEDICO
030	JEFE DE SERVICIO	SA	SI	MEDICO
031	PROFESOR TITULAR(JEFE SERVICIO)	SA	SI	MEDICO
032	PROFESOR TITULAR (JEFE SERV.A.P.)	SA	SI	MEDICO
032	PROFESOR TITULAR(JEFE SECCION)	SA	SI	MEDICO
050	JEFE CLINICO	SA	SI	MEDICO
057	PROFESOR TITULAR (JEFE SECCION)	SA	SI	MEDICO
058	PROFESOR TITULAR (ADJUNTO)	SA	SI	MEDICO
060	JEFE SECCION	SA	SI	MEDICO
064	ADJUNTO	SA	SI	MEDICO
065	ADJUNTO-ESPECIALISTA DE AREA	SA	SI	MEDICO
066	ESPECIALISTA AREA	SA	SI	MEDICO
070	ADJUNTO-ESP.AREA (L.)	SA	SI	MEDICO
100	ENFERMERA A.T.S. (L.)	SA	SI	A.T.S.
102	ENFERMERA A.T.S. (L.) ESP.	SA	SI	A.T.S.
103	ENFERMERA-A.T.S. ESP	SA	SI	A.T.S.
104	ENFERMERA JEFE,SUBJEFE O ADJUNTA	SA	SI	A.T.S.
106	ENFERMERA SUPERVISORA	SA	SI	A.T.S.
110	MATRONA	SA	SI	A.T.S.
120	FISIOTERAPEUTA	SA	SI	A.T.S.
121	FISIOTERAPEUTA(JEFE O ADJUNTO)	SA	SI	MEDICO
122	FISIOTERAPEUTA (6 HORAS)	SA	SI	A.T.S.
123	FISIOTERAPEUTA 4 HORAS	SA	SI	A.T.S.
131	TECN.ESP.SERVICIOS CENTRALES	SA	NO	A.T.S.
133	AUX.C.REALIZA.FUNC.TECN.ESP.	NS	SI	AUXILIAR
153	TERAPIA OCUPACIONAL	NS	SI	AUXILIAR
156	TERAPEUTA OCUPACIONAL (6 HORAS)	NS	SI	AUXILIAR
160	ENFERMERA-A.T.S.-UN.HOSPITALIZA.	SA	SI	A.T.S.
161	ENFERMERA-A.T.S.-SERV.CENTRALES	SA	NO	A.T.S.
170	AUX.ENFERMERIA UNI.HOSPITALIZA	NS	SI	AUXILIAR
179	AUXILIAR CLINICA (L.)	NS	NO	AUXILIAR
201	JEFE ADMTVO (ADJUNTO)	NS	NO	ADMINIST.
202	JEFE ADMTVO (GRUPO)	NS	NO	ADMINIST.
203	JEFE ADMTVO (EQUIPO)	NS	NO	ADMINIST.
220	ASISTENTE SOCIAL	NS	NO	AUXILIAR
227	MAESTRO INDUSTRIAL J.SECCION	NS	NO	TECNICO
230	OFICIAL ADMINISTRATIVO	NS	NO	ADMINIST.
231	OFICIAL ADMTVO (SEC.DIREC.)	NS	NO	ADMINIST.
241	OFICIAL ADMTVO (EQUIPO)	NS	NO	ADMINIST.
242	OFICIAL ADMTVO (6 HORAS)	NS	NO	ADMINIST.
243	OFICIAL ADMTVO 4H. 40M	NS	NO	ADMINIST.
251	JEFE EQUIPO ELECTRONICA MEDICA	NS	NO	TECNICO
252	GOBERNANTA	NS	NO	HOSTELERIA
253	TECNICO ELECTRONICA MEDICA	NS	NO	TECNICO
254	JEFE TALLER FOTOGRAFIA Y DIBUJO	NS	NO	VARIOS
255	TERMOFRIGORISTA	NS	NO	MANTENIMIEN.
256	AYUDANTE DE TALLER	NS	NO	MANTENIMIEN.
257	OFICIAL SITUACION ESPECIAL	NS	NO	TECNICO

CATEGORIAS PROFESIONALES

Código	Nombre de la categoría profesional	Sanit / No Sanit.	Relación	Cat. Agrupada
258	ENCARGADO EQUIPOS VARIOS	NS	NO	MANTENIMIEN.
259	FOTOGRAFIA SITUACIONN ESPECIAL	NS	NO	VARIOS
261	ANALISTA DE APLIC.(JEFE SERVICIO)	NS	NO	TECNICO SUP.
262	ANALISTA DE APLIC.(JEFE SECCION)	NS	NO	TECNICO SUP.
271	PROGRAMADOR APLIC.(FUNC.ANALISTA)	NS	NO	TECNICO SUP.
280	OPERADOR PROCESADOR ELECTRONICO	NS	NO	TECNICO
281	OPERADOR PROC.ELEC(FUNC.PROGRAM)	NS	NO	TECNICO
460	TELEFONISTA	NS	NO	SERVICIOS
462	TELEF.ENCARGADA.HOSP. Y SERV.E.URG	NS	NO	SERVICIOS
500	ENCARGADO DE EQUIPO PER.OFICIO	NS	NO	VARIOS
502	ALBAÑIL	NS	NO	MANTENIMIEN.
503	CALEFACTOR	NS	NO	VARIOS
505	CARPINTERO	NS	NO	VARIOS
506	COSTURERA	NS	NO	HOSTELERIA
508	CONDUCTOR VEHICULO ESPECIAL	NS	NO	VARIOS
511	ELECTRICISTA	NS	NO	MANTENIMIEN.
512	FONTANERO	NS	NO	MANTENIMIEN.
514	JARDINERO	NS	NO	VARIOS
515	MECANICO	NS	NO	MANTENIMIEN.
516	OPERADOR MAQUINA DE IMPRIMIR	NS	NO	VARIOS
517	PELUQUERO	NS	NO	SERVICIOS
518	PINTOR	NS	NO	VARIOS
519	TAPICERO	NS	NO	MANTENIMIEN.
520	MECANICOS CERRAJEROS	NS	NO	MANTENIMIEN.
521	CARPINTERO PERSIANISTA	NS	NO	VARIOS
530	COCINERO	NS	NO	HOSTELERIA
542	TECNICO ORTOPEDICO	NS	SI	TECNICO
600	JEFE PERSONAL SUBALT.-EN HOSPITAL	NS	NO	VARIOS
630	CELADOR -CON ATENCION DIRECTA ENF	NS	SI	CELADOR
631	CELADOR -PSIQUIA,PARAPLE,QUEMADOS	NS	SI	CELADOR
633	CELADOR AUXILIAR DE AUTOPSIAS	NS	NO	CELADOR
634	CELADOR EN ANIMALARIO EXPERIMENT	NS	NO	CELADOR
636	CELADOR SIN ATENCION DIREC.ENF.	NS	NO	CELADOR
638	CELADOR ENCARG,ALMAC,VIGIL Y LAV.	NS	NO	CELADOR
646	CELADOR	NS	NO	CELADOR
649	PINCHE (L.)	NS	SI	HOSTELERIA
651	AYUDANTE TALLER (L.)	NS	NO	MANTENIMIEN.
702	PLANCHADORA	NS	NO	HOSTELERIA
703	PINCHE	NS	SI	HOSTELERIA
704	PEON	NS	NO	MANTENIMIEN.
770	CAPELLAN	NS	NO	VARIOS
850	DIRECTOR GERENTE H. GRUPO L.	NS	NO	DIRECCION
851	SUBDIRECTOR GERENTE H. GRUPO L.	NS	NO	DIRECCION

Estas fueron agrupadas en las siguientes categorías:

Código categoría	Categoría
de 850 a 881	Dirección
de 010 a 099, 121, 769	Médicos
de 100 a 120, 122, 123, 131, (160 a 165)	A.T.S.
133, 153, 156, 170, 173, 179, 220, 298	Auxiliares
630, 631, 633, 634, 636, 638, 646	Celadores
201, 202, 203, 230, 231, 241, 242, 243, 244, 480, 482	Administrativos
217, 249, 210, de 251 a 281, 430, 460, 462, de 485 a 600, de 649 a 771,	Otro personal No Sanitario

2.1.3. Sanitario y No sanitarios

Con las categorías presentadas en el -esquema 1- se diseñaron dos subgrupos del total de empleados, los considerados en la literatura como Sanitarios (Médicos y A.T.S.) y los No Sanitarios (el resto del personal).

2.1.4. Relación y No relación

Con la categoría presentadas en el -esquema 1- se diseñaron dos subgrupos del total de empleados, los que se considera tienen habitualmente trato directo con el paciente y a los que se les llama "Relación" y los que se considera que no tienen trato directo con el paciente de forma habitual y se les denomina "sin relación".

La agrupación que se siguió fue la siguiente

Relación	(010 a 123), (133 a 160), 162, 166, (170 a 173), 541, 542, 630, 631, 649, 703
Sin relación	131, 161, 165, (179 a 520), 600, (633 a 646), 651, 702, (704 a 881)

B. UTILIZACIÓN

1) Base de datos agrupados

Se introdujeron los datos en el programa DBase III plus y posteriormente a la Hoja de Cálculo Lotus 123.

En la hoja de cálculo se diseñaron matrices de operaciones tales como: media, varianza y desviación típica para datos agrupados y proporciones.

Finalmente los resultados se ordenaron.

Nota de interés:

En los resultados se presentan las causas de ausencias y los días de baja, empleados o empleados de baja o bajas y días de baja/empleado denominados como indicadores de ausencias. El término empleados no es reflejo del número de empleados que se dieron de baja pues al estar los datos agrupados podría ser que un mismo empleado se hubiera dado de baja unas cuantas veces durante el año estudiado, por lo cual se utiliza alternativamente el concepto bajas por considerarlo más ajustado a la realidad.

2) Base de datos individualizados

Se transportó la base en soporte informático al programa DBase III Plus en donde se realizaron las agrupaciones antes mencionadas formando nuevas variables cualitativas (sanitario y no sanitario, relación y sin relación).

Seguidamente se diseñó un programa en lenguaje Basic (por D. Francisco Casanova Domingo, profesor de Bioestadística de la Universidad Autónoma de Madrid) denominado COMPROP, para la comparación de proporciones por aproximación a la curva normal, dado que el programa que en su momento se eligió (SIGMA) para tratar la base estadísticamente no aceptó las magnitudes de las cantidades que se necesitaban utilizar.

Las proporciones utilizadas se realizaron con el total de días de baja (estos son todas las causas anteriormente mencionadas menos las Faltas y Permisos sin sueldo) sobre el total de días contratados por cada grupo estudiado. No se utilizaron las índice de absentismo de cada individuo por considerar que este método nos llevaría a la estimación del peso de cada proporción sobre la del grupo y el objetivo es comparar los individuos en grupos con alguna característica homogénea.

2. METODOLOGÍA (MÉTODO)

El diseño del trabajo es el de un estudio transversal en busca de asociaciones.

2.1. Estadística descriptiva

La distribución de la población a estudio se realizó describiendo a la plantilla por número de empleados, por categoría profesional, por mes, total año y contrato, número de empleados por sexo, posteriormente por las variables: sanitario, relación y turno. Se estudió la distribución por edades, por sexo y contrato. Se describió la distribución de las ausencias por categoría profesional y contrato, así como la distribución de estas y sus indicadores sobre el global de la plantilla. Se realizó la descripción de la distribución de los índices de absentismo presentados por la empresa por mes, por mes y contrato, por categoría profesional y contrato, por contrato y global.

2.2. Estadística analítica

Las asociaciones estudiadas han sido realizadas entre las variables independientes: tipo de contrato (-Fijo, Interino y Eventual- y agrupación de Interino y Eventual en -No fijo-), edad (grupos descritos en página 78), sexo, ser sanitario, tener relación con el paciente y el turno de trabajo (-mañana, tarde y noche- y la agrupación de tarde y noche en -No mañana-); y las variables dependientes son los días de baja y días contratados.

Asociaciones:

2.2.1. Asociación entre el índice de Abs. y el tipo de contrato
    2.2.1.1. Asociación entre el índice de Abs. y el tipo de contrato estratificando por grupos de edad

2.2.2. Asociación entre el índice de Abs. y la edad
    2.2.2.1. Asociación entre el índice de Abs. y la edad estratificando por contrato

2.2.3. Asociación entre el índice de Abs. y Sanitarios
    2.2.3.1. Asociación entre el índice de Abs. y Sanitarios estratificando por contrato

2.2.4. Asociación entre el índice de Abs y Relación (con paciente)
    2.2.4.1. Asociación entre el índice de Abs. y Relación estratificando por contrato

2.2.5. Asociación entre el índice de Abs. y el Turno
    2.2.5.1. Asociación entre el índice de Abs. y el Turno estratificando por contrato

2.2.6. Asociación entre el índice de Abs. y el sexo
    2.2.6.1. Asociación entre el índice de Abs. y el sexo estratificando por contrato

Para las asociaciones se utiliza el método de comparación de proporciones por aproximación a la normal.

No se han utilizado los modelos de correlación ni regresión lineal por no ser objetivos del trabajo el estimar modelos predictivos.

Bloque 3.

RESULTADOS

RESULTADOS

SUMARIO

PRIMERA FASE

POBLACIÓN DE LA EMPRESA A ESTUDIO, 1988.

1. Distribución del número de empleados por mes, categoría profesional y sexo

    1.1. Categorías profesionales a estudio

    1.2. Número de empleados por mes, categoría profesional y sexo

    1.3. Media del número de empleados por categoría profesional y sexo, durante 1988

    1.4. Media del número de empleados por sexo y total, durante 1988

2. Distribución de las edades medias y sus desviaciones típicas de los empleados de la empresa, 1988

    2.1. Edad media (ponderada) por categoría profesional y sexo

    2.2. Desviaciones típicas de las edades medias del personal por categorías profesionales y sexo

    2.3. Edad media y desviación típica global y por sexos

POBLACIONES POR CONTRATO DE LA EMPRESA. 1988

1. Tipos de contrato a estudio
2. Descripción del número de empleados según contrato, por categoría profesional y sexo

2.1. Contratos, categoría profesional y sexo

    2.1.I. Fijos

    2.1.II. Interinos

    2.1.III. Eventuales

2.2. Número de empleados por contrato y sexo

2.3. Número de empleados por tipo de contrato

3. Distribución de las edades medias y sus desviaciones típicas según contrato, categoría profesional y sexo

    3.1. Edad media por contrato, categoría profesional y sexo

        3.1.I. Fijos

        3.1.II. Interinos

        3.1.III. Eventuales

    3.2. Desviaciones típicas de las edades medias

        3.2.I. Fijos

        3.2.II. Interinos

        3.2.III. Eventuales

    3.3. Edades medias y sus desviaciones típicas de las plantillas por contratos y sexo

    3.4. Edades medias y sus desviaciones típicas de las tres poblaciones estudiadas

DESCRIPCIÓN DE LA DISTRIBUCION DE LAS AUSENCIAS IMPUTADAS EN LOS INDICES DE ABSENTISMO Y PERSMISOS SIN SUELDO, DURANTE 1988

1. Distribución de las ausencias según: contrato, por categoría profesional y sexo

    1.1. Tipos de ausencias imputadas en los índices de absentismo más permisos sin sueldo

    1.2. Indicadores de las ausencias

    1.3. Distribución según contrato de: los días, empleados (bajas) y días/empleado de las ausencias, por categoría profesional

        1.3.1. Fijos
            1.3.1.1. Bajas de más de 3 días
            1.3.1.2. Bajas de menos de 4 días
            1.3.1.3. Bajas por maternidad
            1.3.1.4. Bajas por Accidente de Trabajo
            1.3.1.5. Ausencias por Faltas
            1.3.1.6. Permiso sin sueldo

        1.3.2. Interinos
            1.3.2.1. Bajas de más de 3 días
            1.3.2.2. Bajas de menos de 4 días
            1.3.2.3. Bajas por maternidad
            1.3.2.4. Bajas por Accidente de Trabajo
            1.3.2.5. Ausencias por Faltas
            1.3.2.6. Permiso sin sueldo

        1.3.3. Eventuales
            1.3.3.1. Bajas de más de 3 días
            1.3.3.2. Bajas de menos de 4 días
            1.3.3.3. Bajas por maternidad
            1.3.3.4. Bajas por Accidente de Trabajo
            1.3.3.5. Ausencias por Faltas
            1.3.3.6. Permiso sin sueldo

2. Distribución de las ausencias según: días, empleados (bajas) y días/empleado, en las tres poblaciones contractuales

      2.1. Bajas de más de 3 días
      2.2. Bajas de menos de 4 días
      2.3. Bajas por maternidad
      2.4. Bajas por Accidente de Trabajo
      2.5. Ausencias por Faltas
      2.6. Permiso sin sueldo

3. Distribución del total de: días, empleados (bajas), días/empleado según tipo de ausencia en el cómputo global de la plantilla

      3.1. Bajas de más de 3 días
      3.2. Bajas de menos de 4 días
      3.3. Bajas por maternidad
      3.4. Bajas por Accidente de Trabajo
      3.5. Ausencias por Faltas
      3.6. Permiso sin sueldo

4. Indicadores de las ausencias por contrato

5. Distribución en la plantilla total, de los días de baja, empleados de baja (bajas) y días de baja por empleado de baja

DISTRIBUCION DE LAS TASAS DE ABSENTISMO

1. Distribución de las tasas de absentismo durante 1988 por meses
2. Distribución de las tasas por mes según contrato
3. Distribución de las tasas según contrato por categoría profesional
4. Distribución de las tasas de Absentismo según contrato por categoría profesional, ponderadas según número de empleados por cada categoría profesional en cada contrato
5. Tasas de absentismo en Fijos por categoría profesional
6. Tasas de absentismo en Interinos por categoría profesional
7. Tasas de absentismo en Eventuales por categoría Profesional
8. Tasas de absentismo por categoría profesional en la plantilla global (Ponderadas)
9. Tasas de absentismo por contratos y media total (Ponderadas)
10. Tasas de absentismo en plantilla Fijos (Ponderadas)
11. Tasas de absentismo en plantilla Interinos (Ponderadas)
12. Tasas de absentismo en plantilla Eventuales (Ponderadas)
13. Tasa de absentismo en plantilla global (Ponderadas)

SEGUNDA FASE

ASOCIACIONES

1. Asociación entre días de Bajas/días No baja por tipos de contrato
    1.1. Comparación de índices de Abs de Fijos con Eventuales
    1.2. Comparación de índices de Abs de Fijos con Interinos
    1.3. Comparación de índices de Abs de Eventuales e Interinos

2. Asociación entre días de Baja/días de no baja y edad
    2.1. Comparación de índices de Abs del grupo de edad de "<31a." con el de "31 a 50ª."
    2.2. Comparación de índices de Abs del grupo de edad de "<31-50a." con el de ">50a."
    2.3. Comparación de índices de Abs del grupo de edad de "<31a." con el de ">50a."

3. Asociación entre días de Baja/días de no baja y tipos de contrato por grupos de edad
    3.1. Grupo de edad de < 31a.
        3.1.1. Comparación de índices de Abs de Fijos con Eventuales.
        3.1.2. Comparación de índices de Abs de Fijos con Interinos.
        3.1.3. Comparación de índices de Abs de Eventuales con Interinos.

3.2. Grupo de edad de 31 a 40a.

    3.2.1. Comparación de índices de Abs de Fijos con Eventuales

    3.2.2. Comparación de índices de Abs de Fijos con Interinos

    3.2.3. Comparación de índices de Abs de Eventuales con Interinos

3.3. Grupo de edad de 41 a 50a.

    3.3.1. Comparación de índices de Abs de Fijos con Eventuales

    3.3.2. Comparación de índices de Abs de Fijos con Interinos

    3.3.3. Comparación de índices de Abs de Eventuales con Interinos

3.4. Grupo de edad de > 50a.

    3.4.1. Comparación de índices de Abs de Fijos con Eventuales

    3.4.2. Comparación de índices de Abs de Fijos con Interinos

    3.4.3. Comparación de índices de Abs de Eventuales con Interinos

Tabla de los índices de Abs por grupo de edad y contrato

4. Asociación entre días Baja/días de no baja y grupo de personal sanitario y No Sanitario

5. Asociación entre días Baja/días de no baja y grupo de personal que tiene relación directa con el paciente y los que no la tienen

6. Asociación entre días Baja/días no baja y sexo

7. Asociación entre días de Baja/días no baja y turno de trabajo

   7.1. Comparación entre índices de Abs de turno de mañana y del turno tarde

   7.2. Comparación entre índices de Abs del turno de mañana y del turno noche

   7.3. Comparación entre índices de Abs del turno de tarde y turno de noche

8. Asociación entre días de Baja/días no baja según sexo en grupo de Fijos y en grupo de No fijos

   8.1. En el grupo de Fijos

   8.1. En el grupo de No fijos

9. Asociación entre días de Baja/días no baja y grupos de edad en los Fijos y No fijos

   9.1. En el grupo de Fijos

      9.1.1. Comparación de índices de Abs entre el grupo de edad de <31a. y el de 31 a 40a.

      9.1.2. Comparación de índices de Abs entre el grupo de edad de <31a. y el de 41 a 50a.

      9.1.3. Comparación de índices de Abs entre el grupo de edad de <31a. y el de >50a.

      9.1.4. Comparación de índices de Abs entre el grupo de edad de 31 a 40a. y el de 41 a 50a.

      9.1.5. Comparación de índices de Abs entre el grupo de edad de 31 a 40a. y el de >50a.

      9.1.6. Comparación de índices de Abs entre el grupo de edad de 41 a 50a. y el de >50a.

9.2. En el grupo de No fijos

- 9.2.1. Comparación de índices de Abs entre el grupo de edad de <31a. y el de 31 a 40a.
- 9.2.2. Comparación de índices de Abs entre el grupo de edad de <31a. y el de 41 a 50a.
- 9.2.3. Comparación de índices de Abs entre el grupo de edad de <31a. y el de >50a.
- 9.2.4. Comparación de índices de Abs entre el grupo de edad de 31 a 40a. y el de 41 a 50a.
- 9.2.5. Comparación de índices de Abs entre el grupo de edad de 31 a 40a. y el de >50a.
- 9.2.6. Comparación de índices de Abs entre el grupo de edad de <41 a 50a. y el de >50a.

Tabla de los índices de Abs de los Fijos y de los No fijos por grupos de edad

10. Asociación entre días de baja / días de no baja y grupos de personal sanitario y No sanitario en las categorías de contratación (Fijos/No fijos)

    10.1. En el grupo de Fijos

    10.2. En el grupo de No fijos

11. Asociación entre días de baja/días de no baja y grupos de personal que tiene relación directa con el paciente y el que no la tiene, por los grupos de Fijos y de No fijos

    11.1. En el grupo de Fijos

    11.2. En el grupo de No fijos

12. Asociación entre días de baja/días de no baja y Turnos de trabajo, en los grupos de Fijos y No fijos

   12.1. En el grupo de Fijos

   12.2. En el grupo de No fijos

POBLACION DE LA EMPRESA A ESTUDIO. 1988.

PRIMERA FASE

1.- DISTRIBUCIÓN DEL NÚMERO DE EMPLEADOS POR MES, CATEGORÍA PROFESIONAL Y SEXO

Se estudia la distribución del número de empleados que trabajaron en el Hospital durante el año 1988. Se estudiará por cada mes ya que la plantilla no es estable en su totalidad, por categoría profesional y sexo.

1.1. Categorías profesionales a estudio
1. Personal Directivo
2. Facultativos
3. Residentes
4. A.T.S.
5. Fisioterapeutas
6. Matronas
7. Auxiliares de Enfermería
8. Otro Personal sanitario
9. Administrativos
10. Otro Personal No Sanitario

1.2. Número de empleados por mes, categoría profesional y sexo.

Se describirá el número de empleados por categoría profesional y por sexo, que trabajaban en la empresa durante cada mes de 1988.

	ENERO	Mujeres	Hombres	Total
1	Personal Directivo ....:	3	7	10
2	Facultativos ....:	117	361	478
3	Residentes ....:	66	111	177
4	A.T.S. ....:	888	91	979
5	Fisioterapeutas ....:	9	9	18
6	Matronas ....:	15	2	17
7	Auxiliar Enfermería ....:	928	15	943
8	Otro personal sanitario ....:	72	11	83
9	Administrativos ....:	240	84	324
10	Otro personal no sanitario .:	314	652	966
	Total ....:	2.652	1.343	3.995

	FEBRERO	Mujeres	Hombres	Total
1	Personal Directivo ....:	3	7	10
2	Facultativos ....:	118	361	479
3	Residentes ....:	62	103	165
4	A.T.S. ....:	883	89	972
5	Fisioterapeutas ....:	9	10	19
6	Matronas ....:	16	2	18
7	Auxiliar Enfermería ....:	934	15	949
8	Otro personal sanitario ...:	72	11	83
9	Administrativos ....:	241	84	325
10	Otro personal no sanitario.:	322	662	984
	Total ....:	2.660	1.344	4.004

	MARZO	Mujeres	Hombres	Total
1	Personal Directivo ....:	3	7	10
2	Facultativos ....:	119	362	481
3	Residentes ....:	60	98	158
4	A.T.S. ....:	883	89	972
5	Fisioterapeutas ....:	9	9	18
6	Matronas ....:	15	2	17
7	Auxiliar Enfermería ....:	941	15	956
8	Otro personal sanitario ...:	73	11	84
9	Administrativos ....:	243	84	327
10	Otro personal no sanitario.:	329	656	985
	Total ....:	2.675	1.333	4.008

	ABRIL	Mujeres	Hombres	Total
1	Personal Directivo ....:	3	7	10
2	Facultativos ....:	119	364	483
3	Residentes ....:	60	82	142
4	A.T.S. ....:	891	92	983
5	Fisioterapeutas ....:	9	9	18
6	Matronas ....:	16	2	18
7	Auxiliar Enfermería ....:	937	15	952
8	Otro personal sanitario ...:	73	11	84
9	Administrativos ....:	246	84	330
10	Otro personal no sanitario.:	336	653	989
	Total ....:	2.690	1.319	4.009

	MAYO	Mujeres	Hombres	Total
1	Personal Directivo ....:	3	7	10
2	Facultativos ....:	121	363	484
3	Residentes ....:	80	126	206
4	A.T.S. ....:	899	91	990
5	Fisioterapeutas ....:	9	9	18
6	Matronas ....:	16	2	18
7	Auxiliar Enfermería ....:	937	15	952
8	Otro personal sanitario ...:	73	12	85
9	Administrativos ....:	246	84	330
10	Otro personal no sanitario .:	339	652	991
	Total ....:	2.723	1.361	4.084

	JUNIO	Mujeres	Hombres	Total
1	Personal Directivo ....:	3	7	10
2	Facultativos ....:	119	358	477
3	Residentes ....:	79	125	204
4	A.T.S. ....:	895	89	984
5	Fisioterapeutas ....:	9	9	18
6	Matronas ....:	16	2	18
7	Auxiliar Enfermería ....:	943	15	958
8	Otro personal sanitario ...:	74	12	86
9	Administrativos ....:	253	83	336
10	Otro personal no sanitario .:	340	653	993
	Total ....:	2.731	1.353	4.084

	JULIO	Mujeres	Hombres	Total
1	Personal Directivo ....:	4	7	11
2	Facultativos ....:	121	363	484
3	Residentes ....:	75	121	196
4	A.T.S. ....:	935	100	1.035
5	Fisioterapeutas ....:	10	9	19
6	Matronas ....:	20	2	22
7	Auxiliar Enfermería ....:	1.149	19	1.168
8	Otro personal sanitario ...:	78	15	93
9	Administrativos ....:	278	84	362
10	Otro personal no sanitario .:	423	708	1.131
	Total ....:	3.093	1.428	4.521

	AGOSTO	Mujeres	Hombres	Total
1	Personal Directivo ....:	4	8	12
2	Facultativos ....:	120	363	483
3	Residentes ....:	75	121	196
4	A.T.S. ....:	937	101	1.038
5	Fisioterapeutas ....:	10	9	19
6	Matronas ....:	20	2	22
7	Auxiliar Enfermería ....:	1.148	19	1.167
8	Otro personal sanitario ...:	80	15	95
9	Administrativos ....:	278	84	362
10	Otro personal no sanitario.:	422	720	1.142
	Total ....:	3.094	1.442	4.536

	SEPTIEMBRE	Mujeres	Hombres	Total
1	Personal Directivo ....:	4	8	12
2	Facultativos ....:	120	364	484
3	Residentes ....:	75	121	196
4	A.T.S. ....:	932	100	1.032
5	Fisioterapeutas ....:	10	9	19
6	Matronas ....:	20	2	22
7	Auxiliar Enfermería ....:	1.145	19	1.164
8	Otro personal sanitario ...:	80	15	95
9	Administrativos ....:	278	83	361
10	Otro personal no sanitario.:	420	714	1.134
	Total ....:	3.084	1.435	4.519

	OCTUBRE	Mujeres	Hombres	Total
1	Personal Directivo ....:	4	8	12
2	Facultativos ....:	120	364	484
3	Residentes ....:	75	121	196
4	A.T.S. ....:	935	99	1.034
5	Fisioterapeutas ....:	10	9	19
6	Matronas ....:	16	2	18
7	Auxiliar Enfermería ....:	1.147	19	1.166
8	Otro personal sanitario ...:	77	14	91
9	Administrativos ....:	271	84	355
10	Otro personal no sanitario.:	417	710	1.127
	Total ....:	3.072	1.430	4.502

	NOVIEMBRE	Mujeres	Hombres	Total
1	Personal Directivo ....:	4	8	12
2	Facultativos ....:	121	367	488
3	Residentes ....:	75	121	196
4	A.T.S. ....:	878	87	965
5	Fisioterapeutas ....:	10	9	19
6	Matronas ....:	16	2	18
7	Auxiliar Enfermería ....:	946	15	961
8	Otro personal sanitario ...:	75	12	87
9	Administrativos ....:	249	83	332
10	Otro personal no sanitario.:	348	678	1.026
	Total ....:	2.722	1.382	4.104

	DICIEMBRE	Mujeres	Hombres	Total
1	Personal Directivo ....:	4	8	12
2	Facultativos ....:	131	385	516
3	Residentes ....:	75	121	196
4	A.T.S. ....:	976	96	1.072
5	Fisioterapeutas ....:	10	9	19
6	Matronas ....:	16	2	18
7	Auxiliar Enfermería ....:	969	16	985
8	Otro personal sanitario ...:	75	11	86
9	Administrativos ....:	252	84	336
10	Otro personal no sanitario.:	340	666	1.006
	Total ....:	2.848	1.398	4.246

(Página siguiente gráficos de la fluctuación de la plantillas de hombres -gráfico 1-, mujeres -gráfico 2-, global plantilla -gráfico 3-).

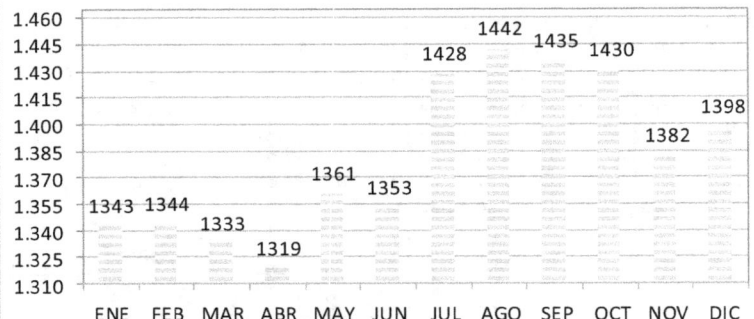
Gráfico 1

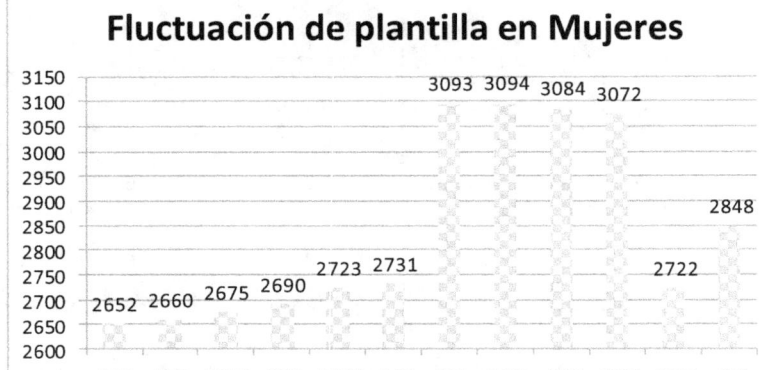
Gráfico 2

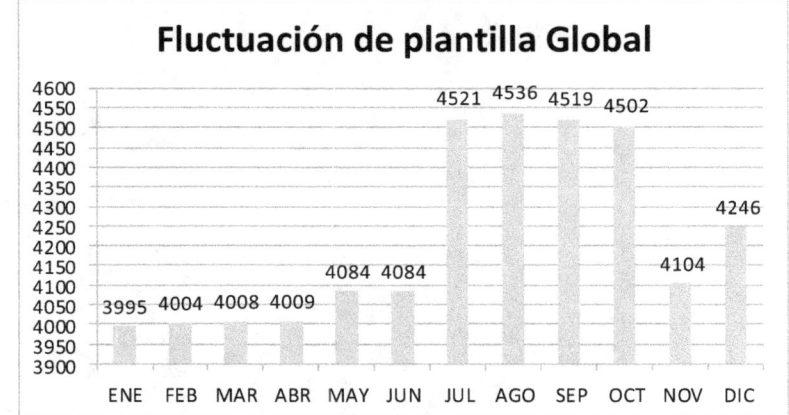
Gráfico 3

1.3. Media del número de empleados por categoría profesional y sexo durante 1988

		Mujeres	Hombres	Total
1	Personal Directivo	4	7	11
2	Facultativos	121	365	485
3	Residentes	71	114	186
4	A.T.S.	911	94	1.005
5	Fisioterapeutas	10	9	19
6	Matronas	17	2	19
7	Auxiliar Enfermería	1.010	16	1.027
8	Otro personal sanitario	75	13	88
9	Administrativos	256	84	340
10	Otro personal no sanitario	362	678	1.040
	Total	2.837	1.381	4.218

1.4. Media del número de empleados por sexo y total, durante 1988

Mujeres: 2.837   (67'3%)

Hombres: 1.381   (32'7%)

Total   4.218

2.- DISTRIBUCIÓN DE LAS EDADES MEDIAS Y SUS DESVIACIONES TÍPICAS DE LOS EMPLEADOS DE LA EMPRESA DURANTE 1988

2.1. Edad media (ponderada) por categoría profesional y sexo

		Mujeres	Hombres	Total
1	Personal Directivo	36,69	36,28	36,41
2	Facultativos	42,01	46,34	45,26
3	Residentes	26,37	26,15	26,24
4	A.T.S.	34,09	34,66	34,14
5	Fisioterapeutas	41,81	44,85	43,31
6	Matronas	45,69	48,41	45,99
7	Auxiliar Enfermería	37,83	34,99	37,79
8	Otro personal sanitario	37,02	31,07	36,18
9	Administrativos	35,98	40,86	37,18
10	Otro personal no sanitario	40,50	44,43	43,06
	Global	36,73	42,27	38,00

2.2. Desviaciones Típicas de las edades medias del Personal, por categorías profesionales y sexo

		Mujeres	Hombres
1	Personal Directivo	4,47	6,74
2	Facultativos	7,32	8,04
3	Residentes	2,82	3,15
4	A.T.S.	8,96	8,83
5	Fisioterapeutas	5,29	7,40
6	Matronas	4,54	8,32
7	Auxiliar Enfermería	9,84	9,63
8	Otro personal sanitario	7,60	8,22
9	Administrativos	9,79	8,87
10	Otro personal no sanitario	10,81	10,77

2.3. Edad media y desviación típica global y por sexos

Edad media mujeres .... 37 +/- 9

Edad media hombres .... 42 +/- 9

Edad media Global .... 38 +/- 7

(Página siguiente, Pirámides de edad de la población de mujeres y hombre, Global -gráfico 4-, Enero -gráfico 5-, Agosto -gráfico 6-)

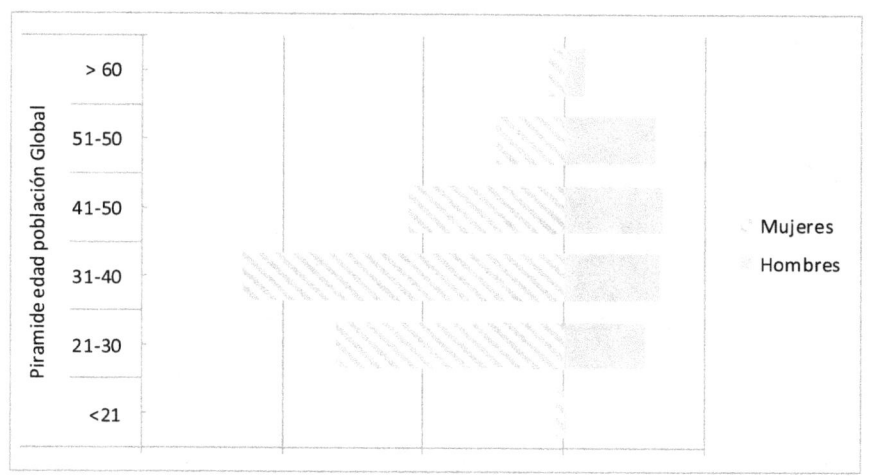

Gráfico 4

Gráfico 5

Gráfico 6

POBLACIONES POR CONTRATO DE LA EMPRESA, 1988

1.- Tipos de contrato a estudio
   - I. Fijos   (contrato absolutamente estable)
   - II. Interinos   (contrato de estabilidad relativa)
   - III. Eventuales   (contrato temporal)

La empresa es una organización de naturaleza pública, sus contratos también la tienen. Los Fijos están vinculados a plazas vitalicias (asimilable a funcionario). Los interinos, mediante un solo contrato vinculan al trabajador con la empresa con una vigencia "limitada". Los eventuales, son contratos de tiempo limitado y deben renovarse periódicamente.

2.- Distribución del número de empleados según contrato, por categoría profesional y sexo

   2.1. Contratos, categoría profesional y sexo

   I. Fijos:

		Mujeres	Hombres	Total
1	Personal Directivo	3,50	5,00	8,50
2	Facultativos	104,41	324,58	428,99
3	Residentes	0,00	0,00	0,00
4	A.T.S.	716,08	64,66	780,74
5	Fisioterapeutas	9,50	8,08	17,58
6	Matronas	16,08	2,00	18,08
7	Auxiliar Enfermería	794,16	9,83	803,99
8	Otro personal sanitario	64,41	11,16	75,57
9	Administrativos	198,25	76,33	274,58
10	Otro personal no sanitario	238,08	569,00	807,08
	Total	2.144,47	1.070,64	3.215,11

		% sobre global	% sobre Fijos
1	Personal Directivo	77,91	0,26
2	Facultativos	88,44	13,34
3	Residentes	0,00	0,00
4	A.T.S.	77,71	24,28
5	Fisioterapeutas	94,62	0,55
6	Matronas	96,02	0,56
7	Auxiliar Enfermería	78,31	25,01
8	Otro personal sanitario	86,24	2,35
9	Administrativos	80,76	8,54
10	Otro personal no sanitario	77,76	25,10
	Total	76,26	100,00

(Gráficos del % de la Cat. Profe. Fija sobre el global de la Plantilla -gráfico 7-, % de cada Cat. Prof. En Fijos -gráfico 8-)

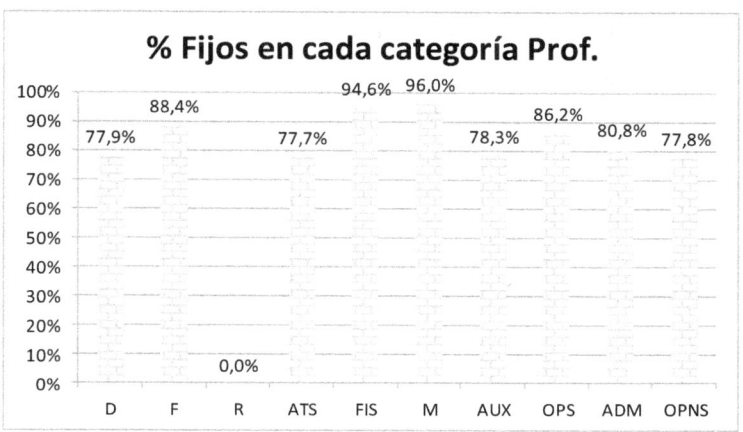

Grafico 7

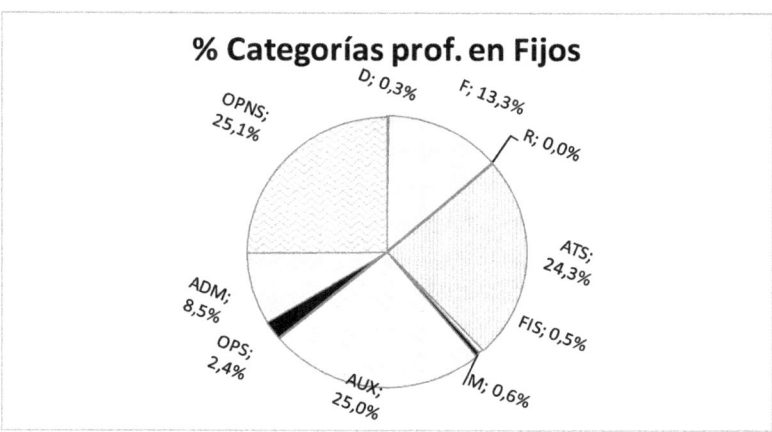

Gráfico 8

II. Interinos:

		Mujeres	Hombres	Total
1	Personal Directivo ....:	0,00	0,16	0,16
2	Facultativos ....:	12,58	29,83	42,41
3	Residentes ....:	0,00	0,00	0,00
4	A.T.S. ....:	20,66	5,08	25,74
5	Fisioterapeutas ....:	0,00	0,00	0,00
6	Matronas ....:	0,75	0,00	0,75
7	Auxiliar Enfermería ....:	77,75	1,33	79,08
8	Otro personal sanitario ...:	2,08	0,66	2,74
9	Administrativos ....:	15,75	1,00	16,75
10	Otro personal no sanitario.:	54,16	40,25	94,41
	Total ....:	183,73	78,11	262,04

		% sobre global	% sobre Interinos
1	Personal Directivo ....:	1,47	0,06
2	Facultativos ....:	8,74	16,18
3	Residentes ....:	0,00	0,00
4	A.T.S. ....:	2,56	9,82
5	Fisioterapeutas ....:	0,00	0,00
6	Matronas ....:	3,98	0,29
7	Auxiliar Enfermería ....:	7,70	30,18
8	Otro personal sanitario ...:	1,13	1,05
9	Administrativos ....:	4,93	6,39
10	Otro personal no sanitario.:	9,10	36,03
	Total ....:	6,22	100,00

(Página siguiente, gráficos sobre % de la Cat. Prof. Interinos sobre el global de la plantilla -gráfico 9-, % de cada Cat. Prof. En la plantilla de Interinos -gráfico 10-)

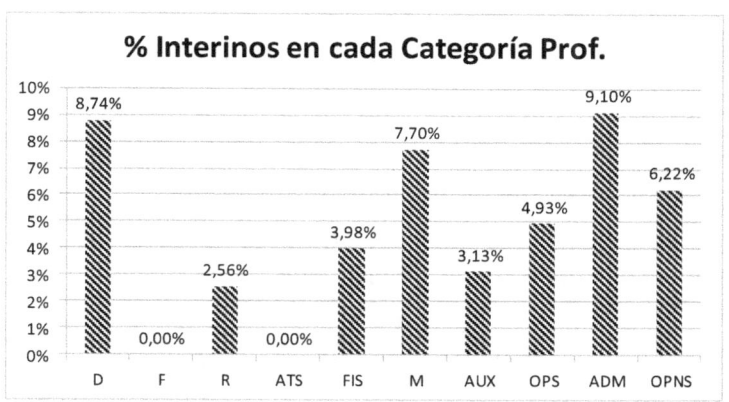

Gráfico 9

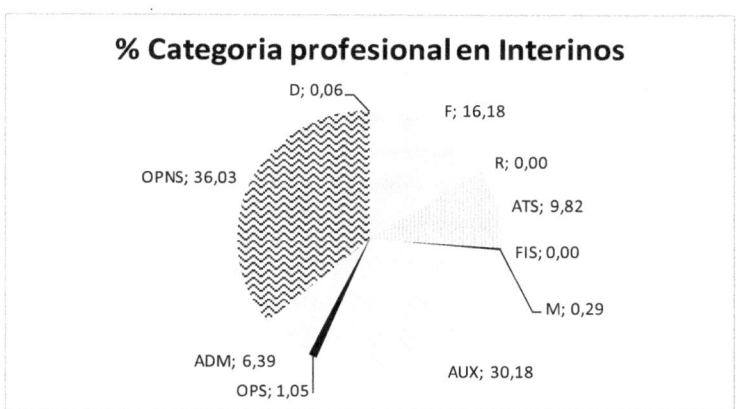

Gráfico 10

III. Eventuales:

		Mujeres	Hombres	Total
1	Personal Directivo	0,00	2,25	2,25
2	Facultativos	3,50	10,16	13,66
3	Residentes	71,41	114,25	185,66
4	A.T.S.	174,00	24,16	198,16
5	Fisioterapeutas	0,00	1,00	1,00
6	Matronas	0,00	0,00	0,00
7	Auxiliar Enfermería	137,58	6,08	143,66
8	Otro personal sanitario	8,66	0,66	9,32
9	Administrativos	42,41	6,25	48,66
10	Otro personal no sanitario	68,66	67,75	136,41
	Total	506,22	232,56	738,78

		% sobre global	% sobre Eventuales
1	Personal Directivo	20,62	0,30
2	Facultativos	2,82	1,85
3	Residentes	100,00	25,13
4	A.T.S.	19,72	26,82
5	Fisioterapeutas	5,38	0,14
6	Matronas	0,00	0,00
7	Auxiliar Enfermería	13,99	19,45
8	Otro personal sanitario	10,64	1,26
9	Administrativos	14,31	6,59
10	Otro personal no sanitario	13,14	18,46
	Total	17,52	100,00

(Página siguiente, gráficos sobre % de la Cat. Prof. Eventuales sobre el global de la plantilla -gráfico 11-, % de cada Cat. Prof. En la plantilla de Eventuales -gráfico 12)

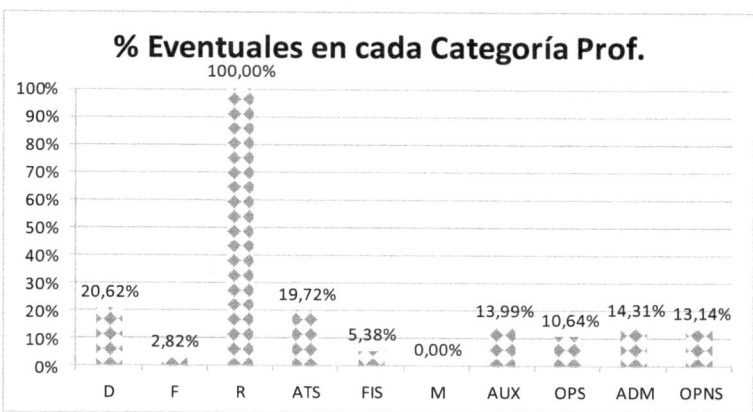

Gráfico 11

Gráfico 12

2.2. Número de empleados por contrato y sexo

		Mujeres	Hombres	Total
I	Fijos	2.144,47	1.070,64	3.215,11
II	Interinos	183,73	78,31	262,04
III	Eventuales	506,22	232,56	738,78
		2.834,42	1.381,51	4.215,93

	PROPORCIONES	Mujeres	Hombres	Total
I	Fijos	75,66%	77,50%	76,26%
II	Interinos	6,48%	5,67%	6,22%
III	Eventuales	17,86%	16,83%	17,52%
	Global	100,00%	100,00%	100,00%

	PROPORCIONES	Mujeres	Hombres	Total
I	Fijos	66,70%	33,30%	100,00%
II	Interinos	70,12%	29,88%	100,00%
III	Eventuales	68,52%	31,48%	100,00%
	Global	67,23%	32,77%	100,00%

(Página siguiente, gráficos sobre distribución por tipo de contrato en mujeres -gráfico 13-, distribución por tipo de contrato en hombre -gráfico 14-, distribución por tipo de contrato sumando ambos sexos -gráfico 15-)

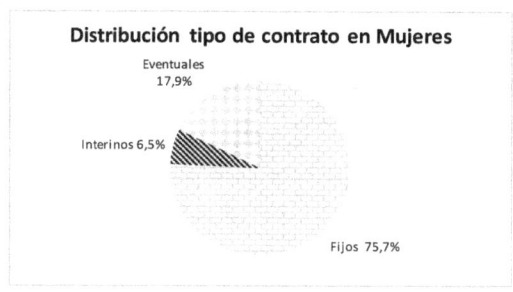

Grafico 13

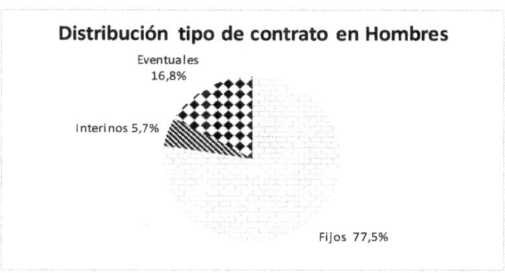

Gráfico 14

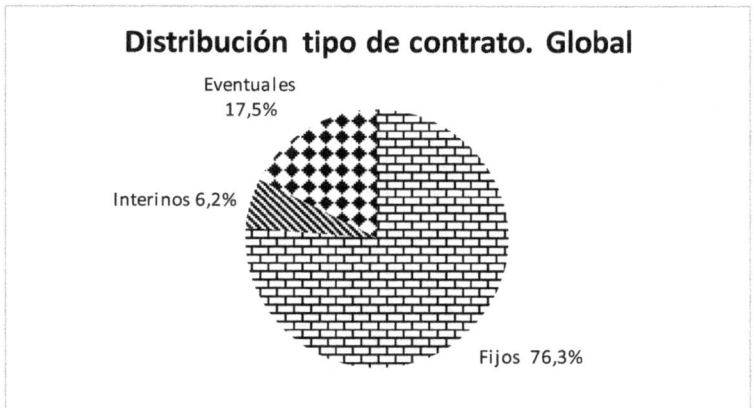

Gráfico 15

2.3. Número de empleados por tipo de contrato

Fijos	Interinos	Eventuales
3.215 (76,26%)	262 (6,22%)	739 (17,52%)

Fijos	No fijos
3.215 (76,26%)	1.001 (23,7%)

3.- Distribución de las edades medias y sus desviaciones típicas según contrato, categoría profesional y sexo

3.1. Edad media por contrato, categoría profesional y sexo

I. Fijos

		Mujeres	Hombres	Total
1	Personal Directivo ....:	36,69	39,50	38,34
2	Facultativos ....:	43,51	47,99	46,90
3	Residentes ....:	00,00	00,00	00,00
4	A.T.S. ....:	36,20	37,39	36,29
5	Fisioterapeutas ....:	41,81	46,01	43,74
6	Matronas ....:	46,63	48,41	46,83
7	Auxiliar Enfermería ....:	40,29	41,51	40,30
8	Otro personal sanitario ...:	38,41	31,61	37,40
9	Administrativos ....:	38,28	42,32	39,40
10	Otro personal no sanitario .:	44,74	46,24	45,79
	Total ....:	39,38	45,73	41,26

(Gráfico, Pirámide de Edad de la Plantilla de Fijos -gráfico 16-)

Gráfico 16

II. Interinos

		Mujeres	Hombres	Total
1	Personal Directivo	--,--	30,50	30,50
2	Facultativos	32,32	32,73	32,61
3	Residentes	--,--	--,--	--,--
4	A.T.S.	27,70	27,89	27,74
5	Fisioterapeutas	--,--	--,--	--,--
6	Matronas	25,50	--,--	25,50
7	Auxiliar Enfermería	26,40	24,00	26,89
8	Otro personal sanitario	26,70	27,00	26,89
9	Administrativos	25,91	24,50	25,82
10	Otro personal no sanitario	32,63	33,45	32,98
	Total	28,74	32,48	28,31

(Gráfico, Pirámide de Edad de la Plantilla de Interinos -gráfico 17-)

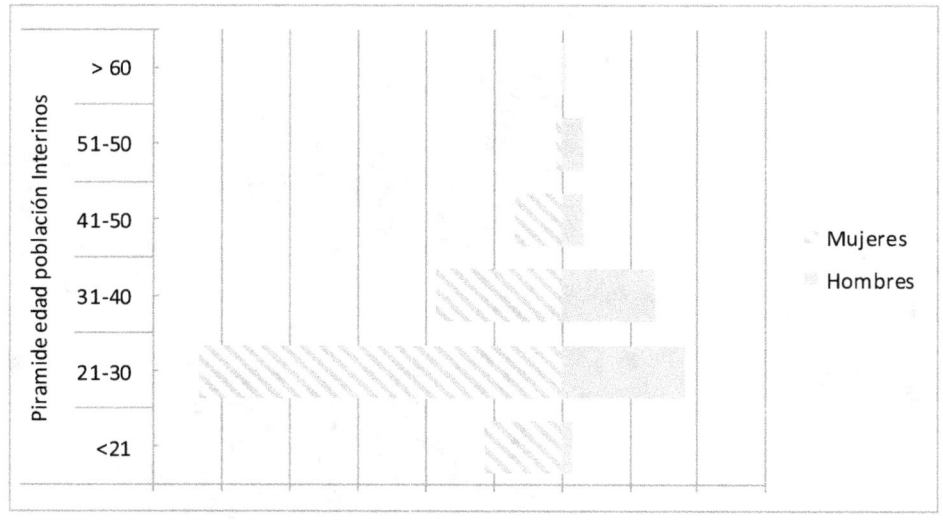

Gráfico 17

III. Eventuales

		Mujeres	Hombres	Total
1	Personal Directivo	--,--	29,57	29,57
2	Facultativos	32,16	33,45	33,12
3	Residentes	26,37	26,15	26,24
4	A.T.S.	26,18	28,80	26,50
5	Fisioterapeutas	--,--	35,50	35,50
6	Matronas	--,--	--,--	--,--
7	Auxiliar Enfermería	30,17	28,29	30,09
8	Otro personal sanitario	29,23	25,63	28,96
9	Administrativos	28,95	35,82	28,52
10	Otro personal no sanitario	32,33	--,--	34,06
	Total	28,45	29,67	29,50

(Gráfico, Pirámide de Edad de la Plantilla de Interinos -gráfico 18-)

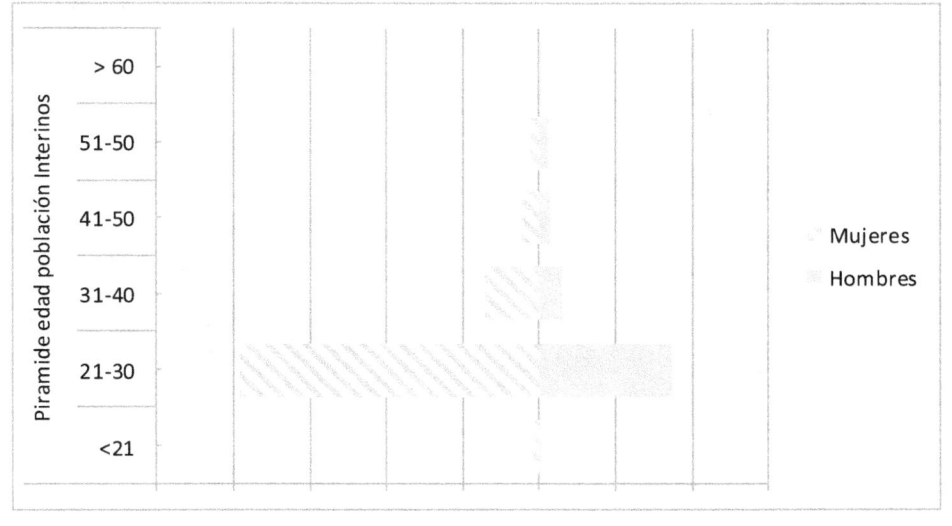

Gráfico 18

3.2. Desviaciones típicas de las edades medias

I. Fijos

		Mujeres	Hombres	Total
1	Personal Directivo	4,47	4,89	4,68
2	Facultativos	6,46	6,51	6,49
3	Residentes	--,--	--,--	--,--
4	A.T.S.	8,65	8,38	8,52
5	Fisioterapeutas	7,40	4,39	5,90
6	Matronas	7,25	4,54	5,89
7	Auxiliar Enfermería	8,50	8,14	8,32
8	Otro personal sanitario	7,50	7,62	7,56
9	Administrativos	8,16	8,95	8,55
10	Otro personal no sanitario	9,08	9,70	9,39
	Total	7,50	7,01	7,26

II. Interinos

		Mujeres	Hombres	Total
1	Personal Directivo	--,--	5,00	5,00
2	Facultativos	4,65	6,63	5,64
3	Residentes	--,--	--,--	--,--
4	A.T.S.	6,49	5,85	6,17
5	Fisioterapeutas	--,--	--,--	--,--
6	Matronas	0,00	--,--	0,00
7	Auxiliar Enfermería	6,76	2,59	4,68
8	Otro personal sanitario	3,24	8,00	5,62
9	Administrativos	5,39	2,23	3,81
10	Otro personal no sanitario	8,48	10,78	9,63
	Total	5,00	5,87	5,43

III. Eventuales

		Mujeres	Hombres	Total
1	Personal Directivo	--,--	4,91	4,91
2	Facultativos	4,72	6,26	5,49
3	Residentes	2,82	3,15	2,98
4	A.T.S.	3,11	7,28	5,19
5	Fisioterapeutas	--,--	0,00	0,00
6	Matronas	--,--	--,--	--,--
7	Auxiliar Enfermería	8,32	5,29	6,82
8	Otro personal sanitario	8,07	0,00	8,07
9	Administrativos	6,51	1,14	3,82
10	Otro personal no sanitario	9,31	11,63	10,47
	Total	6,13	4,40	5,26

3.3. Edades medias y sus desviaciones típicas de las plantillas por contrato y sexo

Mujeres		Hombres	
Fijos	39 +/- 7	Fijos	46 +/- 7
Interinos	29 +/- 5	Interinos	32 +/- 6
Eventuales	28 +/- 6	Eventuales	30 +/- 4
Global	37 +/- 6	Global	42 +/- 6

3.4. Edades medias y sus desviaciones típicas de las tres poblaciones estudiadas

Fijos	41 +/- 7
Interinos	28 +/- 5
Eventuales	29 +/- 5
Global	38 +/- 6

DESCRIPCIÓN DE LA DISTRIBUCIÓN DE LAS AUSENCIAS IMPUTADAS EN LOS INDICES DE ABSENTISMO Y PERMISOS SIN SUELDO, DURANTE 1988

1.-Distribución de las Ausencias según: contrato, por categoría profesional y sexo

  1.1. Tipos de ausencias imputadas en los índices de absentismo más permiso sin sueldo

    Ausencias imputadas en los índices:

      A.- Enfermedad > 3 días
      B.- Enfermedad < 4 días
      C.- Maternidad
      D.- Accidente de Trabajo
      E.- Faltas

    Ausencias no imputadas:

      .-Permisos sin Sueldo

  1.2. Indicadores de las Ausencias

    Cada ausencia viene registrada por:

    1. Días de baja

    2. Empleados de baja

    3. Promedio de días de baja por empleado de baja

  1.3. Distribución según contrato de: los días, empleados (bajas) y días/empleado de las ausencias, por categoría profesional

1.3.1. FIJOS

1.3.1.1. Bajas de más de 3 días

		Días	Empleados	Días/ empleado
1	Personal Directivo ....:	0.00	0.00	0.00
2	Facultativos ....:	2.573	133	19.34
3	Residentes ....:	--,--	--,--	--,--
4	A.T.S. ....:	12.179	766	15.86
5	Fisioterapeutas ....:	172	9	19.11
6	Matronas ....:	235	10	23.50
7	Auxiliar Enfermería ....:	15.407	926	16.63
8	Otro personal sanitario ...:	850	63	13.49
9	Administrativos ....:	2.199	154	14.27
10	Otro personal no sanitario.:	18.082	850	21.27
	Total ....:	51.667	2.911	17.74

1.3.1.2. Bajas de menos de 4 días

		Días	Empleados	Días/ empleado
1	Personal Directivo ....:	0.00	0.00	0.00
2	Facultativos ....:	148	50	2.96
3	Residentes ....:	--,--	--,--	--,--
4	A.T.S. ....:	1.418	583	2.43
5	Fisioterapeutas ....:	9	3	3.00
6	Matronas ....:	6	2	3.00
7	Auxiliar Enfermería ....:	1.957	705	2.77
8	Otro personal sanitario ...:	166	56	2.96
9	Administrativos ....:	295	110	2.68
10	Otro personal no sanitario.:	1.347	504	2.67
	Total ....:	51.667	2.013	2.65

1.3.1.3. Bajas por Maternidad

		Días	Empleados	Días/ empleado
1	Personal Directivo ....:	0.00	0.00	0.00
2	Facultativos ....:	145	6	24.16
3	Residentes ....:	--,--	--,--	--,--
4	A.T.S. ....:	3.621	159	22.77
5	Fisioterapeutas ....:	96	4	24.00
6	Matronas ....:	49	2	24.50
7	Auxiliar Enfermería ....:	1.837	79	23.25
8	Otro personal sanitario ...:	305	14	21.78
9	Administrativos ....:	195	9	21.66
10	Otro personal no sanitario.:	544	24	22.66
	Total ....:	6.792	297	22.86

1.3.1.4. Bajas por accidente de trabajo

		Días	Empleados	Días/ em-pleado
1	Personal Directivo ....:	0.00	0.00	0.00
2	Facultativos ....:	85	8	10.62
3	Residentes ....:	--,--	--,--	--,--
4	A.T.S. ....:	1.781	119	14.96
5	Fisioterapeutas ....:	347	12	28.91
6	Matronas ....:	0.00	0.00	0.00
7	Auxiliar Enfermería ....:	3.755	195	19.25
8	Otro personal sanitario ...:	212	9	23.55
9	Administrativos ....:	287	14	20.50
10	Otro personal no sanitario.:	3.561	210	16.95
	Total ....:	10.028	567	17.68

1.3.1.5. Bajas por faltas

		Días	Empleados	Días/ em-pleado
1	Personal Directivo ....:	0.00	0.00	0.00
2	Facultativos ....:	0.00	0.00	0.00
3	Residentes ....:	--,--	--,--	--,--
4	A.T.S. ....:	125	62	2.01
5	Fisioterapeutas ....:	0.00	0.00	0.00
6	Matronas ....:	0.00	0.00	0.00
7	Auxiliar Enfermería ....:	90	70	1.28
8	Otro personal sanitario ...:	3	3	1.00
9	Administrativos ....:	7	7	1.00
10	Otro personal no sanitario.:	226	138	1.63
	Total ....:	451	280	1.61

1.3.1.6. Permiso sin sueldo

		Días	Empleados	Días/ em-pleado
1	Personal Directivo ....:	0.00	0.00	0.00
2	Facultativos ....:	32	3	10.66
3	Residentes ....:	--,--	--,--	--,--
4	A.T.S. ....:	92	6	15.30
5	Fisioterapeutas ....:	0.00	0.00	0.00
6	Matronas ....:	0.00	0.00	0.00
7	Auxiliar Enfermería ....:	21	2	10.50
8	Otro personal sanitario ...:	0.00	0.00	0.00
9	Administrativos ....:	11	2	5.55
10	Otro personal no sanitario.:	0.00	0.00	0.00
	Total ....:	156	13	12.00

(Gráfico de la distribución en la Plantilla de Fijos de los tipos de ausencias -gráfico 19-)

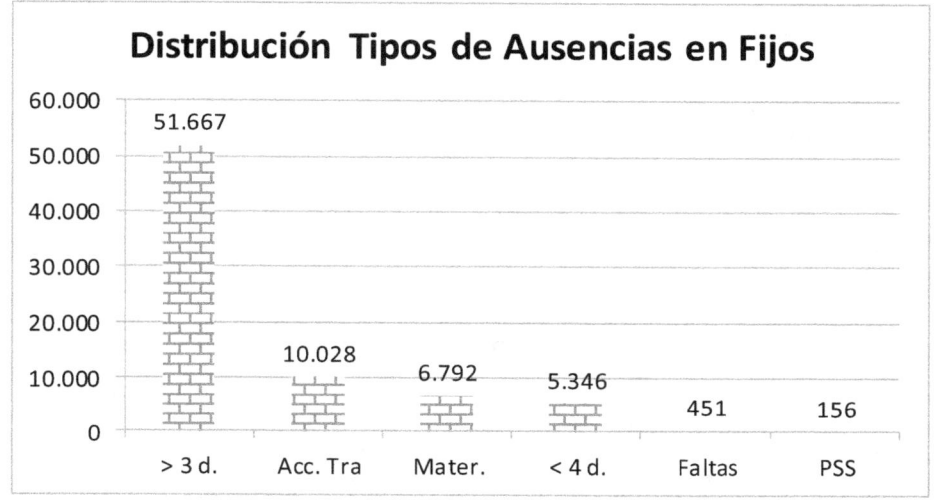

Gráfico 19

1.3.2. INTERINOS

1.3.2.1. Bajas de más de 3 días

		Días	Empleados	Días/ empleado
1	Personal Directivo ....:	0.00	0.00	0.00
2	Facultativos ....:	115	5	23.00
3	Residentes ....:	--,--	--,--	--,--
4	A.T.S. ....:	4	1	4.00
5	Fisioterapeutas ....:	0.00	0.00	0.00
6	Matronas ....:	0.00	0.00	0.00
7	Auxiliar Enfermería ....:	170	13	13.07
8	Otro personal sanitario ...:	25	1	25.00
9	Administrativos ....:	25	1	25.00
10	Otro personal no sanitario.:	764	37	20.37
	Total ....:	1.093	58	18.84

1.3.2.2. Bajas de menos de 4 días

		Días	Empleados	Días/ empleado
1	Personal Directivo ....:	0.00	0.00	0.00
2	Facultativos ....:	14	4	3.50
3	Residentes ....:	--,--	--,--	--,--
4	A.T.S. ....:	12	6	2.00
5	Fisioterapeutas ....:	0.00	0.00	0.00
6	Matronas ....:	0.00	0.00	0.00
7	Auxiliar Enfermería ....:	54	20	2.70
8	Otro personal sanitario ...:	4	2	2.00
9	Administrativos ....:	7	3	2.33
10	Otro personal no sanitario.:	90	38	2.36
	Total ....:	181	72	2.51

1.3.2.3. Bajas por Maternidad

		Días	Empleados	Días/ empleado
1	Personal Directivo ....:	0.00	0.00	0.00
2	Facultativos ....:	106	4	26.50
3	Residentes ....:	--,--	--,--	--,--
4	A.T.S. ....:	0.00	0.00	0.00
5	Fisioterapeutas ....:	0.00	0.00	0.00
6	Matronas ....:	0.00	0.00	0.00
7	Auxiliar Enfermería ....:	0.00	0.00	0.00
8	Otro personal sanitario ...:	0.00	0.00	0.00
9	Administrativos ....:	0.00	0.00	0.00
10	Otro personal no sanitario.:	0.00	0.00	0.00
	Total ....:	106	4	26.50

```
1.3.2.4.Bajas por accidente de trabajo

                                   Días      Empleados    Días/ em-
                                                            pleado
  1   Personal Directivo ........:   0.00       0.00         0.00
  2   Facultativos ..............:   0.00       0.00         0.00
  3   Residentes ................:   --,--      --,--        --,--
  4   A.T.S. ....................:     1          1          1.00
  5   Fisioterapeutas ...........:   0.00       0.00         0.00
  6   Matronas ..................:   0.00       0.00         0.00
  7   Auxiliar Enfermería .......:    39          3         13.00
  8   Otro personal sanitario ...:   0.00       0.00         0.00
  9   Administrativos ...........:   0.00       0.00         0.00
 10   Otro personal no sanitario :    97         12          8.08

      Total .....................:   137         16         8.56


       1.3.2.5.Bajas por faltas

                                   Días      Empleados    Días/ em-
                                                            pleado
  1   Personal Directivo ........:   0.00       0.00         0.00
  2   Facultativos ..............:   0.00       0.00         0.00
  3   Residentes ................:   --,--      --,--        --,--
  4   A.T.S. ....................:   0.00       0.00         0.00
  5   Fisioterapeutas ...........:   0.00       0.00         0.00
  6   Matronas ..................:   0.00       0.00         0.00
  7   Auxiliar Enfermería .......:     3          2          1.50
  8   Otro personal sanitario ...:   0.00       0.00         0.00
  9   Administrativos ...........:   0.00       0.00         0.00
 10   Otro personal no sanitario :    10          6          1.66

      Total .....................:    13          8         1.62


       1.3.2.6.Permiso sin sueldo

                                   Días      Empleados    Días/ em-
                                                            pleado
  1   Personal Directivo ........:   0.00       0.00         0.00
  2   Facultativos ..............:   0.00       0.00         0.00
  3   Residentes ................:   --,--      --,--        --,--
  4   A.T.S. ....................:   0.00       0.00         0.00
  5   Fisioterapeutas ...........:   0.00       0.00         0.00
  6   Matronas ..................:   0.00       0.00         0.00
  7   Auxiliar Enfermería .......:   0.00       0.00         0.00
  8   Otro personal sanitario ...:   0.00       0.00         0.00
  9   Administrativos ...........:   0.00       0.00         0.00
 10   Otro personal no sanitario :   0.00       0.00         0.00

      Total .....................:   0.00       0.00         0.00
```

(Gráfico de la Distribución en la plantilla de Interinos del tipo de ausencias -gráfico 20-)

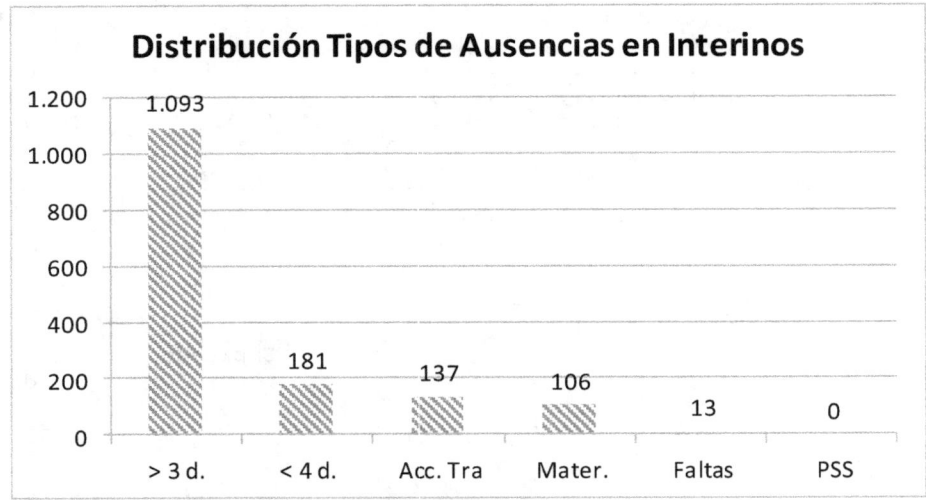

Gráfico 20

1.3.3. EVENTUALES

1.3.3.1. Bajas de más de 3 días

		Días	Empleados	Días/ empleado
1	Personal Directivo ....:	0.00	0.00	0.00
2	Facultativos ....:	30	1	30.00
3	Residentes ....:	332	21	15.80
4	A.T.S. ....:	634	61	10.39
5	Fisioterapeutas ....:	0.00	0.00	0.00
6	Matronas ....:	0.00	0.00	0.00
7	Auxiliar Enfermería ....:	718	63	11.39
8	Otro personal sanitario ...:	38	5	7.60
9	Administrativos ....:	400	34	11.76
10	Otro personal no sanitario .:	596	58	10.27
	Total ....:	2.748	243	11.30

1.3.3.2. Bajas de menos de 4 días

		Días	Empleados	Días/ empleado
1	Personal Directivo ....:	0.00	0.00	0.00
2	Facultativos ....:	0.00	0.00	0.00
3	Residentes ....:	42	15	2.80
4	A.T.S. ....:	231	92	2.51
5	Fisioterapeutas ....:	0.00	0.00	0.00
6	Matronas ....:	0.00	0.00	0.00
7	Auxiliar Enfermería ....:	198	78	2.53
8	Otro personal sanitario ...:	21	6	3.50
9	Administrativos ....:	77	31	2.48
10	Otro personal no sanitario .:	170	65	2.61
	Total ....:	739	287	2.57

1.3.3.3. Bajas por Maternidad

		Días	Empleados	Días/ empleado
1	Personal Directivo ....:	0.00	0.00	0.00
2	Facultativos ....:	0.00	0.00	0.00
3	Residentes ....:	163	8	20.37
4	A.T.S. ....:	305	13	23.46
5	Fisioterapeutas ....:	0.00	0.00	0.00
6	Matronas ....:	0.00	0.00	0.00
7	Auxiliar Enfermería ....:	265	12	22.08
8	Otro personal sanitario ...:	0.00	0.00	0.00
9	Administrativos ....:	193	8	24.12
10	Otro personal no sanitario .:	62	3	20.66
	Total ....:	988	44	22.45

1.3.3.4. Bajas por accidente de trabajo

		Días	Empleados	Días/ empleado
1	Personal Directivo ....:	0.00	0.00	0.00
2	Facultativos ....:	0.00	0.00	0.00
3	Residentes ....:	16	2	8.00
4	A.T.S. ....:	553	29	19.06
5	Fisioterapeutas ....:	0.00	0.00	0.00
6	Matronas ....:	0.00	0.00	0.00
7	Auxiliar Enfermería ....:	176	10	17.60
8	Otro personal sanitario ...:	55	2	27.50
9	Administrativos ....:	0.00	0.00	0.00
10	Otro personal no sanitario .:	215	17	12.64
	Total ....:	1.015	60	16.91

1.3.3.5. Bajas por faltas

		Días	Empleados	Días/ empleado
1	Personal Directivo ....:	0.00	0.00	0.00
2	Facultativos ....:	0.00	0.00	0.00
3	Residentes ....:	0.00	0.00	0.00
4	A.T.S. ....:	21	16	1.31
5	Fisioterapeutas ....:	0.00	0.00	0.00
6	Matronas ....:	0.00	0.00	0.00
7	Auxiliar Enfermería ....:	9	8	1.12
8	Otro personal sanitario ...:	0.00	0.00	0.00
9	Administrativos ....:	0.00	0.00	0.00
10	Otro personal no sanitario .:	26	19	1.36
	Total ....:	56	43	1.30

1.3.3.6. Permiso sin sueldo

		Días	Empleados	Días/ empleado
1	Personal Directivo ....:	0.00	0.00	0.00
2	Facultativos ....:	0.00	0.00	0.00
3	Residentes ....:	--,--	--,--	--,--
4	A.T.S. ....:	0.00	0.00	0.00
5	Fisioterapeutas ....:	0.00	0.00	0.00
6	Matronas ....:	0.00	0.00	0.00
7	Auxiliar Enfermería ....:	0.00	0.00	0.00
8	Otro personal sanitario ...:	0.00	0.00	0.00
9	Administrativos ....:	0.00	0.00	0.00
10	Otro personal no sanitario .:	0.00	0.00	0.00
	Total ....:	0.00	0.00	0.00

(Gráfico de la distribución en la Plantilla de Eventuales del tipo de Ausencias -gráfico 21-)

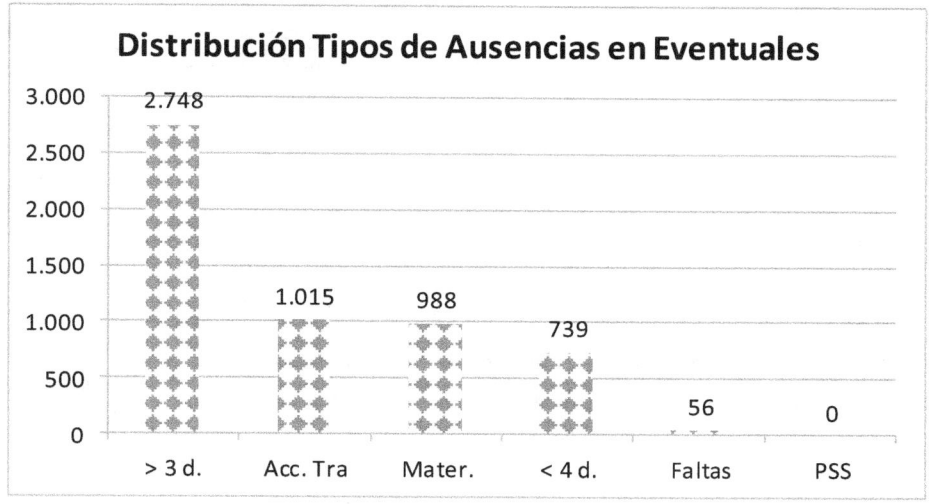

Gráfico 21

2.-Distribución de las ausencias según: días, empleado (bajas) y días/empleado, en las tres poblaciones contractuales

   2.1. Bajas de más de 3 días

		Días	Empleados (bajas)	Días / empleado
I	Fijos	51.667	2.911	17.74
II	Interinos	1.093	58	18.34
III	Eventuales	2.748	243	11.30
	Total	55.375	3.250	17.03

(Gráfico de la Distribución de los Días/empleado de las Bajas de más de tres días según el tipo de contrato -gráfico 22-)

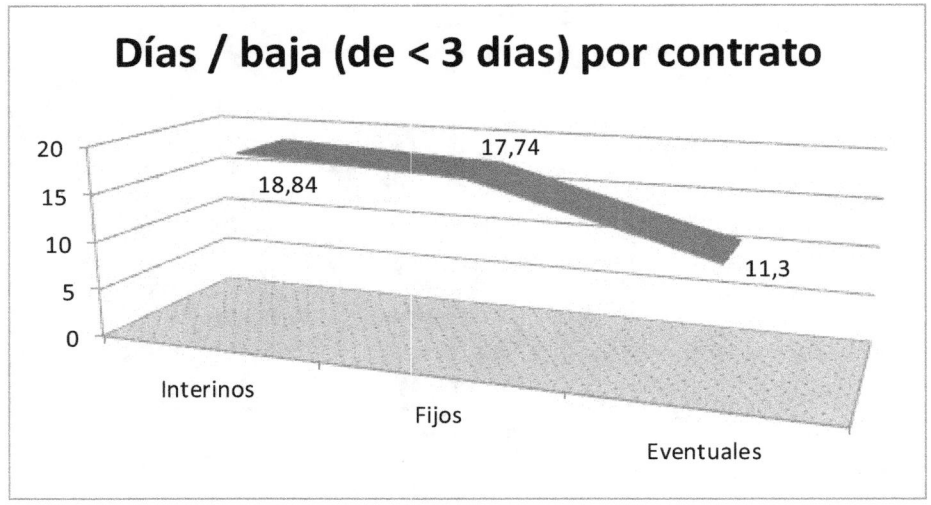

Gráfico 22

2.2. Bajas de menos de 4 días

		Días	Empleados (bajas)	Días / empleado
I	Fijos	5.346	2.013	2.65
II	Interinos	181	72	2.51
III	Eventuales	739	287	2.57
	Total	7.014	2.372	2.95

(Gráfico de la Distribución de los Días/empleado de las Bajas de menos de 4 días por tipo de contrato -gráfico 23-)

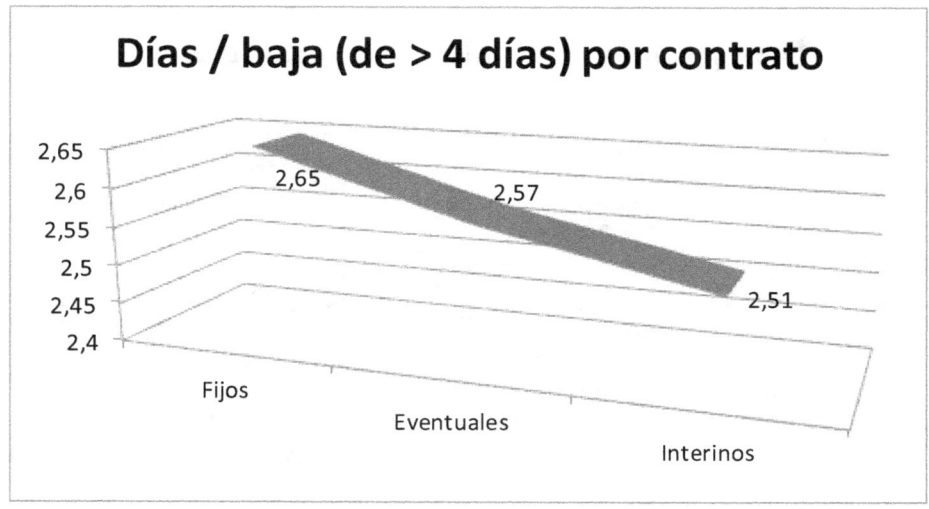

Gráfico 23

2.3. Bajas por Maternidad

		Días	Empleados (bajas)	Días / empleado
I	Fijos	6.792	297	22.86
II	Interinos	106	4	26.50
III	Eventuales	988	44	22.45
	Total	7.852	343	22.89

(Gráfico de la Distribución de los Días/empleado en las Bajas por Maternidad por tipo de contrato -gráfico 24-)

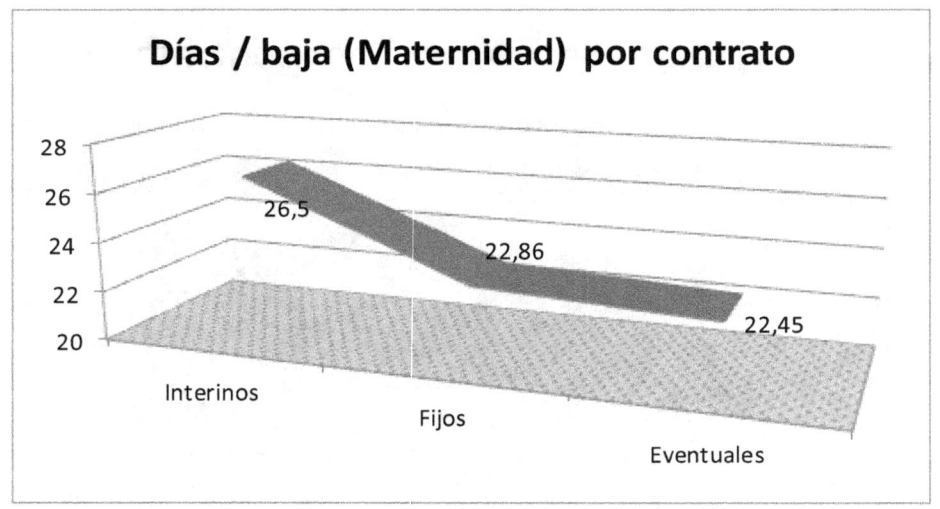

Gráfico 24

2.4. Bajas por Accidente de Trabajo

		Días	Empleados (bajas)	Días / empleado
I	Fijos	10.028	567	17.68
II	Interinos	137	16	8.56
III	Eventuales	1.015	60	16.91
	Total	11.229	643	17.46

(Gráfico de la distribución de los Días/empleado en las Bajas por accidente laboral por tipo de contrato -gráfico 25-)

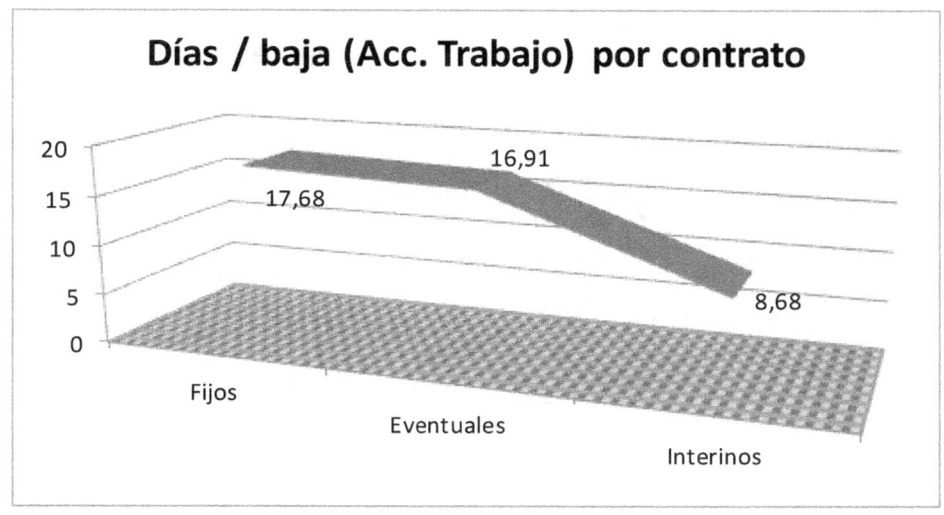

Gráfico 25

2.5. Ausencias por Faltas

		Días	Empleados (bajas)	Días / empleado
I	Fijos	451	280	1.61
II	Interinos	13	8	1.62
III	Eventuales	56	43	1.30
	Total	520	331	1.57

(Gráfico de la Distribución de los Días/empleado en las Ausencias por Faltas por tipo de contrato -gráfico 26-)

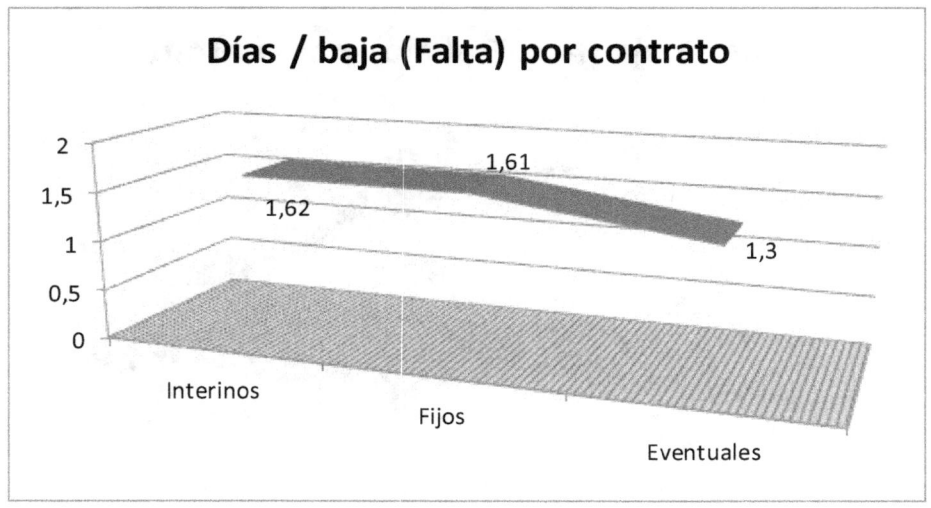

Gráfico 26

2.6. Permiso sin sueldo

		Días	Empleados (bajas)	Días / empleado
I	Fijos	156	13	12.00
II	Interinos	0.00	0.00	0.00
III	Eventuales	0.00	0.00	0.00
	Total	156	13	12.00

(Gráfico de la Distribución de Días/empelado por Permisos sin Sueldo por tipos de contrato -gráfico 27-)

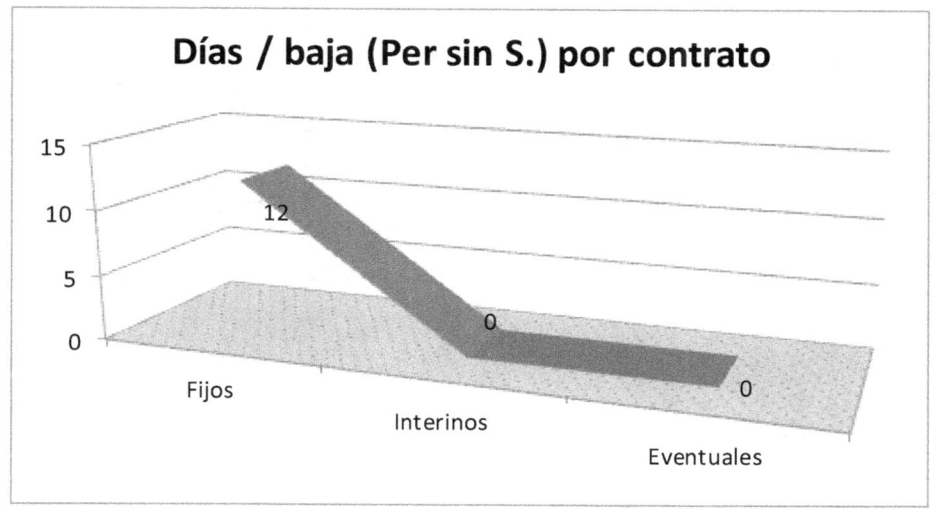

Gráfico 27

3-. Distribución del total de: días, empleados, días/empleado según el tipo de ausencia en el cómputo global de la plantilla. Con número de orden y % sobre global

3.1. Bajas de más de 3 días

	Días	Empleados (bajas)	Días / empleado
Total	(1°) 55.375	(1°) 3.250	(3°) 17.03
% sobre global	(67,5%)	(47%)	

3.2. Bajas de menos de 4 días

	Días	Empleados (bajas)	Días / empleado
Total	(4°) 7.014	(2°) 2.372	(4°) 2.95
% sobre global	(8,6%)	(34,3%)	

3.3. Bajas por Maternidad

	Días	Empleados (bajas)	Días / empleado
Total	(3°) 7.852	(4°) 343	(1°) 22.89
% sobre global	(9,6%)	(5%)	

3.4. Bajas por Accidente de trabajo

	Días	Empleados (bajas)	Días / empleado
Total	(2°) 11.229	(3°) 623	(2°) 18.02
% sobre global	(13,7%)	(9%)	

3.5. Bajas por Falta

	Días	Empleados (bajas)	Días / empleado
Total	(5°) 520	(5°) 331	(5°) 1.57
% sobre global	(0,6%)	(5%)	

3.6. Permiso sin sueldo

	Días	Empleados (bajas)	Días / empleado
Total	156	13	12.00

4.- Indicadores de ausencias por contrato

Fijos	Días de baja	74.284
	Empleados baja (bajas)..	6.068
	Días/baja	12,24
Eventuales	Días de baja	1.530
	Empleados baja (bajas)..	158
	Días/baja	9,68
Interinos	Días de baja	5.546
	Empleados baja (bajas)..	677
	Días/baja	8,19

5.- Distribución en la plantilla total de los días de baja, empleados de baja (najas) y promedio de días de baja por empleado de baja.

	I.L.T.	I.L.T. + Falta	I.L.T. + Faltas + P.S.S.
Total días baja	81.470	81.990	82.146
Total bajas (mes x 12)	6.588	6.919	6.932
Total días/empleado	12,36	11,84	11,85

DISTRIBUCIÓN DE LAS TASAS DE ABSENTISMO

1- Distribución de las Tasas de absentismo por mes durante 1988.

   Media anual ponderada por número empleados por mes.

```
Enero......:  8.64
Febrero....:  8.79
Marzo......:  8.75
Abril......:  9.64
Mayo.......:  8.64
Junio......:  8.75
Julio......:  8.19
Agosto.....:  7.00
Septiembre.:  6.04
Octubre....:  6.14
Noviembre..:  7.84
Diciembre..:  8.09
-----------   ----
Media de medias:  8.04
Media ponderada:  7.99
```

(Gráfico de la Distribución durante 1988 del absentismo por cada mes -gráfico 28-)

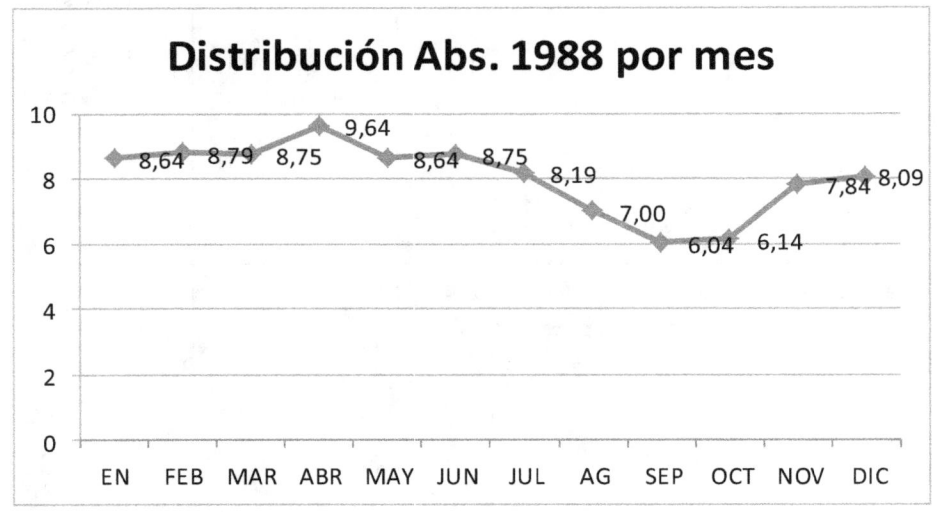

Gráfico 28

2- Distribución de las Tasas por mes según contrato. Media anual ponderada por número de empleados por contrato en cada mes.

	Fijos	Eventuales	Interinos	Global
Enero	9,79	2,84	3,34	8,64
Febrero	10,04	2,79	4,44	8,79
Marzo	10,04	2,50	5,59	8,75
Abril	11,25	2,79	3,00	9,64
Mayo	10,84	1,84	3,34	8,64
Junio	10,34	2,79	2,79	8,75
Julio	10,34	4,64	0,75	8,19
Agosto	9,04	3,00	1,54	7,00
Septiembre	7,39	2,29	3,39	6,04
Octubre	7,79	2,69	1,44	6,14
Noviembre	9,34	3,25	3,50	7,84
Diciembre	9,50	3,50	4,34	8,09
Media	9,60	2,91	3,12	8,04
Std	1,09	0,66	1,31	1,06
C.V.	11%	23%	42%	13%
Índice ABS	9,60	2,93	2,26	7,99

(Siguiente página, gráficos de las distribuciones del absentismo mensual durante 1988 por los tres tipos de contrato. Fijos -gráfico 29-, Eventuales -gráfico 30-, Interinos -gráfico 31-)

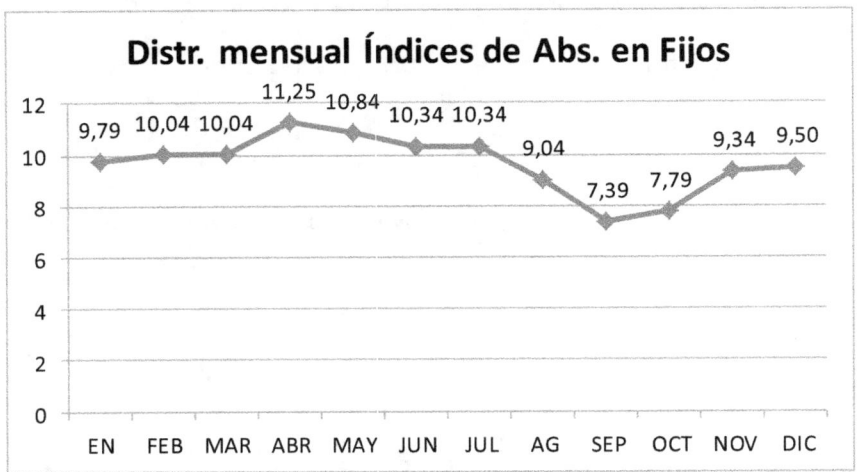

Gráfico 29

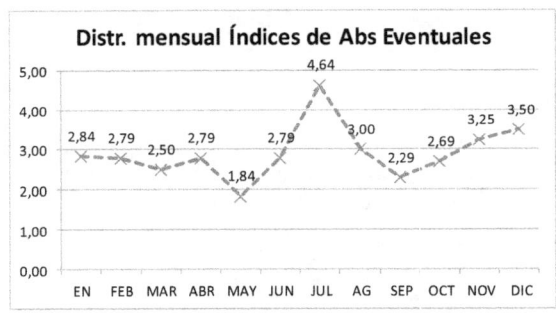

Gráfico 30

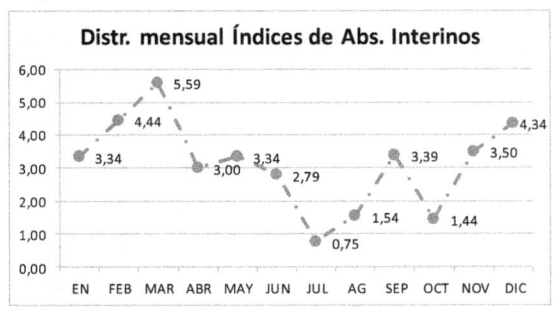

Gráfico 31

3.-Distribución de las Tasas según contrato, por categoría profesional

		Fijos	Eventuales	Interin
1	Personal Directivo ...:	0.00	0.00	0.00
2	Facultativos ....:	2.85	0.38	1.99
3	Residentes ....:	--.--	1.23	--,--
4	A.T.S. ....:	10.23	3.63	1.50
5	Fisioterapeutas ......:	14.80	0.00	--,--
6	Matronas ....:	6.65	--.--	0.00
7	Auxiliar Enfermería ..:	11.89	3.88	0.71
8	Otro personal sanit.. :	8.54	4.34	0.13
9	Administrativos ......:	4.48	5.63	0.34
10	Otro personal no sanit:	12.35	2.52	4.64

4.-Distribución de las Tasas según contrato, por categoría profesional. Ponderadas por número de empleados de cada categoría profesional en cada contrato

		Fijos	Eventuales	Interin
1	Personal Directivo ...:	0.00	0.00	0.00
2	Facultativos ....:	2.84	0.91	2.29
3	Residentes ....:	--,--	1.21	--,--
4	A.T.S. ....:	10.25	3.64	0.24
5	Fisioterapeutas ......:	14.75	0.00	--,--
6	Matronas ....:	6.65	--.--	0.00
7	Auxiliar Enfermería ..:	11.91	3.93	1.38
8	Otro personal sanit :	8.45	5.07	0.15
9	Administrativos ......:	4.49	5.70	0.78
10	Otro personal no sanit:	12.36	2.62	4.03
	Total	**9.65**	**2.99**	**2.31**

(Página siguiente, Gráfico de la distribución por categoría profesional de los índices de absentismo en los tres tipos de contrato. Fijos -gráfico 32-, Eventuales -gráfico 33-, Interinos -gráfico 34-)

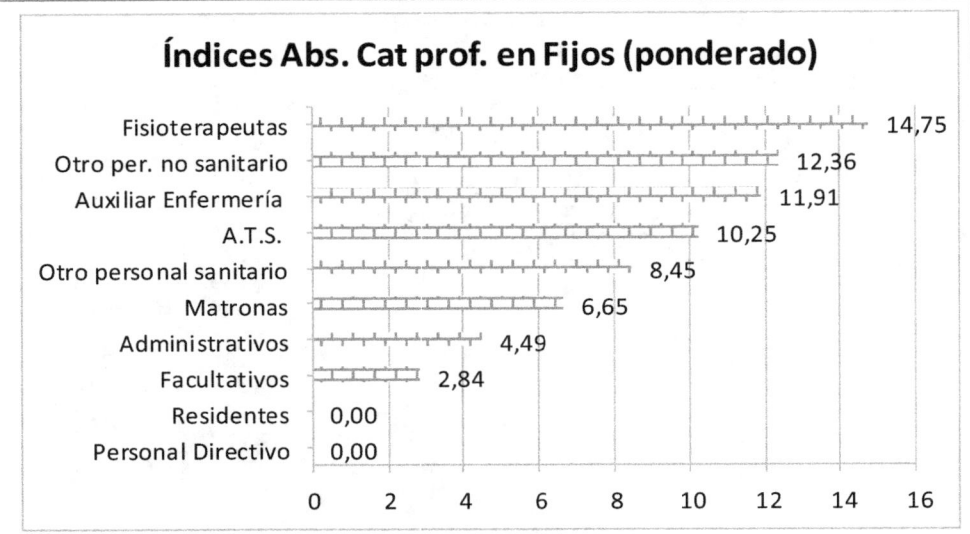

Gráfico 32

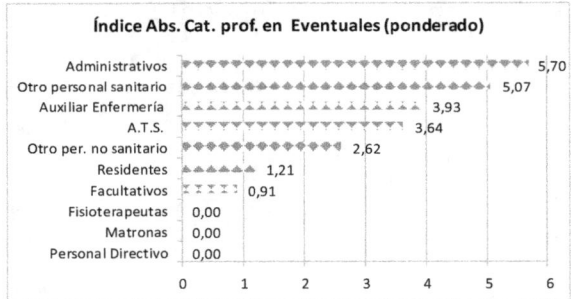

Gráfico 33

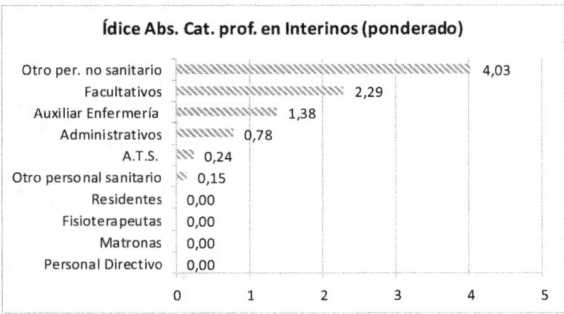

Gráfico 34

5.-Tasas de absentismo por Categoría Profesional en Fijos. Media global (ponderada)

		Fijos
1	Personal Directivo ...:	0.00
2	Facultativos ....:	2.84
3	Residentes ....:	--,--
4	A.T.S. ....:	10.25
5	Fisioterapeutas ......:	14.75
6	Matronas ....:	6.65
7	Auxiliar Enfermería ..:	11.91
8	Otro personal sanit ..:	8.45
9	Administrativos ......:	4.49
10	Otro personal no sanit:	12.36
	Total ....:	**9.65**

6.-Tasas de absentismo por Categoría Profesional en Interinos. Media global (ponderada)

		Interin
1	Personal Directivo ...:	0.00
2	Facultativos ....:	2.29
3	Residentes ....:	--,--
4	A.T.S. ....:	0.24
5	Fisioterapeutas ......:	--,--
6	Matronas ....:	0.00
7	Auxiliar Enfermería ..:	1.38
8	Otro personal sanit :	0.15
9	Administrativos ......:	0.78
10	Otro personal no sanit:	4.03
	Total..............:	**2.31**

7.-Tasas de absentismo por Categoría Profesional en Eventuales. Media global (ponderada)

		Eventuales
1	Personal Directivo ...:	0.00
2	Facultativos ....:	0.91
3	Residentes ....:	1.21
4	A.T.S. ....:	3.64
5	Fisioterapeutas .....:	0.00
6	Matronas ....:	--.--
7	Auxiliar Enfermería ..:	3.93
8	Otro personal sanit :	5.07
9	Administrativos .....:	5.70
10	Otro personal no sanit:	2.62
	Total.............:	**2.99**

8.-Tasas de absentismo por Categoría Profesional en la plantilla total. Media global (ponderada)

		Global
1	Personal Directivo ...:	0.00
2	Facultativos ....:	2.73
3	Residentes ....:	1.21
4	A.T.S. ....:	8.69
5	Fisioterapeutas .....:	13.96
6	Matronas ....:	6.38
7	Auxiliar Enfermería ..:	9.98
8	Otro personal sanita :	7.82
9	Administrativos .....:	4.48
10	Otro personal no sanit:	10.33
	Total.............:	**8.03**

9.-Tasas de absentismo por contratos y media global (ponderadas)

	Fijos	**Eventuales**	**Interin**	**Global**
Total ....:	9.65	2.99	2.31	8.03

10.-Tasa de absentismo en plantilla Fijos (ponderada)

Fijos

Total ....: 9.65

11.-Tasade absentismo en plantilla Interinos (ponderada)

Interin

Total ....: 2.31

12.-Tasa de absentismo en plantilla Eventuales (ponderada)

Eventuales

Total ....: 2.99

13.-Tasa de absentismo Total (ponderada)

Global

Total ....: 8.03

SEGUNDA FASE

ASOCIACIONES

La base de datos individualizados ha sido utilizada solamente para calcular las posibles asociaciones que se puedan entre diferentes grupos dentro de la empresa.

El cálculo de los índices de absentismo con esta segunda base de datos utilizando el quebrado "días de ausencia dividido por días de contrato" da un resultado diferente que el calculado por el servicio de Informática de la Empresa a estudio. El Servicio de Informática da un valor que al ponderarlo, el índice de absentismo es de 8'03, pero con la base utilizada y aplicando el quebrado mencionado obtenemos un índice de absentismo 5'537. La diferencia es obvia por sí misma, no obstante el objeto de este estudio no es el de calcular el índice sino que utilizando uno u otro y para todo el personal el mismo, demostrar si hay o no diferencias entre diferentes grupos de personas con alguna de las características, discutidas en la introducción, en común.

1. ASOCIACIÓN ENTRE DÍAS DE BAJA/DIAS NO BAJA Y TIPOS DE CONTRATO

Global contratos	:	- Número :	4.960
		- Días contrato :	1.486.164
		- Días baja :	82.299
		- Índice absentismo :	5'537
Fijos	:	- Número :	3.403
		- Días contratados :	1.145.595
	:	- Días de baja :	75.460
Eventuales	:	- Número :	935
		- Días contratados :	269.063
		- Días de baja :	5.416
Interinos	:	- Número :	630
		- Días contratados :	71.506
		- Días de baja :	1.423

Tabla de contingencia para días de Baja/Días de No baja:

Tipo Contrato	Días No Baja	Días Baja
Fijos	1.070.135	75.460
Eventuales	263.647	5.416
Interinos	71.506	1.423

1.1. Comparación índices de absentismo de Fijos con Eventuales:

$$\text{Índice de absentismo Fijos} : \frac{75.460}{1.145.595} \times 100 = 6,587$$

$$\text{Índice de absentismo Eventuales} : \frac{5.416}{269.063} \times 100 = 2,013$$

P1 : $6,586970 \times 10^{-2}$

P2 : $2,012911 \times 10^{-2}$

Error estándar : $3,563943 \times 10^{-4}$

Valor de la normal tipificada : 128,3427

Diferencia significativa con P < 0,001

1.2. Comparación de índices de absentismo de Fijos con Interinos:

$$\text{Índice de absentismo Fijos} : \frac{75.460}{1.145.595} \times 100 = 6,587$$

$$\text{Índice de absentismo Interinos} : \frac{1.423}{71.506} \times 100 = 1,990$$

P1 : $6,586970 \times 10^{-2}$

P2 : $1,990043 \times 10^{-2}$

Error estándar : $5,713815 \times 10^{-4}$

Valor de la normal tipificada : 80,45286

Diferencia significativa con P < 0,001

1.3. Comparación de índices de absentismo de Eventuales e Interinos:

$$\text{Índice de absentismo Eventuales} : \frac{5.416}{269.063} \times 100 = 2,013$$

$$\text{Índice de absentismo Interinos} : \frac{1.423}{71.506} \times 100 = 1,990$$

P1 : $2,012911 \times 10^{-2}$

P2 : $1,990043 \times 10^{-2}$

Error estándar : $5,882788 \times 10^{-4}$

Valor de la normal tipificada : $0,3887379$

Diferencia NO significativa

2. ASOCIACIÓN ENTRE DÍAS BAJA / DÍAS NO BAJA Y EDAD

Grupos edad	Días No Baja	Días Baja
< 31 años	360.574	13.465
31 - 50 a.	854.607	48.030
> 50 años	259.365	20.151

2.1 Comparación índices de absentismo del Grupo de edad "< 31 a." con el de "31 - 50 a.":

Índice de absentismo "< 31 a." : $\dfrac{12.465}{374.039} \times 100 = 3,333$

Índice de absentismo "31-50 a." : $\dfrac{48.030}{902.637} \times 100 = 5,321$

P1	:	$3,332540 \times 10^{-2}$
P2	:	$5,321076 \times 10^{-2}$
Error estándar	:	$4,022006 \times 10^{-4}$
Valor de la normal tipificada	:	$46,88714$
Diferencia significativa con P <		$0,001$

2.2 Comparación de índices de absentismo del grupo de edad de "31 - 50 a." con el de "> 50 a.":

Índice de absentismo "31-50 a." : $\dfrac{48.030}{902.637} \times 100 = 5,321$

Índice de absentismo "> 50a." : $\dfrac{20.151}{279.561} \times 100 = 7,208$

P1 : $5,321076 \times 10^{-2}$

P2 : $7,208087 \times 10^{-2}$

Error estándar : $5,816765 \times 10^{-4}$

Valor de la normal tipificada : $36,94899$

Diferencia significativa con P < $0,001$

2.3 Comparación de índices de absentismo del grupo de edad de "< 31 a." con el de "> 50 a.":

Índice de absentismo "< 31 a." : $\dfrac{12.465}{374.039} \times 100 = 3,333$

Índice de absentismo "> 50a." : $\dfrac{20.151}{279.561} \times 100 = 7,208$

P1 : $3,332540 \times 10^{-2}$

P2 : $7,208087 \times 10^{-2}$

Error estándar : $6,131707 \times 10^{-4}$

Valor de la normal tipificada : $65,80608$

Diferencia significativa con P < $0,001$

3. ASOCIACIÓN ENTRE DÍAS DE BAJA / DÍAS NO BAJA Y TIPOS DE CONTRATO POR GRUPOS DE EDAD

3.1. Grupo de edad de < 31 años

Global	:	- Índice absentismo :	3'332
Fijos	:	- Número :	338
		- Días contratados :	113.846
	:	- Días de baja :	9.000
Eventuales	:	- Número :	702
		- Días contratados :	200.442
		- Días de baja :	3.894
Interinos	:	- Número :	433
		- Días contratados :	46.286
		- Días de baja :	571

Tabla de contingencia de Días de baja/Días No baja, por tipo de contrato.

Tipo Contrato	Días No Baja	Días Baja
Fijos	104.846	9.000
Eventuales	196.548	3.894
Interinos	45.715	571

3.1.1. Comparación de índices de absentismo de Fijos con Eventuales:

Índice de absentismo Fijos : $\dfrac{9.000}{113.846} \times 100 = 7,905$

Índice de absentismo Eventuales : $\dfrac{3.894}{200.442} \times 100 = 1,943$

P1 : $7,905416 \times 10^{-2}$

P2 : $1,942707 \times 10^{-2}$

Error estándar : $8,570525 \times 10^{-4}$

Valor de la normal tipificada : $69,57228$

Diferencia significativa con P < $0,001$

3.1.2. Comparación de índices de absentismo de Fijos con Interinos:

Índice de absentismo Fijos : $\dfrac{9.000}{113.846} \times 100 = 7,905$

Índice de absentismo Interinos : $\dfrac{571}{46.286} \times 100 = 1,234$

P1 : $7,905416 \times 10^{-2}$

P2 : $1,233634 \times 10^{-2}$

Error estándar : $9,501248 \times 10^{-4}$

Valor de la normal tipificada : $70,22006$

Diferencia significativa con P < $0,001$

3.1.3. Comparación de índices de absentismo de Eventuales con Interino:

Índice de absentismo Eventuales : $\dfrac{3.894}{200.442} \times 100 = 1,943$

Índice de absentismo Interinos : $\dfrac{571}{46.286} \times 100 = 1,234$

P1 : $1,942707 \times 10^{-2}$

P2 : $1,233634 \times 10^{-2}$

Error estándar : $5,985605 \times 10^{-4}$

Valor de la normal tipificada : 11,8463

Diferencia significativa con $P < 0,001$

3.2. Grupo de edad de 31 a 40 años.

Global	: - Índice absentismo :		6,171
Fijos	: - Número :		1.390
	- Días contratados :		469.245
	: - Días de baja :		31.499
Eventuales	: - Número :		153
	- Días contratados :		44.232
	- Días de baja :		856
Interinos	: - Número :		121
	- Días contratados :		17.280
	- Días de baja :		403

Tabla de contingencia de Días de baja/Días No baja Por tipo de contrato.

Tipo Contrato	Días No Baja	Días Baja
Fijos	437.746	31.499
Eventuales	43.376	856
Interinos	16.877	403

3.2.1. Comparación de índices de absentismo de Fijos con Eventuales:

$$\text{Índice de absentismo Fijos} : \frac{31.499}{469.245} \times 100 = 6,713$$

$$\text{Índice de absentismo Eventuales} : \frac{856}{44.232} \times 100 = 1,935$$

P1 : $6,712698 \times 10^{-2}$

P2 : $1,935250 \times 10^{-2}$

Error estándar : $7,50004 \times 10^{-4}$

Valor de la normal tipificada : $63,69897$

Diferencia significativa con $P < 0,001$

3.2.2. Comparación de índices de absentismo de Fijos con Interinos:

$$\text{Índice de absentismo Fijos} : \frac{31.499}{469.245} \times 100 = 6,713$$

Índice de absentismo Interinos : $\dfrac{403}{17.280} \times 100 = 2{,}332$

P1 : $6{,}712698 \times 10^{-2}$

P2 : $2{,}332176 \times 10^{-2}$

Error estándar : $1{,}204829 \times 10^{-3}$

Valor de la normal tipificada : $36{,}35804$

Diferencia significativa con $P < 0{,}001$

3.2.3. Comparación de índices de absentismo de Eventuales con Interinos:

Índice de absentismo Eventuales : $\dfrac{856}{44.232} \times 100 = 1{,}935$

Índice de absentismo Interinos : $\dfrac{403}{17.280} \times 100 = 2{,}332$

P1 : $1{,}935250 \times 10^{-2}$

P2 : $2{,}332176 \times 10^{-2}$

Error estándar : $1{,}321824 \times 10^{-3}$

Valor de la normal tipificada : $3{,}002861$

Diferencia significativa con $P < 0{,}01$

3.3. Grupo de edad de 41 a 50 años

Global : - Índice absentismo : 4,747

```
Fijos          :  - Número          :     912
                  - Días contratados :  314.826
               :  - Días de baja    :   15.315
Eventuales     :  - Número          :      50
                  - Días contratados :   14.612
                  - Días de baja    :     521
Interinos      :  - Número          :      58
                  - Días contratados :    6.030
                  - Días de baja    :      89
```

Tabla de contingencia de Días de baja/Días No baja Por tipo de contrato

Tipo Contrato	Días No Baja	Días Baja
Fijos	299.511	15.315
Eventuales	14.091	521
Interinos	5.941	89

3.3.1. Comparación de índices de absentismo de Fijos con Eventuales

$$\text{Índice de absentismo Fijos} : \frac{15.315}{314.826} \times 100 = 4,865$$

Índice de absentismo Eventuales : $\dfrac{521}{14.612} \times 100 = 3,566$

P1 : $4,864592 \times 10^{-2}$

P2 : $3,565563 \times 10^{-2}$

Error estándar : $1,581188 \times 10^{-3}$

Valor de la normal tipificada : 8,215527

Diferencia significativa con P < 0,001

3.3.2. Comparación de índices de absentismo de Fijos con Interinos:

Índice de absentismo Fijos : $\dfrac{15.315}{314.826} \times 100 = 4,865$

Índice de absentismo Interinos : $\dfrac{89}{6.030} \times 100 = 1,476$

P1 : $4,864592 \times 10^{-2}$

P2 : $1,475954 \times 10^{-2}$

Error estándar : $1,599549 \times 10^{-3}$

Valor de la normal tipificada : 21,18496

Diferencia significativa con P < 0,001

3.3.3. Comparación de índices de absentismo de Eventuales con Interinos:

Índice de absentismo Eventuales : $\dfrac{521}{14.612} \times 100 = 3,566$

Índice de absentismo Interinos : $\dfrac{89}{6.030} \times 100 = 1{,}476$

P1 : $3{,}565563 \times 10^{-2}$

P2 : $1{,}475954 \times 10^{-2}$

Error estándar : $2{,}182822 \times 10^{-3}$

Valor de la normal tipificada : 9,572969

Diferencia significativa con P < 0,001

3.4. Grupo de edad de > 50 años

Global	:	- Índice absentismo :	7,208
Fijos	:	- Número :	763
		- Días contratados :	247.678
	:	- Días de baja :	19.646
Eventuales	:	- Número :	30
		- Días contratados :	9.777
		- Días de baja :	145
Interinos	:	- Número :	18
		- Días contratados :	1.910
		- Días de baja :	360

Tabla de contingencia de Días de baja/Días No baja, por tipo de contrato.

Tipo Contrato	Días No Baja	Días Baja
Fijos	228.032	19.646
Eventuales	9.632	145
Interinos	1.910	360

3.3.1. Comparación de índices de absentismo de Fijos con Eventuales:

Índice de absentismo Fijos : $\dfrac{19.646}{247.678} \times 100 = 7,932$

Índice de absentismo Eventuales : $\dfrac{145}{9.777} \times 100 = 1,483$

P1 : $7,932073 \times 10^{-2}$

P2 : $1,483073 \times 10^{-2}$

Error estándar : $1,337631 \times 10^{-3}$

Valor de la normal tipificada : $48,2121$

Diferencia significativa con $P < 0,001$

3.3.2. Comparación de índices de absentismo de Fijos con Interinos

Índice de absentismo Fijos : $\dfrac{19.646}{247.678} \times 100 = 7,932$

Índice de absentismo Interinos : $\dfrac{360}{1.910} \times 100 = 18,85$

P1 : $7,932073 \times 10^{-2}$

P2 : $18,848168 \times 10^{-2}$

Error estándar : $8,965306 \times 10^{-3}$

Valor de la normal tipificada : 12,17593

Diferencia significativa con P < 0,001

3.3.3. Comparación de índices de absentismo de Eventuales con Interinos:

Índice de absentismo Eventuales : $\dfrac{145}{9.777} \times 100 = 1,483$

Índice de absentismo Interinos : $\dfrac{360}{1.910} \times 100 = 18,85$

P1 : $1,483073 \times 10^{-2}$

P2 : $18,848168 \times 10^{-2}$

Error estándar : $9,031957 \times 10^{-3}$

Valor de la normal tipificada : 19,22628

Diferencia significativa con P < 0,001

Tabla de los índices de absentismo por grupo de edad y tipos de contrato, global por grupos de edad y global por contrato:

Grupo edad	Fijos	Eventuales	Interinos	Global
< 31a.	7,905	1,942	1,233	**3,332**
31 a 40 a.	6,712	1,935	2,332	**6,171**
41 a 50 a.	4,864	3,565	1,475	**4,747**
> 50 a.	7,932	1,483	18,848	**7,208**
Global	6.586	2,012	1,990	**5,537**

4. ASOCIACIÓN ENTRE DÍAS DE BAJA/DIAS NO BAJA Y GRUPO DE PERSONAL SANITARIO Y NO SANITARIO

```
Total            :                        :   4.968
sanitarios       : - Número               :   2.112
                   - Días contratados     : 635.710
                 : - Días de baja         :  27.457
No sanitarios    : - Número               :   2.856
                   - Días contratados     : 850.454
                   - Días de baja         :  54.842
```

Tabla de contingencia de Días de baja/Días No baja por personal sanitario y No sanitario

Tipo	Días No Baja	Días Baja
sanitarios	608.253	27.547
No sanitarios	795.612	54.842

4.1. Comparación entre índices de absentismo entre sanitarios y No sanitarios

$$\text{Índice de absentismo sanitarios} : \frac{27.457}{635.710} \times 100 = 4,319$$

Índice de absentismo No sanitarios : $\dfrac{54.842}{850.454} \times 100 = 6{,}449$

P1 : $4{,}319108 \times 10^{-2}$

P2 : $6{,}448556 \times 10^{-2}$

Error estándar : $3{,}687035 \times 10^{-4}$

Valor de la normal tipificada : 57,75502

Diferencia significativa con P < 0,001

5. ASOCIACIÓN ENTRE DÍAS DE BAJA/DÍAS NO BAJA Y GRUPOS DE PERSONAL QUE TIENEN RELACION DIRECTA CON EL PACIENTE Y LOS QUE NO LA TIENEN

```
Total            :                        :   4.968
con relación     :  - Número              :   3.949
                    - Días contratados    :   1.155.901
                    - Días de baja        :   68.452
no relación      :  - Número              :   1.019
                    - Días contratados    :   330.263
                    - Días de baja        :   13.847
```

Tabla de contingencia de Días de baja/Días No baja por personal con relación directa con el paciente o sin ella.

Tipo	Días No Baja	Días Baja	
con relación	1.087.449	68.452	
no relación	316.416	13.847	

5.1. Comparación entre índices de absentismo entre personal con relación con el paciente o sin ella.

$$\text{Índice absentismo personal con relación} : \frac{68.452}{1.155.901} \times 100 = 5,922$$

$$\text{Índice absentismo pers. sin relación} : \frac{13.847}{330.263} \times 100 = 4{,}193$$

P1 : $5{,}921960 \times 10^{-2}$

P2 : $4{,}192719 \times 10^{-2}$

Error estándar : $4{,}121004 \times 10^{-4}$

Valor de la normal tipificada : $41{,}96166$

Diferencia significativa con $P < 0{,}001$

6. ASOCIACIÓN ENTRE DÍAS DE BAJA/DÍAS NO BAJA Y SEXO

```
Total            : - Número              :      4.968
Hombres          : - Número              :      1.581
                   - Días contratados    :    488.217
                   - Días de baja        :     20.210
Mujeres          : - Número              :      3.387
                   - Días contratados    :    997.947
                   - Días de baja        :     62.089
```

Tabla de contingencia de Días de baja/Días No baja agrupadas por sexo.

Tipo	Días No Baja	Días Baja
Hombres	468.007	20.210
Mujeres	935.858	62.089

6.1. Comparación entre índices de absentismo de ambos grupos de distinto sexo.

$$\text{Índice absentismo hombres} : \frac{20.210}{488.217} \times 100 = 4{,}140$$

Índice absentismo mujeres : $\dfrac{62.089}{997.089} \times 100 = 6,227$

P1 : $4,139553 \times 10^{-2}$

P2 : $6,227027 \times 10^{-2}$

Error estándar : $3,739552 \times 10^{-4}$

Valor de la normal tipificada : $55,82152$

Diferencia significativa con $P < 0,001$

7. ASOCIACIÓN ENTRE DÍAS DE BAJA/DÍAS NO BAJA Y TURNOS DE TRABAJO

```
Total      : - Número            :   4.968
Mañana     : - Número            :   3.160
             - Días contratados  : 927.713
             - Días de baja      :  42.662
Tarde      : - Número            :     956
             - Días contratados  : 290.540
             - Días de baja      :  20.664
Noche      : - Número            :     852
             - Días contratados  : 267.911
             - Días de baja      :  18.973
```

Tabla de contingencia de Días de baja/Días No baja agrupadas por tipo de turno

Turno	Días No Baja	Días Baja
Mañana	928.051	42.662
Tarde	269.876	20.664
Noche	248.938	18.973

7.1. Comparación entre índices de absentismo del turno de mañana y del turno de tarde

Índice de absentismo mañana : $\dfrac{42.662}{927.713}$ x 100 = 4,599

Índice de absentismo tarde : $\dfrac{20.664}{290.540}$ x 100 = 7,112

P1 : $4,598620 \times 10^{-2}$

P2 : $7,112274 \times 10^{-2}$

Error estándar : $5,240939 \times 10^{-4}$

Valor de la normal tipificada : 47,96189

Diferencia significativa con P < 0,001

7.2. Comparación entre índices de absentismo del turno de mañana y del turno de noche:

Índice de absentismo mañana : $\dfrac{42.662}{927.713}$ x 100 = 4,599

Índice de absentismo noche : $\dfrac{18.973}{267.911}$ x 100 = 7,082

P1 : $4,598620 \times 10^{-2}$

P2 : $7,081829 \times 10^{-2}$

Error estándar : $5,412073 \times 10^{-4}$

Valor de la normal tipificada : 45,88277

Diferencia significativa con P < 0,001

7.3. Comparación entre índices de absentismo del turno de tarde y turno de noche:

$$\text{Índice de absentismo tarde} : \frac{20.664}{290.540} \times 100 = 7,112$$

$$\text{Índice de absentismo noche} : \frac{18.973}{267.911} \times 100 = 7,082$$

P1 : $7,112274 \times 10^{-2}$

P2 : $7,081829 \times 10^{-2}$

Error estándar : $6,877498 \times 10^{-4}$

Valor de la normal tipificada : $0,4426692$

Diferencia NO significativa

INFLUENCIA RELATIVA

Todas las variables estudiadas están asociadas con el absentismo, no hay diferencia entre eventuales e interinos excepto si se estudian por grupos de edad, ni entre los índices Abs del turno de tarde y el de noche, por lo cual se agruparán en los sucesivo Eventuales e Interinos como la variable "No fijos" y turno de Tarde y Noche como "no mañana".

En vista de que la relación más fuerte es la establecida entre los índices de absentismo de los tipos de contrato Fijos y No fijos es interesante estudiar la influencia de los demás factores eliminando la influencia de la variable contratación.

A continuación se describen las asociaciones de las variables edad, sexo, ser sanitario y tener relación con el paciente con el índice de absentismo estratificando por los grupos de Fijos y No fijos.

En vista de que le influencia del "tipo de contrato" resulta sensiblemente superior a la de las demás variables, se cuantifica la asociación entre el índice de absentismo y cada una de las variables estudiadas, con el fin de poder comparar objetivamente las influencias de los distintos factores.

Para ello se seleccionó como medida lo que la bibliografía llama Riesgo Relativo (RR), por ser la medida más intuitiva y hallarse más extendida.

A efectos de forma llamaremos al RR, <u>Influencia Relativa</u> (<u>IR</u>).

Tras haber reducido a tablas de contingencia 2 x 2 los datos para cada factor, se obtuvieron los siguientes valores:

Variables ordenadas de menor a mayor IR

1. **Edad**   IR: $\dfrac{p\,(>40)}{p\,(\leq 40)} : \dfrac{6{,}065}{5{,}186} : 1{,}17$

2. **Relación**   IR: $\dfrac{p\,(\text{relación})}{p\,(\text{No relación})} : \dfrac{5{,}291}{4{,}192} : 1{,}26$

3. **Sanitario**   IR: $\dfrac{p\,(\text{No sanitario})}{p\,(\text{sanitario})} : \dfrac{6{,}448}{4{,}319} : 1{,}49$

4. **Sexo**   IR: $\dfrac{p\,(\text{mujer})}{p\,(\text{hombre})} : \dfrac{6{,}221}{4{,}139} : 1{,}50$

5. **Turno**   IR: $\dfrac{p\,(\text{No mañana})}{p\,(\text{mañana})} : \dfrac{7{,}098}{4{,}599} : 1{,}54$

6. **Contrato** IR: $\dfrac{p\,(\text{Fijos})}{p\,(\text{No fijos})} : \dfrac{6{,}587}{2{,}012} : 3{,}27$

<u>Queda</u>, <u>pues</u>, <u>evidenciada</u> objetivamente <u>la mayor asociación del Índice de absentismo con el tipo de Contrato (IR más del doble que cualquiera de los demás factores)</u>.

8. ASOCIACIÓN ENTRE DÍAS DE BAJA/DÍAS NO BAJA SEGÚN SEXO EN GRUPO DE FIJOS Y EN GRUPO DE FIJOS Y NO FIJOS

8.1. En el grupo de Fijos

Total	:		3.403
Hombres	:	- Número	: 1.124
		- Días contratados	: 381.160
		- Días de baja	: 18.694
Mujeres	:	- Número	: 2.279
		- Días contratados	: 764.435
		- Días de baja	: 56.766

Tabla de contingencia de Días de baja/Días No baja por sexo, hombre o mujer, en grupo de Fijos

Sexo	Días No Baja	Días Baja
Hombres	362.466	18.694
Mujeres	707.669	56.766

8.1.1. Comparación de índices de absentismo entre ambos sexos, en el grupo de Fijos:

$$\text{Índice de absentismo hombres} : \frac{18.694}{381.160} \times 100 = 4,905$$

Índice de absentismo mujeres : $\dfrac{56.766}{764.435} \times 100 = 7,426$

P1 : $4,904502 \times 10^{-2}$

P2 : $7,425877 \times 10^{-2}$

Error estándar : $4,607502 \times 10^{-4}$

Valor de la normal tipificada : 54,72326

Diferencia significativa con P < 0,001

8.2. En el grupo de No fijos

Total   : - Número   :   1.565
Hombres   : - Número   :   457
             - Días contratados   : 107.057
             - Días de baja   :   1.516
Mujeres   : - Número   :   1.108
             - Días contratados   : 233.512
             - Días de baja   :   5.323

Tabla de contingencia de Días de baja/Días No baja por sexo, hombre o mujer, en grupo de No fijos.

Sexo	Días No Baja	Días Baja
Hombres	105.541	1.516
Mujeres	228.189	5.323

8.2.1. Comparación de índices de absentismo entre ambos sexos, en el grupo de No fijos:

Índice de absentismo hombres : $\dfrac{1.516}{107.057} \times 100 = 1,416$

Índice de absentismo mujeres : $\dfrac{5.323}{233.512} \times 100 = 2,280$

P1 : $1,416068 \times 10^{-2}$

P2 : $2,279540 \times 10^{-2}$

Error estándar : $4,751777 \times 10^{-4}$

Valor de la normal tipificada : $18,17156$

Diferencia significativa con $P <$ $0,001$

Tabla de los índices de absentismo del grupo de hombres y del grupo de mujeres por agrupación de Fijos y No fijos

Sexo	Fijos	No fijos	Global
Hombres	4,904	1,416	4,139
Mujeres	7,425	2,279	6,221

9. ASOCIACIÓN ENTRE DÍAS DE BAJA/DÍAS NO BAJA Y GRUPOS DE EDAD EN LOS FIJOS Y NO FIJOS

9.1. En el grupo de Fijos

Índice Abs	:	- Grupo de Fijos :	6,586
Total	:	- Número :	3.403
Grupos de Edad			
Grupo < 31 a.	:	- Número :	338
		- Días contratados :	113.846
		- Días de baja :	9.000
Grupo 31 a 40 a.	:	- Número :	1.390
		- Días contratados :	469.245
		- Días de baja :	31.499
Grupo 41 a 50 a	:	- Número :	912
		- Días contratados :	314.862
		- Días de baja :	15.315
Grupo > 50 a	:	- Número :	736
		- Días contratados :	247.678
		- Días de baja :	19.646

Tabla de contingencia de Días de baja/Días No baja por sexo, hombre o mujer, en grupo de Fijos:

Grupos de edad	Días No Baja	Días Baja
< 31 a.	104.846	9.000
31 a 40 a.	437.746	31.499
41 a 50 a.	299.547	15.315
> 50 a.	228.032	19.646

9.1.1. Comparación de índices de absentismo entre el grupo de < 31 a. y el de 31 a 40 a.

$$\text{Índice de absentismo "< 31 a."} : \frac{9.000}{113.846} \times 100 = 7,905$$

$$\text{Índice de absentismo "31-40 a."} : \frac{31.499}{469.245} \times 100 = 6,713$$

P1 : $7,905416 \times 10^{-2}$

P2 : $6,712698 \times 10^{-2}$

Error estándar : $8,791764 \times 10^{-4}$

Valor de la normal tipificada : 13,56631

Diferencia significativa con $P < 0,001$

9.1.2. Comparación de índices de absentismo entre el grupo de < 31 a. y el grupo de 41 a 50 a.

Índice de absentismo "< 31 a." : $\dfrac{9.000}{113.846} \times 100 = 7,905$

Índice de absentismo "41 a 50ª." : $\dfrac{15.315}{314.826} \times 100 = 4,865$

P1 : $7,905416 \times 10^{-2}$

P2 : $4,864592 \times 10^{-2}$

Error estándar : $8,868489 \times 10^{-4}$

Valor de la normal tipificada : 34,28797

Diferencia significativa con P < 0,001

9.1.3. Comparación de índices de absentismo entre el grupo de < 31 a. y el de > 50 a.

Índice de absentismo "< 31 a." : $\dfrac{9.000}{113.846} \times 100 = 7,905$

Índice de absentismo "> 50ª." : $\dfrac{19.646}{247.678} \times 100 = 7,932$

P1 : $7,905416 \times 10^{-2}$

P2 : $7,932073 \times 10^{-2}$

Error estándar : $9,666205 \times 10^{-4}$

Valor de la normal tipificada : 0,275772

Diferencia No significativa

9.1.4. Comparación de índices de absentismo entre el grupo de 31 a 40 a. y el grupo de 41 a 50 a.

Índice de absentismo "31-40 a." : $\dfrac{31.499}{469.245} \times 100 = 6,713$

Índice de absentismo "41 a 50ª." : $\dfrac{15.315}{314.826} \times 100 = 4,865$

P1 : $6,712698 \times 10^{-2}$

P2 : $4,864592 \times 10^{-2}$

Error estándar : $5,295759 \times 10^{-4}$

Valor de la normal tipificada : 34,89786

Diferencia significativa con P < 0,001

9.1.5. Comparación de índices de absentismo entre el grupo de 31 a 40 a. y el grupo de > 50 a.

Índice de absentismo "31-40 a." : $\dfrac{31.499}{469.245} \times 100 = 6,713$

Índice de absentismo "> 50ª." : $\dfrac{19.646}{247.678} \times 100 = 7,932$

P1 : $6,712698 \times 10^{-2}$

P2 : $7,932073 \times 10^{-2}$

Error estándar : $6,544501 \times 10^{-4}$

Valor de la normal tipificada : 18,63205

Diferencia significativa con P < 0,001

9.1.7. Comparación de índices de absentismo entre el grupo de 41 a 50 a. y el > 50 a.

Índice de absentismo "41 a 50ª." : $\dfrac{15.315}{314.826} \times 100 = 4{,}865$

Índice de absentismo "> 50ª." : $\dfrac{19.646}{247.678} \times 100 = 7{,}932$

P1 : $4{,}864592 \times 10^{-2}$

P2 : $7{,}932073 \times 10^{-2}$

Error estándar : $6{,}647215 \times 10^{-4}$

Valor de la normal tipificada : $46{,}14686$

Diferencia significativa con P < $0{,}001$

9.2. En el grupo de No fijos

Índice Abs.	:	- Grupo No fijos :	1,907
Total	:	- Número :	1.565

Grupos de Edad

Grupo < 31 a.	:	- Número :	1.135
		- Días contratados :	264.728
		- Días de baja :	4.465
Grupo 31 a 40 a.	:	- Número :	274
		- Días contratados :	61.612
		- Días de baja :	1.259
Grupo 41 a 50 a	:	- Número :	108
		- Días contratados :	20.646
		- Días de baja :	610
Grupo > 50 a	:	- Número :	48
		- Días contratados :	11.687
		- Días de baja :	505

Tabla de contingencia de Días de baja/Días No baja por sexo, hombre o mujer, en grupo de No fijos.

Grupo edad	Días No Baja	Días Baja
< 31 a.	260.263	4.465
31 a 40 a.	60.253	1.259
41 a 50 a.	20.036	610
> 50 a.	11.182	505

9.2.1. Comparación de índices de absentismo entre el grupo de <31 a. y el grupo de 31 a 40 a.

Índice de absentismo "< 31 a." : $\dfrac{4.465}{264.728} \times 100 = 1,687$

Índice de absentismo "31-40 a." : $\dfrac{1.259}{61.512} \times 100 = 2,047$

P1 : $1,686637 \times 10^{-2}$

P2 : $2,046755 \times 10^{-2}$

Error estándar : $6,233522 \times 10^{-4}$

Valor de la normal tipificada : 5,77712

Diferencia significativa con P < 0,001

9.2.2. Comparación de índices de absentismo entre el grupo de <31 a. y el grupo de 41 a 50 a.

Índice de absentismo "< 31 a." : $\dfrac{4.465}{264.728} \times 100 = 1,687$

Índice de absentismo "41 a 50ª." : $\dfrac{610}{20.646} \times 100 = 2,955$

P1 : $1,686637 \times 10^{-2}$

P2 : $2,954567 \times 10^{-2}$

Error estándar : $1,204747 \times 10^{-4}$

Valor de la normal tipificada : 10,52445

Diferencia significativa con P < 0,001

9.2.3. Comparación de índices de absentismo entre el grupo de <31 a. y el grupo de >50 a.

Índice de absentismo "< 31 a." : $\dfrac{4.465}{264.728} \times 100 = 1,687$

Índice de absentismo "> 50ª." : $\dfrac{505}{11.687} \times 100 = 4,321$

P1 : $1,686637 \times 10^{-2}$

P2 : $4,321040 \times 10^{-2}$

Error estándar : $1,897414 \times 10^{-4}$

Valor de la normal tipificada : 13,88418

Diferencia significativa con P < 0,001

9.2.4. Comparación de índices de absentismo entre el grupo de 31 a 40 a. y el grupo de 41 a 50 a.

Índice de absentismo "31-40 a." : $\dfrac{1.259}{61.512} \times 100 = 2,047$

Índice de absentismo "41 a 50ª." : $\dfrac{610}{20.646} \times 100 = 2,955$

P1 : $2,046755 \times 10^{-2}$

P2 : $2,954567 \times 10^{-2}$

Error estándar : $1,309469 \times 10^{-4}$

Valor de la normal tipificada : 6,932675

Diferencia significativa con P < 0,001

9.2.5. Comparación de índices de absentismo entre el grupo de 31 a 40 a. y el grupo de >50 a.

Índice de absentismo "31-40 a." : $\dfrac{1.259}{61.512} \times 100 = 2{,}047$

Índice de absentismo "> 50ª." : $\dfrac{505}{11.687} \times 100 = 4{,}321$

P1 : $2{,}046755 \times 10^{-2}$

P2 : $4{,}321040 \times 10^{-2}$

Error estándar : $1{,}965572 \times 10^{-3}$

Valor de la normal tipificada : 11,5706

Diferencia significativa con P < 0,001

9.2.6. Comparación de índices de absentismo entre el grupo de 41 a 50 a. y el grupo de >50 a.

Índice de absentismo "41 a 50ª." : $\dfrac{610}{20.646} \times 100 = 2{,}955$

Índice de absentismo "> 50ª." : $\dfrac{505}{11.687} \times 100 = 4{,}321$

P1 : $2{,}954567 \times 10^{-2}$

P2 : $4{,}321040 \times 10^{-2}$

Error estándar : $2{,}219532 \times 10^{-3}$

Valor de la normal tipificada : 6,156583

Diferencia significativa con P < 0,001

Tabla de los índices de absentismo por grupos de edad en Fijos y No fijos.

Grupo edad	Fijos	No fijos	Global
< 31 a.	7,905	1,686	3,332
31 a 40 a.	6,712	2,046	6,171
41 a 50 a.	4,864	2,454	4,747
> 50 a.	7,932	4,321	7,208
Globales	6,586	2,012	5,537

En las dos páginas siguientes se exponen las representaciones gráficas de las tendencias entre edad y los índices de absentismo.

El gráfico 35, representa la tendencia de la relación entre ña edad y el índice de absentismo cuando se estudia en la población global de la empresa.

El gráfico 36, representa la misma relación pero en la población de Fijos (este grupo con 3.403 individuos representa el 68,61% de la población estudiada).

El gráfico 37, representa la relación mencionada en el grupo de los No fijos.

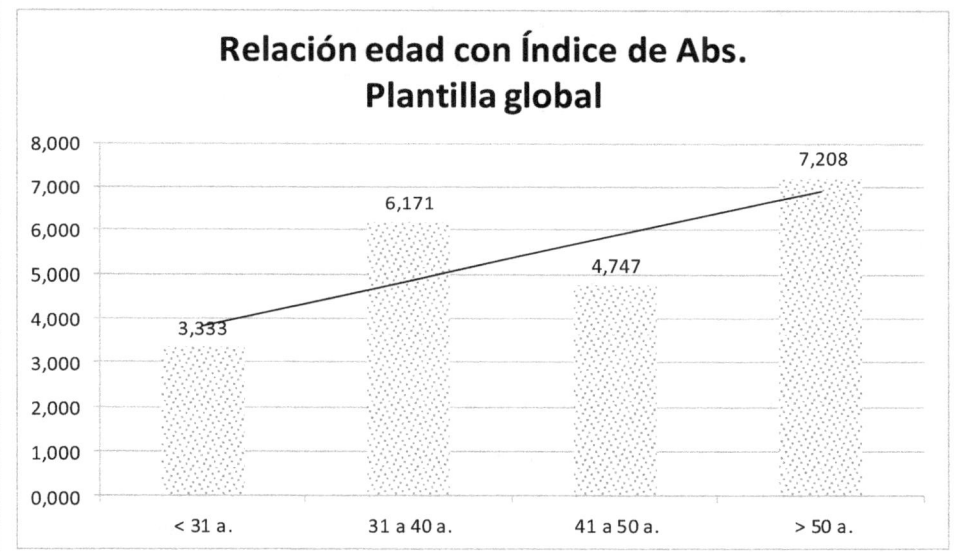

Gráfico 35

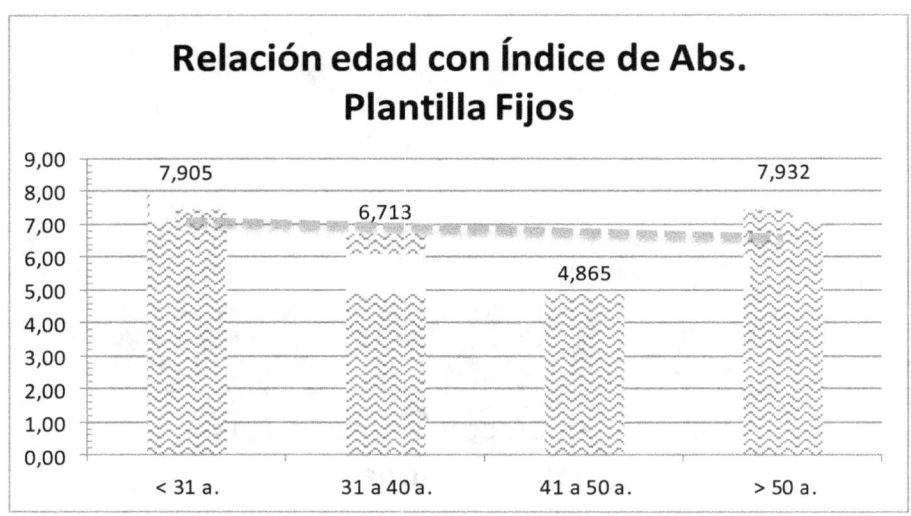

Gráfico 36

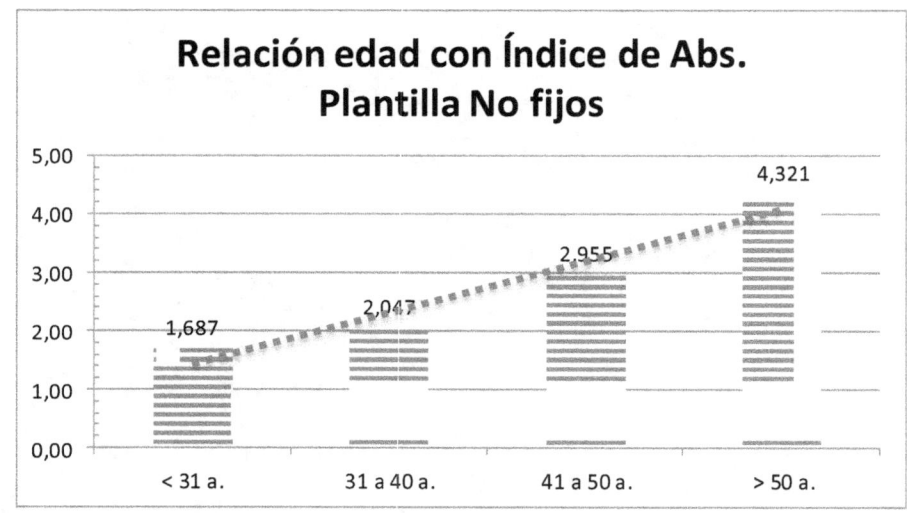

Gráfico 37

10. ASOCIACIÓN ENTRE DÍAS DE BAJA/DÍAS NO BAJA Y GRUPOS DE PERSONAL SANITARIO Y NO SANITARIO EN LAS CATEGORÍAS DE CONTRATACIÓN

10.1. En el grupo de Fijos

Total	: – Número	:	3.403
sanitario	: – Número	:	1.451
	– Días contratados	:	468.636
	– Días de baja	:	24.803
No sanitarios	: – Número	:	1.952
	– Días contratados	:	676.959
	– Días de baja	:	50.657

Tabla de contingencia de Días de baja/Días No baja por grupo personal sanitario y grupo personal no sanitario, en categoría de Fijos.

Tipo	Días No Baja	Días Baja
sanitario	443.833	24.803
No sanitario	626.302	50.657

10.1.1. Comparación de índices de absentismo entre grupo de sanitarios y grupo de No sanitarios

$$\text{Índice de absentismo sanitarios} : \frac{24.803}{468.636} \times 100 = 5,293$$

Índice de absentismo No sanitarios : $\dfrac{50.657}{676.959} \times 100 = 7{,}483$

P1 : $5{,}292594 \times 10^{-2}$

P2 : $7{,}483023 \times 10^{-2}$

Error estándar : $4{,}574124 \times 10^{-4}$

Valor de la normal tipificada : 47,88742

Diferencia significativa con P < 0,001

10.2. En el grupo de No fijos

Total	:	- Número :	1.565
sanitario	:	- Número :	661
		- Días contratados :	167.074
		- Días de baja :	2.654
No sanitarios	:	- Número :	904
		- Días contratados :	173.495
		- Días de baja :	4.185

Tabla de contingencia de Días de baja/Días No baja por grupo personal sanitario y grupo personal no sanitario, en categoría de No fijos

Tipo	Días No Baja	Días Baja
Sanitario	164.420	2.654
No sanitario	169.310	4.185

10.2.1. Comparación de índices de absentismo entre grupo de sanitarios y grupo de No sanitarios en el grupo de los No Fijos

Índice de absentismo sanitarios : $\dfrac{2.654}{167.074} \times 100 = 1,589$

Índice de absentismo No sanitarios : $\dfrac{4.185}{173.495} \times 100 = 2,412$

P1 : $1,588518 \times 10^{-2}$

P2 : $2,412173 \times 10^{-2}$

Error estándar : $4,787993 \times 10^{-4}$

Valor de la normal tipificada : $17,20252$

Diferencia significativa con $P < 0,001$

Tabla de los índices de absentismo del grupo de personal sanitario y del grupo de personal no sanitario en las categorías de Fijos y No fijos.

Grupos	Fijos	No fijos	Global
sanitario	5,292	1,588	4,319
No sanitario	7,483	2,412	6,448

11. ASOCIACIÓN ENTRE DÍAS DE BAJA/DÍAS NO BAJA Y EL GRUPO DE PERSONAL QUE TIENE RELACIÓN DIRECTA CON EL PACIENTE Y EL QUE NO LA TIENE, EN LOS GRUPOS DE FIJOS Y NO FIJOS

11.1. En el grupo de Fijos

```
Total         : - Número          :    3.403
con relación  : - Número          :    2.585
                - Días contratados:  862.019
                - Días de baja    :   62.714
no relación   : - Número          :      818
                - Días contratados:  283.576
                - Días de baja    :   12.746
```

Tabla de contingencia de Días de baja/Días No baja por grupo personal con relación directa con el paciente y el grupo sin ella, en categoría de Fijos

Grupos	Días No Baja	Días Baja
con relación	799.305	62.714
sin relación	270.830	12.746

11.1.1. Comparación de índices de absentismo entre personal con relación con el paciente y sin ella, en el grupo de los Fijos:

$$\text{Índice de absentismo grupo personal con relación paciente} : \frac{62.714}{862.019} \times 100 = 7,275$$

Índice de absentismo grupo personal sin relación paciente : $\dfrac{12.746}{283.576} \times 100 = 4{,}495$

P1 : $7{,}275246 \times 10^{-2}$

P2 : $4{,}494739 \times 10^{-2}$

Error estándar : $4{,}792029 \times 10^{-4}$

Valor de la normal tipificada : 58,02358

Diferencia significativa con $P <$ 0,001

11.2. En el grupo de No fijos

Total   : - Número   : 1.565
con relación : - Número   : 1.364
              - Días contratados : 293.882
              - Días de baja   : 5.738
no relación   : - Número   : 201
              - Días contratados : 46.687
              - Días de baja   : 1.101

Tabla de contingencia de Días de baja/Días No baja por grupo personal con relación directa con el paciente y el grupo sin ella, en categoría de Fijos.

Grupos	Días No Baja	Días Baja
con relación	288.144	5.738
sin relación	45.586	1.101

11.2.1. Comparación de índices de absentismo entre personal con relación con el paciente y sin ella, en el grupo de los No fijos:

Índice de absentismo grupo personal con relación paciente : $\dfrac{5.738}{293.882} \times 100 = 1,952$

Índice de absentismo grupo personal sin relación paciente : $\dfrac{1.101}{46.687} \times 100 = 2,358$

P1 : $1,952484 \times 10^{-2}$

P2 : $2,358258 \times 10^{-2}$

Error estándar : $7,472278 \times 10^{-4}$

Valor de la normal tipificada : $5,430391$

Diferencia significativa con $P < 0,001$

Tabla de los índices de absentismo del grupo personal con relación directa con el paciente y el grupo sin ella, en las categorías de Fijos y No fijos.

Grupos	Fijos	No fijos	Global
con relación	7,275	1,952	5,921
sin relación	4,494	2,358	4,192

12. ASOCIACIÓN ENTRE DÍAS DE BAJA/DÍAS NO BAJA Y TURNOS DE TRABAJO, EN LOS GRUPOS DE FIJOS Y NO FIJOS

12.1. En el grupo de Fijos

```
Total                :  - Número           :      3.403
Turno mañana         :  - Número           :      2.106
                        - Días contratados :    701.732
                        - Días de baja     :     38.581
Turnos tarde + noche :  - Número           :      1.297
                        - Días contratados :    443.863
                        - Días de baja     :     36.879
```

Tabla de contingencia de Días de baja/Días No baja por grupo personal con turno de mañana y grupo de turno de "no mañana" (tarde + noche), en grupo de fijos.

Grupos	Días No Baja	Días Baja
turno mañana	663.151	38.581
turnos no mañana	406.984	36.879

12.1.1. Comparación de índices de absentismo entre turno de mañana y no mañana (tarde y noche), en el grupo de los Fijos

$$\text{Índice de absentismo mañana} : \frac{38.581}{701.732} \times 100 = 5,498$$

$$\text{Índice de absentismo no mañana} : \frac{36.879}{443.863} \times 100 = 8,309$$

P1	:	$5,497968 \times 10^{-2}$
P2	:	$8,308645 \times 10^{-2}$
Error estándar	:	$4,956586 \times 10^{-4}$
Valor de la normal tipificada	:	$56,7059$
Diferencia significativa con $P <$		$0,001$

12.2. En el grupo de No fijos

Total	:	- Número	:	1.565
turno mañana	:	- Número	:	1.057
		- Días contratados	:	225.981
		- Días de baja	:	4.081
turnos tarde + noche	:	- Número	:	508
		- Días contratados	:	114.588
		- Días de baja	:	2.758

Tabla de contingencia de Días de baja/Días No baja por grupo personal con turno de mañana y grupo de turno de no mañana (tarde + noche), en grupo de fijos.

Grupos	Días No Baja	Días Baja
turno mañana	221.900	4.081
turnos no mañana	111.830	2.758

12.2.1. Comparación de índices de absentismo entre turno de mañana y no mañana (tarde y noche), en el grupo de los No fijos:

Índice de absentismo mañana : $\dfrac{4.081}{225.981} \times 100 = 1,806$

Índice de absentismo no mañana : $\dfrac{2.758}{114.588} \times 100 = 2,407$

P1 : $1,805904 \times 10^{-2}$

P2 : $2,406884 \times 10^{-2}$

Error estándar : $5,324115 \times 10^{-4}$

Valor de la normal tipificada : $11,28788$

Diferencia significativa con $P < 0,001$

Tabla de los índices de absentismo del grupo personal con turno de mañana y grupo de personal con turnos de no mañana (tarde + noche), en las categorías de Fijos y No fijos.

Grupos	Fijos	No fijos	Global
turno mañana	5,497	1,805	4,598
turnos no mañana	8,308	2,406	7,097

Bloque 4.

DISCUSIÓN Y COMENTARIOS

DISCUSIÓN Y COMENTARIOS

SUMARIO

PRIMERA FASE (BASE DE DATOS AGRUPADOS)

1. Distribución de la plantilla

2. Causas de ausencias por contrato y global

   2.1. Indicadores de ausencias

       2.1.1. Indicadores y las causas de ausencia imputadas en los índices

       2.1.2. Ausencias imputadas en los índices por I.L.T. frente a las faltas

       2.1.3. Permisos sin sueldo frente a las faltas

   2.2. Por tipo de ausencia

       2.2.1. > 3 días

       2.2.2. < 4 días

       2.2.3. Maternidad

       2.2.4. Accidentes de trabajo

   2.3. Pesos de las diferentes causas de ausencia en los indicadores (Listado por importancia decreciente)

       2.3.1. Días de baja

       2.3.2. Empleados de baja (bajas)

       2.3.3. Días de baja/baja

3. Índices de absentismo

4. Categorías profesionales

   4.1. Personal Directivo

   4.2. Facultativos

4.3. Residentes

4.4. A.T.S.

4.5. Fisioterapeutas

4.6. Matronas

4.7. Auxiliares de Enfermería

4.8. Otro personal sanitario

4.9. Administrativos

4.10. Otro Personal No sanitario

SEGUNDA FASE (BASE DE DATOS INDIVIDUALIZADOS)

ASOCIACIONES

1. CONTRATO E INDICE DE ABSENTISMO

  1.1. Sobre el total de la plantilla

  1.2. Estratificación por grupos de edad

2. EDAD E ÍNDICE DE ABSENTISMO

  2.1. Comparación de índices de Abs. por grupos de edad en la plantilla global (Fijos + No fijos)

  2.2. Comparación de los índices de Abs. por grupos de edad estratificados por las subpoblaciones de Fijos y No fijos

    2.2.1. Subpoblación de Fijos

    2.2.2. Subpoblación de No fijos

3. SEXO E ÍNDICE DE ABSENTISMO

4. SER SANITARIO O NO SANITARIO E ÍNDICE DE ABSENTISMO

5. RELACIÓN CON EL PACIENTE E ÍNDICE DE ABSENTISMO

6. TURNO DE TRABAJO E ÍNDICE DE ABSENTISMO

DISCUSIÓN Y COMENTARIOS

El estudio de investigación se ha realizado en dos fases. La primera Fase ha sido realizada con la Base de Datos agregados (suministrada por la empresa) la cual ofrece los ratios e índices ya calculados por la empresa y en la cual no constan los días de contrato y las edades se presentan en una matriz de datos separada del resto de datos. La segunda Fase, y vistos los resultados de la primera, fue realizada con la Base de Datos Individualizada (anonimizada) la cual se diseñó y utilizó para buscar y establecer asociaciones entre diferentes variables y con la cual el investigador calcula todos los ratios e índices que utiliza en su estudio.

PRIMERA FASE. (BASE DE DATOS AGRUPADOS)

Una vez realizada la distribución de la población de la empresa tanto en número, edad media, tipos de Ausencia e indicadores de Ausencias, tanto en su cómputo global como en las subpoblaciones por contrato se van a describir dichas características de forma integrada.

1. DISTRIBUCIÓN DE LA PLANTILLA.

La población de empleados en esta empresa no es estable, varía mensualmente con unos valores que oscilan entre 3.995 en Enero hasta 4.536 en el mes de Agosto. Siendo el valor al final del año de 4.246. La plantilla total, pues, se ha calculado promediando los empleados por mes dando un valor aproximado 4.218. La edad media de la población es de 38 +/- 7 años.

Por lo relativo a la distribución por sexo, encontramos una población masculina de 1.381 y una población femenina de 2.837. Los Hombres representan el 33% y las Mujeres el 67%, con una proporción de 2 mujeres por cada hombre. Una distribución por edades de 42 +/- 9 años en los hombres y en las mujeres de 37 +/- 9 años.

La oscilación de plantilla en las mujeres se encuentra entre las 2.652 del mes de Enero y las 3.964 del mes de Septiembre. Con una variación de 1.332 entre el valor máximo y el mínimo. Contabilizándose al final del año 2.848. Edad media 37 +/- 9 años. Con una oscilación de 3.094 el mes de Julio y de 2.652 el mes de Enero.

En el grupo hombres existen menos variaciones. El mes de Abril contiene la cifra mínima con 1.319 y la máxima se encuentra en el mes de Agosto con 1.442 empleados varones. Observamos una oscilación de 123 empleados entre plantilla máxima y mínima. El año se inició con 1.343 y finalizó con 1.398. La edad media es de 42 +/- 9 años. El máximo con 1.442 en Agosto y el mínimo con 1.319 en Abril.

Estas oscilaciones de plantilla nos llevan al estudio de uno de los factores que provoca la variación del número de empleados durante el año, este es el factor contratación. Fijos, Interinos y Eventuales.

La plantilla de FIJOS presenta una variación entre un máximo de 3.265 en Abril y un mínimo de 3.144 en Noviembre. Inicia el año con 3.228 y lo acaba con 3.238. Con una media de 3.215. La proporción sobre el total es del 76'3%. Las cifras por sexo presentan estas distribuciones. En el grupo de hombres, una media de 1.071 y el de mujeres de 2.144. Las mujeres representan el 67% y los hombres el 33%. La edad media de la subpoblación de hombres es de 46 +/- 7 a. y en la de mujeres la edad media es de 39 +/- 7. La edad media global es de 41 +/- 7.

La plantilla de INTERINOS presenta el mínimo del año en el mes de Enero con 46 y con un máximo en el mes de Septiembre con 610. El año finaliza con 73 empleados. La plantilla promedio es de 262 empleados. Su proporción sobre el total es del 6'2%. La distribución por sexos es la de 184 mujeres frente a 78 hombres, con una proporción de 70% Mujeres y 30% Hombres. La variación es de 564 empleados. Edad media en mujeres es de 29 +/- 5 y en hombres 32 +/- 6. La edad media global es de 28 +/- 5.

La plantilla de EVENTUALES varía entre un mínimo de 631 en Febrero y un máximo de 935 en Diciembre. El año se inició con 661. El promedio durante el año de esta categoría es de 739, los hombres con 233 (68'5%) y las mujeres con 506 (31'5%). La proporción sobre el total es del 17'5%. La variación es de 304 empleados. El grupo hombres en esta contratación tiene una edad media de 30 +/- 4 y el grupo mujeres de 28 +/- 6. La edad media global es de 29 +/- 5.

2. CAUSAS DE AUSENCIAS POR CONTRATO Y GLOBAL

2.1. Indicadores de las Ausencias

El total de días de ausencia durante 1988 fue de 82.146, hubo 6.932 bajas registradas, el promedio de días de baja (ausencias) por baja registrada fue de 11'85 días/baja.

Estos indicadores se pueden estudiar por el peso sobre cada causa de ausencia computadas a los índices de absentismo y sobre los permisos sin sueldo.

2.1.1. Indicadores y las causas de ausencia imputadas a índices

El total de días de ausencia exceptuando las Faltas y los Permisos sin Sueldo (P.S.S.) durante 1988 fue de 81.470 con 6.568 bajas registradas, el promedio de días de baja por baja registrada fue de 12,36 días/baja.

Las bajas de más de 3 días vienen registradas por el calificativo Enfermedad I.N.P., estas con 55.375 días de baja son la 1ª causa con el 67'54%. Se registraron 3.250 bajas siendo también la 1ª variable que representa el 46'91% del total de bajas registradas. El promedio de días baja (ausencia) por baja registrada es de 17,03 días, frente a los 12,36 del promedio total.

Los Accidentes de Trabajo con 11.229 días ausentes, se encuentran en el 2º lugar por días de baja. En cambio con 331 bajas registradas, con un 9'0%, están en 3º lugar y con una duración de 18'02 días ausentes por baja registrada.

Las bajas denominadas "Enfermedad empresa y empleado" son las de 3 o menos de 3 días y suponen con sus 7.014 días de baja el 8'55%, es la 4ª causa. En esta modalidad se registraron 2.371 bajas representando el 34,28% sobre el total, es la 2ª causa en dicha modalidad. El promedio de días de baja por baja es de 2'95.

Las bajas por maternidad están en 3º lugar con el 9'58% y sus 7.852 días de baja en el 4º puesto, representando el 4'96% con 343 bajas registradas. La duración media de la baja registrada fue de 22,89 días, siendo las más largas.

2.1.2. Ausencias imputadas en los índices por I.L.T. frente a las Faltas

Las Faltas están en el 5º lugar en todos los indicadores, con 520 días (0'65 %), bajas 331 (4'78%) y con 1,57 días/baja por baja registrada.

Los días de baja por I.L.T. (Incapacidad Laboral Transitoria, vistas en punto 2.1.1) fueron 81.470 frente a los 520 de las Faltas, dándose una media de 157 días de ausencia por I.L.T. frente a 1 por Falta. En cuanto a las bajas registradas, las I.L.Ts. registraron 6.588 frente a las 331 de las Faltas. Las Faltas tienen una duración promedio de 1,57 días frente a los 12,36 días de las I.L.TS.

2.1.3. Permisos sin sueldo (P.S.S.) frente a Faltas

Los Permisos sin sueldo computaron 156 días de ausencia frente a los 520 de las Faltas. Los Permisos sin sueldo fueron registrados durante los doce meses de 1988 un total de 13 veces con una duración media de 12 días, frente a las Faltas con 331 registros y 1,57 días por episodio.

2.2. Indicadores y causas de ausencias por contrato

2.2.1. Indicadores y causas imputables a índices, por contrato

Los FIJOS tienen 74.284 días de bajas, que representa el 91'3% sobre el total, frente a los INTERINOS con 1.530 representando el 1'88% y a los EVENTUALES con 5490 días que representa el 6'82% del total.

Los FIJOS tienen 5.788 bajas registradas, con un 87'9% sobre el peso total, mientras los INTERINOS presentan con 158 bajas el 2'29% y los EVENTUALES con 677 el 9'81%.

La duración de las bajas oscila en primer lugar desde los FIJOS con 12'24 días por baja registrada, pasando en segundo lugar por los INTERINOS con 9'68 días por baja y terminado en tercer lugar con los EVENTUALES con 8'19 días por baja.

2.2.2. Por tipos de ausencia

Si nos fijamos en el tipo de ausencia (motivo de baja) y en el tipo de contrato, en base a los datos, es obvio que el índice que nos da más información es le presentado como días/empleado y que se refiere a la duración media de las bajas registradas.

2.2.2.1. < de 3 días

Los interinos son los que presentan la duración más prolongada y los eventuales la duración más corta.

2.2.2.2. > de 4 días

Por la duración propia de la baja, las tres categorías presentan entre 2,51 y 2,65.

2.2.2.3. Maternidad

Las de más duración propia son las de los Interinos con 26,50 días medios de baja, las de menos duración son las de los Eventuales estando muy próximas a los Fijos (22,45 frente a 22,86).

2.2.2.4. Accidentes de trabajo

Las de menos duración son las de los Interinos con 8,50 días por baja. La de más duración son las de los Fijos con 17,68 días por baja y los Eventuales presentan 16,91 días por baja.

2.3. Pesos de las diferentes causa de ausencia en os indicadores (listado por importancia decreciente)

    2.3.1. Días de baja (de mayor a menor días de baja)

        1.º - Baja de > 3 días

        2.º - Accidente de trabajo

        3.º - Maternidad

        4.º - Baja de < de 4 días

    2.3.2. Empleados de baja (bajas)(de mayor a menor)

        1.º - Baja de > 3 días

        2.º - Baja de < de 4 días

        3.º - Accidente de trabajo

        4.º - Maternidad

2.3.3. Días de baja/baja (de mayor a menor)

    1.º- Maternidad

    2.º- Accidente de trabajo

    3.º- Baja de > 3 días

    4.º- Baja de < de 4 días

3. INDICES DE ABSENTISMO

Durante 1988 se observa una variación mensual de los índices de absentismo que oscila entre un máximo de 9,64, en el mes de Abril, a un mínimo de 6,04, en el mes de Septiembre.

Esta variación conduce a la investigación del sujeto de esta variación, o sea, el número de empleados de la plantilla. El estudio del número de empleados nos muestra una variación de la población a estudio, que presenta una cierta correlación con la variación de los índices de absentismo. Seguidamente, en el proceso de investigación, se dividió la plantilla en tres sub-grupos o poblaciones (Plantilla de Fijos, de Interinos y de Eventuales) y se estudió su variación mensual y se relacionó con la variación que presentan tanto los índices de absentismo globales (de toda la plantilla) como los índices de absentismo de cada grupo.

El siguiente paso en el proceso de análisis fue el de comparar los índices de absentismo de los tres subgrupos a estudios entre sí (se compararon los índices de Abs ponderados por el número de empleados máximos y mínimos).

	Máximo	Mínimo	Global
Fijos	11,25	7,39	9,65
Eventuales	4,64	1,84	2,99
Interinos	5,59	0,75	2,21

Las variaciones se estudian por categoría profesional. Los máximos y los mínimos que se registraron son; para los Fijos el máximo es de 12,86 en la categoría "Otro personal No sanitario (O.P.N.S.)" y el mínimo en los Facultativos con 2,84. Para los Eventuales, el máximo es de 5,70 y el máximo de 0,91 para Administrativos y Facultativos respectivamente. Los Interinos tienen en la categoría "Otro personal No sanitario (O.P.N.S.)" un índice de 4,03 que representa el máximo y el mínimo viene representado por 0,15 en "Otro personal sanitario (O.P.S.)". En el Total de la plantilla el máximo es de 10,33 para Administrativos y el mínimo de 2,73 para Facultativos.

Siguiente tabla con los índices de absentismo de cada subgrupo y del global con los máximos y mínimos por categoría profesional. No se incluyen Matronas y Fisioterapeutas por el pequeño número de individuos que las componen, tampoco se incluyen a los Directivos por presentar índice 0 de absentismo, los residentes se eliminan por no estar presentes en las tres categorías.

	Máximo	Mínimo
Fijos	12,36 O.P.N.S.	2,84 Facultat
Eventuales	4,64 Administ	0,91 Facultat
Interinos	4,03 O.P.N.S.	0,15 O.P.S.
Global	10,33 O.P.N.S.	2,73 Facultat

Si en el análisis anterior se elimina la categoría profesional "facultativos", los resultados de la tabla anterior se modifican dando el siguiente escenario:

	Máximo	Mínimo
Fijos	12,36 O.P.N.S.	4,49 Administ
Eventuales	4,64 Administ	2,62 O.P.N.S.
Interinos	4,03 O.P.N.S.	0,15 O.P.S.
Global	10,33 O.P.N.S.	4,48 Administ

4. CATEGORÍAS PROFESIONALES

Este trabajo de investigación no tiene como hipótesis de trabajo la comparación del absentismo entre las categorías profesionales en la organización sanitaria, pero no se cuestiona la influencia del factor categoría profesional sobre la motivación del individuo en un puesto determinado de trabajo. No obstante, a pesar de que no se buscará el nivel de asociación entre el valor del índice de absentismo y la categoría profesional (ver conclusiones), se describen en este apartado los índices de absentismo de las mismas, con la intención de reseñar las diferencias entre unos y otros. En el apartado de asociaciones se han agrupado las categorías profesionales en cuatro grandes bloques, esos son: sanitario, no sanitario, personal con relación directa con el paciente y personal sin relación con el paciente.

Las categorías profesionales vienen distribuidas en 10 grupos o categorías. Se presenta cada categoría profesional por: número de empleados y proporciones, edad media global y por subgrupo según tipo de contrato, causas de ausencia e indicadores por tipo de contrato y el global, índices de absentismo global y por contrato.

Estos 10 grupos son:
- 4.1. Personal Directivo
- 4.2. Facultativos
- 4.3. Residentes
- 4.4. A.T.S.
- 4.5. Fisioterapeutas
- 4.6. Matronas
- 4.7. Auxiliares de Enfermería
- 4.8. Otro personal sanitario
- 4.9. Administrativos
- 4.10. Otro personal no sanitario

4.1. PERSONAL DIRECTIVO

La media de empleados de esta categoría fue de 11, representando el 0'3% sobre el total de las categorías. Mujeres 4 y Hombres 7. Su edad media fue de 36 +/- 6. Edad media en hombres 36 +/-7 y en mujeres 37 +/- 4.

FIJOS 9 (77'9% del Personal Directivo), hombres 5 y mujeres 4. Edad media en hombres 40 +/- 5, en mujeres 37 +/- 4. Edad media global 38 +/- 5.

INTERINOS hubo 0.16 (1'5%), de la categoría de hombres y ninguna mujer. Edad 31 +/- 5 años.

EVENTUALES 2.25 (20'6%), hombres y ninguna mujer. Edad media 30 +/- 5.

Este grupo presenta, utilizando los registros de la base de datos e índices de la empresa, un índice de absentismo de cero.

4.2. FACULTATIVOS

La media de empleados de esta categoría fue de 485 que sobre el total de categorías es el 11'5%. Mujeres 121 con una e.m. de 42 +/- 7 y hombres 365 con una e.m. de 46 +/- 7. E.m. global 45 +/- 8.

FIJOS 429 (88'4% de Los Facultativos), edad media de 47+/- 6. Hombres 325 con una edad media de 48 +/- 7 y 104 mujeres con 44 +/- 6 años.

INTERINOS 42 (8'7%) con 33 +/- 6 e.m. Presentan 30 Hombres con 33 +/- 7 de e.m. y 13 mujeres con una e.m. de 32 +/- 5.

EVENTUALES 14 (2'8%) con una e.m. de 33 +/- 5. Hombres 10 y e.m. 33 +/- 6 y mujeres 4 y una e.m. 32 +/- 5.

Por causas de ausencia:

		Días	Bajas	Días/Baja
1) > 3 días	Fijos	2573	133	19'34
	Interinos....	115	5	23'00
	Eventuales...	30	1	30'00
	Global.......	2718	139	19'55
2) MATERNIDAD	Fijos	145	6	24'16
	Interinos....	106	4	26'50
	Eventuales...	0	0	00'00
	Global.......	251	10	25'10
3) < 4 días	Fijos	148	50	2'96
	Interinos....	14	3	4'66
	Eventuales...	0	0	0'00
	Global......	162	53	3'056
4) ACC.TRABAJO	Fijos	85	8	10'62
	Interinos....	0	0	00'00
	Eventuales...	0	0	00'00
	Global.......	85	8	10'62

```
5) FALTAS        Fijos .......     0       0      00'00
                 Interinos....     0       0      00'00
                 Eventuales...     0       0      00'00
                                   -       -      -----
                 Global.......     0       0      00'00

Total            Fijos........  2951     197      14'97
                 Interinos....   235      12      19'58
                 Eventuales...    30       1      30'00
                                ----     ---      -----
                 Global....... 3216     210      15'31
```

Índices de absentismo: esta categoría presenta un índice de absentismo que oscila entre un mínimo de 0,91 en Eventuales y un máximo de 2,84 en Fijos. Los Interinos presentan un índice de 2,29. La media global (juntando los tres grupos) es de 2,73 frente a un índice (en base a los criterios de la empresa, pero no de este estudio de investigación) de 8,03 para el total de la empresa (índice calculado por la empresa).

Hay que hacer notar que la plantilla de los Eventuales está compuesta tan solo por 14 efectivos y hay tan solo una baja registrada.

4.3. RESIDENTES (MEDICOS INTERNOS RESIDENTES)

La media de residentes fue de 186 (4'4% sobre el total de categorías) con una e.m. de 26 +/- 3. Hombres 114, e.m. de 26 +/- 3 y 71 mujeres con una e.m. de 26 +/- 3 años.

La contratación de los residentes se incluye dentro de las Eventuales.

Por causas de ausencia:

		Días	Bajas	Días/Baja
1) > 3 días	Fijos	-	-	--'--
	Interinos....	-	-	--'--
	Eventuales...	332	21	15'80
	Global.......	332	21	15'80
2) MATERNIDAD	Fijos	-	-	-'--
	Interinos....	-	-	-'--
	Eventuales...	163	8	20'37
	Global.......	163	8	20'37
3) ACC.TRABAJO	Fijos	-	-	-'--
	Interinos....	-	-	-'--
	Eventuales...	16	2	8'00
	Global.......	16	2	8'00
4) < 4 días	Fijos	-	-	-'--
	Interinos....	-	-	-'--
	Eventuales...	42	15	2'80
	Global......	42	15	2'80
5) FALTAS	Fijos	-	-	-'--
	Interinos....	-	-	-'--
	Eventuales...	0	0	0'00
	Global.......	0	0	0'00
Total	Fijos........	-	-	-'--
	Interinos....	-	-	-'--
	Eventuales...	553	46	12'02
	Global.......	553	46	12'02

Índices de absentismo: este grupo se encuentra tan solo en la población de Eventuales y se caracteriza por su edad media que es de 26 +/- 3 años. Estando muy próxima a la edad media del subgrupo de Eventuales con 28 +/-6 años, frente a la edad media la plantilla que es de 37 +/- 6.

La empresa refiere para esta categoría un índice de absentismo de 1,21, siendo el índice medio de su tipo contractual de 2,99.

4.4. A.T.S.

La media de empleados de esta categoría fue de 1.005 que sobre el total de categorías es el 23'8% con una e.m. de 34+/-9. Mujeres 911 con una e.m. de 34 +/- 9 y hombres 94 con una e.m. de 35 +/- 9.

FIJOS 781 (77'7% de los A.T.S.), edad media de 47+/- 6. Hombres 65 con una edad media de 37 +/- 8 y 716 mujeres con 36+/-9 años.

INTERINOS 26 (2'6%) con 28 +/- 6 e.m. 5 Hombres con 28 +/- 6 de e.m. y 21 mujeres con una e.m. de 28 +/- 6.

EVENTUALES 198 (19'7%) con una e.m. de 27 +/- 5. Hombres 24 y e.m. 29 +/- 7 y mujeres 174 y una e.m. 26 +/- 3.

Por causas de ausencia:

		Días	Bajas	Días/Baja
1) > 3 días	Fijos	12149	766	15'86
	Interinos	4	1	4'00
	Eventuales	634	61	10'39
	Global	12787	828	15'44
2) MATERNIDAD	Fijos	3621	159	22'77
	Interinos	0	0	00'00
	Eventuales	305	13	23'46
	Global	3926	172	22'82
3) ACC.TRABAJO	Fijos	1781	119	14'96
	Interinos	1	1	1'00
	Eventuales	553	29	19'06
	Global	2335	149	15'67
4) < 4 días	Fijos	1418	583	2'43
	Interinos	12	6	2'00
	Eventuales	231	92	2'51
	Global	1661	681	2'43

5) FALTAS	Fijos	125	62	2'01
	Interinos....	0	0	00'00
	Eventuales...	21	16	1'31
		—	—	-----
	Global.......	146	78	1'87
Total	Fijos........	19094	1689	11'30
	Interinos....	17	8	2'13
	Eventuales...	1744	211	8'27
		----	---	-----
	Global.......	20855	1908	10'93

Índices de absentismo: en la base de datos suministrada por la empresa se observa el valor del índice de 8,89 (calculado por la propia empresa), con una variación de 10,25 (en fijos) a 0,24 (en Interinos).

4.5. FISIOTERAPEUTAS

La media de empleados de esta categoría fue de 19 que sobre el total de categorías es el 0'5% con una e.m. de 43+/-6. Mujeres 10 con una e.m. de 42 +/- 5 y hombres 9 con una e.m. de 45 +/- 7.

FIJOS 18 (94'6% de los Fisioterapeutas) con una e.m. de 44 +/- 6. Hombres 8 con una edad media de 46 +/- 4 y 10 mujeres con 42 +/- 7 años.

INTERINOS no hay.

EVENTUALES 1 hombre (5'4%) con una edad de 36.

Por causas de ausencia:

		Días	Bajas	Días/Baja
1) > 3 días	Fijos	172	9	19'11
	Interinos....	0	0	0'00
	Eventuales...	0	0	0'00
	Global.......	172	9	19'11
2) ACC.TRABAJO	Fijos	347	12	28'91
	Interinos....	0	0	0'00
	Eventuales...	0	0	0'00
	Global.......	347	12	28'91
3) MATERNIDAD	Fijos	96	4	24'00
	Interinos....	0	0	0'00
	Eventuales...	0	0	0'00
	Global.......	96	4	24'00
4) < 4 días	Fijos	9	3	3'00
	Interinos....	0	0	0'00
	Eventuales...	0	0	0'00
	Global......	9	3	3'00

```
5) FALTAS      Fijos .......   0      0      0'00
               Interinos....   0      0      0'00
               Eventuales...   0      0      0'00
                               -      -      -----
               Global.......   0      0      0'00

Total          Fijos........  624    28     22'29
               Interinos....   0      0      0'00
               Eventuales...   0      0      0'00
                              ----   ---    -----
               Global.......  624    28     22'29
```

Índices de absentismo: el grupo de Fisioterapeutas se presenta en dos subgrupos contractuales, en el del grupo de Fijos (18 personas) con una edad media de 44 +/- 6 a. y en el de Eventuales (1 persona) con una edad de 35 a. La base de datos agregada de la empresa presenta que el índice de Abs. del subgrupo de Fijos es de 15,75.

4.6. MATRONAS

La media de empleados de esta categoría fue de 19 que sobre el total de categorías representa un 0'5% con una e.m. de 46+/-6. Mujeres 17 con una e.m. de 46 +/- 5 y hombres 2 con una e.m. de 49 +/- 8.

FIJOS 18 (96% de los Matronas.) e.m.47+/-6. Hombres 2 con una edad media de 48 +/- 5 y 16 mujeres con 47 +/- 7.

INTERINOS 0'75 mujeres (4%) con 26.

EVENTUALES No hay.

Por causas de ausencia:

		Días	Bajas	Días/Baja
1)> 3 días	Fijos	235	10	23'50
	Interinos....	0	0	0'00
	Eventuales...	0	0	0'00
	Global.......	235	10	23'50
2)MATERNIDAD	Fijos	49	2	24'50
	Interinos....	0	0	0'00
	Eventuales...	0	0	0'00
	Global.......	49	2	24'50
3)< 4 días	Fijos	6	2	3'00
	Interinos....	0	0	0'00
	Eventuales...	0	0	0'00
	Global......	6	2	3'00
4)ACC.TRABAJO	Fijos	0	0	0'00
	Interinos....	0	0	0'00
	Eventuales...	0	0	0'00
	Global.......	0	0	0'00

```
5) FALTAS        Fijos .......    0       0       0'00
                 Interinos....    0       0       0'00
                 Eventuales...    0       0       0'00
                                  -       -       -----
                 Global.......    0       0       0'00

Total            Fijos........  290      14      20'71
                 Interinos....    0       0       0'00
                 Eventuales...    0       0       0'00
                                ----     ---     -----
                 Global.......  290      14      20'71
```

Índices de absentismo: las matronas son 18 Fijas y tan solo 1 Interina, durante el 75% del año, y ninguna Eventual. La base de datos agrupada de la empresa presenta en el grupo de Fijos un índice de 6,55, con una edad media de 46 +/- 6 a., frente al índice 8,03 del total de la plantilla, con una edad media de 38 +/- 6 a., todo ello de la misma base de datos.

4.7. AUXILIARES DE ENFERMERÍA

La media de empleados de esta categoría fue de 1.027 que sobre el total de categorías es el 24'3% con una e.m. de 38+/-10. Mujeres 1.010 con una e.m. de 38 +/- 10 y hombres 16 con una e.m. de 35 +/- 10.

FIJOS 804 (78'3% de los Aux.E.) e.m. de 40 +/- 8. Hombres 10 con una edad media de 42 +/- 8 y 794 mujeres con 40 +/- 9 a.

INTERINOS 79 (7'7%) con 27 +/- 5 e.m. 1 Hombre con 24 +/- 3 de e.m. y 76 mujeres con una e.m. de 26 +/- 7.

EVENTUALES 144 (14 %) con una e.m. de 30 +/- 7. Hombres 6 y e.m. 28 +/- 5 y mujeres 138 y una e.m. 30 +/- 8.

Por causas de ausencia:

		Días	Bajas	Días/Baja
a) > 3 días	Fijos	15407	926	16'43
	Interinos....	170	13	13'07
	Eventuales...	718	63	11'39
	Global.......	16295	1002	16'26
2) ACC.TRABAJO	Fijos	3755	195	19'25
	Interinos....	39	3	13'00
	Eventuales...	176	10	17'60
	Global.......	3970	208	19'36
3) < 4 días	Fijos	1957	705	2'77
	Interinos....	54	20	2'70
	Eventuales...	198	78	2'53
	Global.......	2209	803	2'75
4) MATERNIDAD	Fijos	1837	79	23'25
	Interinos....	0	0	00'00
	Eventuales...	265	12	22'08
	Global.......	2102	91	23'10

```
5) FALTAS      Fijos .......    90        70      1'28
               Interinos....     3         2      1'50
               Eventuales...     9         8      1'12
                                --        --      ----
               Global.......   102        80      1'27

Total          Fijos........23046      1975      11'67
               Interinos....  266        38       7'00
               Eventuales...1366       171       7'99
                              ----       ---     -----
               Global.......24678      2184      11'30
```

Índices de absentismo: el grupo de auxiliares de enfermería presenta en la base de datos agrupada, con los índices calculados por la propia empresa, un índice global de 9,98, con una variación que oscila del 11,91 en el grupo de Fijos al 1,38 en el de Interinos. En el subgrupo de los Eventuales aparece el índice de 3,93. Con edad media de 40 +/- 8 a. para los Fijos y una edad media de 27 +/- 5 a. y 30 +/- 7 a. para Interinos y Eventuales respectivamente.

4.8. OTRO PERSONAL SANITARIO

La media de empleados de esta categoría fue de 87 que sobre el total de categorías es el 2'1% con una e.m. de 36+/- 8. Mujeres 75 con una e.m. de 37 +/- 8 y hombres 13 con una e.m. de 31 +/- 8.

FIJOS 76 (86'2% de Otro P.S.) e.m. de 37 +/- 8. Hombres 11 con una edad media de 32 +/- 8 y 64 mujeres con 38 +/- 8 a.

INTERINOS 3 (3'1%) con 27 +/- 6 e.m. Un (1) Hombre con 28 de edad y 2 mujeres con una e.m. de 27 +/- 3.

EVENTUALES 9 (10'6 %) con una e.m. de 29 +/- 8. Hombres 1 y edad de 25, mujeres 9 y una e.m. 29 +/- 8.

Por causas de ausencia:

		Días	Bajas	Días/Baja
1) > 3 días	Fijos	850	63	13'49
	Interinos....	212	9	23'55
	Eventuales...	25	1	25'00
	Global.......	1087	73	14'89
2) MATERNIDAD	Fijos	305	14	21'78
	Interinos....	0	0	0'00
	Eventuales...	0	0	0'00
	Global.......	305	14	21'78
3) ACC. TRABAJO	Fijos	212	9	23'55
	Interinos....	0	0	0'00
	Eventuales...	55	2	27'50
	Global.......	267	11	24'27
4) > 4 días	Fijos	166	56	2'96
	Interinos....	4	2	2'00
	Eventuales...	21	6	3'50
	Global.......	191	64	2'98

5) FALTAS	Fijos	3	3	1'00
	Interinos....	0	0	0'00
	Eventuales...	0	0	0'00
		--	--	----
	Global.......	3	3	1'00
Total	Fijos........	1536	145	10'59
	Interinos....	216	11	19'63
	Eventuales...	101	9	11'22
		----	---	-----
	Global.......	1853	165	11'23

Índices de absentismo: en la base de datos agrupada suministrada por la empresa consta un índice de 7,82 para el global del grupo, un 8,5 para los Fijos (76 empleados) y un índice de 0,15 para el grupo de Interinos (3 personas), en los Eventuales consta un índice de 5,07 (9 empleados).

4.9. ADMINISTRATIVOS

La media de empleados de esta categoría fue de 340 que sobre el total de categorías es el 8'1% con una e.m. de 37+/- 9. Mujeres 256 con una e.m. de 36 +/- 10 y hombres 84 con una e.m. de 41 +/- 9.

FIJOS 275 (80'8% de los Adm.) e.m. de 39 +/- 9. Hombres 76 con una edad media de 42 +/- 9 y 198 mujeres con 38 +/- 8 a.

INTERINOS 17 (4'9%) con 26 +/- 4 e.m. Hombres 1 con 25 +/- 2 de e.m. y 16 mujeres con una e.m. de 26 +/- 5.

EVENTUALES 49 (14'3 %) con una e.m. de 29 +/- 4. Hombres 6 y e.m. 26 +/- 1, mujeres 42 y una e.m. 29 +/- 7.

Por causas de ausencia:

		Días	Bajas	Días/Baja
1) > 3 días	Fijos	2199	154	14'27
	Interinos	25	1	25'00
	Eventuales	400	34	11'76
	Global	2624	189	13'88
2) MATERNIDAD	Fijos	195	9	21'66
	Interinos	0	0	0'00
	Eventuales	193	8	24'12
	Global	388	17	22'82
3) < 4 días	Fijos	295	110	2'68
	Interinos	7	3	2'33
	Eventuales	77	31	2'48
	Global	379	144	2'63
4) ACC.TRABAJO	Fijos	287	14	20'50
	Interinos	0	0	0'00
	Eventuales	0	0	0'50
	Global	287	14	20'50

5) FALTAS	Fijos	7	7	1'00
	Interinos....	0	0	0'00
	Eventuales...	0	0	0'00
	Global.......	7	7	1'00
Total	Fijos........	2983	294	10'14
	Interinos....	32	4	8'00
	Eventuales...	670	73	9'18
	Global.......	3685	371	9'93

Índices de absentismo: en base a los índices suministrados por la empresa, en la base de datos agrupada, la categoría de Administrativos es la única que presenta menos valor en el índice de absentismo en el grupo de Fijos que en el grupo de Eventuales, con un 4,49 frente a un 5,70 respectivamente. El grupo de Fijos (275 efectivos) presentan una media de edad de 39 +/- 9 a. y los Eventuales una media de 29 +/- 4 a.

4.10. OTRO PERSONAL NO SANITARIO

La media de empleados de esta categoría fue de 1.039 que sobre el total de categorías es el 24'6%, con una e.m. de 43+/-11. Mujeres 362 con una e.m. de 41 +/- 11 y hombres 677 con una e.m. de 44 +/- 11.

FIJOS 807 (77'8% de los No. Sanit.) e.m. de 46 +/- 9. Hombres 569 con una edad media de 46 +/- 10 y 238 mujeres con 45 +/- 9 a.

INTERINOS 96 (4'9%) con 33 +/- 10 e.m. Hombres 40 con 33 +/- 11 de e.m. y 54 mujeres con una e.m. de 33 +/- 8.

EVENTUALES 136 (13'1 %) con una e.m. de 34 +/- 10. Hombres 68 y e.m. 36 +/- 12, mujeres 69 y una e.m. 33 +/- 9.

Por causas de ausencia:

		Días	Bajas	Días/Baja
1) > 3 días	Fijos	18082	850	21'27
	Interinos	754	37	20'37
	Eventuales	596	58	10'27
	Global	19432	945	20'56
2) ACC.TRABAJO	Fijos	3561	210	16'95
	Interinos	97	12	8'08
	Eventuales	215	17	12'64
	Global	3843	239	16'07
3) < 4 días	Fijos	1347	504	2'67
	Interinos	90	38	2'36
	Eventuales	170	65	2'61
	Global	1607	607	2'64
4) MATERNIDAD	Fijos	544	24	22'66
	Interinos	0	0	0'00
	Eventuales	62	3	20'66
	Global	606	27	22'44

5) FALTAS	Fijos	226	138	1'63
	Interinos....	10	6	1'66
	Eventuales...	26	19	1'36
		--	--	----
	Global.......	262	163	1'60
Total	Fijos........	23760	1726	13'77
	Interinos....	951	93	10'23
	Eventuales...	1069	162	6'60
		----	---	-----
	Global.......	25780	1981	13'01

Índices de absentismo: la base de datos suministrada por la empresa en esta categoría (O.P.N.S.) refleja un índice de Abs. de 10,38 con una variación entre los subgrupos Fijos y Eventuales. Para los Fijos el índice presentado es de 12,36 (edad media de 46 +/- 9 a.) frente a los Eventuales cuyo índice expresa un valor de 2,62 (edad media de 33 +/- 10 a.), un 126,9% inferior que el de los Fijos. Por último el ratio que la base de datos refleja para el grupo de Interinos es de 4,03.

SEGUNDA FASE (BASE DE DATOS REGISTROS INDIVIDUALIZADOS)

Esta base de datos presenta todos los datos desagregados y permite que el investigador calcule todos los ratios e índices, circunstancia que no ocurre con la Base de Datos Agrupados. Los registros están anonimizados.

ASOCIACIONES

1. CONTRATO E INDICES

   1.1. Sobre el total de la plantilla (sin estratificar por edad)

Las diferencias de los índices de absentismo entre los grupos Fijos, Eventuales e Interinos se reflejan en las siguientes cifras: 6,58 para los Fijos, 2,01 para los Eventuales y 1,99 para los Interinos. Entre los Fijos y los Eventuales hay una diferencia de 4,57 puntos, o sea, los Fijos presentan 3,27 veces más valor que los Eventuales (227% superior). Entre los Fijos e Interinos hay una diferencia de 4,59 puntos, siendo el valor de los Interinos 3,3 veces inferior al de los Fijos. Estas diferencias son estadísticamente significativas (ver págs. 149 a 150).

No hay diferencia significativa entre el grupo de Eventuales y el de los Interinos (ver pág. 151). En las estratificaciones que se realizan por la variable contrato (para eliminar la influencia de dicha variable), una vez hallados los valores de cada categoría, se juntan los grupos Eventuales e Interinos en un nuevo grupo al que se denomina "No fijos".

   1.2. Estratificación por grupo de edad (ver págs. 154 a 164)

Seguidamente se discutirán los resultados de la comparación de los subgrupos de contratación en estratos de edad. Los estratos son los siguientes: "< 31 a."; "31 a 40 a."; "41 a 50 a."; "> 50 a."

Siguen presentándose diferencias estadísticamente significativas entre los grupos de contratación en cada estrato de edad. Todas las diferencias son significativas con una P < 0,001, excepto en el estrato de "31 a 40 a." que la p < 0,01". La aparición de las diferencias entre Eventuales e Interinos no se va a analizar.

El grupo de Interinos de "> 50 a." presentan un índice de Abs. de 18,8. No se excluyen por componer dicho grupo a 18 empleados. Este grupo debería ser estudiado a parte y contemplar las posibles variables que puedan influir en el mismo.

El estrato de menos variación se muestra entre los diferentes subgrupos de contratación del intervalo de edad de "41 a 50 a.". Este estrato es el que presenta los índices más bajos en el grupo de Fijos, el segundo más bajo en Interinos y al juntar la plantilla por tipos de contratación.

2. EDAD E INDICES DE ABSENTISMO

Se han comparado los grupos de edad entre toda la plantilla global y luego se ha estratificado por dos categorías de contractuales (Fijos y No fijos). Se ha realizado dos agrupaciones por intervalos de edad. La primera con tres categorías: "< 31 a."; "31 a 50 a."; "> 50 a." y una segunda agrupación que abre en dos el intervalo "31 a 50 a." = "31 a 40 a." y "41 a 50 a.";

2.1. Comparación de índice de Abs. por grupo de edad en la plantilla global (Fijos + No fijos)

En primer lugar, se utilizó la clasificación: "< 31 a."; "31 a 50 a."; "> 50 a.". El subgrupo "<31 a." tiene un índice de 3,33, el de "31 a 50 a." un índice de 5,32 y el último un índice de 7,20. Todos los grupos con diferencias estadísticamente significativas. Para esta primera estratificación parece que el índice de Abs. aumenta a medida que crece la edad del intervalo.

Al utilizar la clasificación de los cuatro intervalos de edad aparece una disociación entre el subgrupo de "31 a 40 a." y el de "41 a 50 a." en relación al índice que presenta el intervalo "31 a 50 a.". El intervalo con un rango menor de edad tiene un índice de 6,71 (aumenta en relación al anterior) y el otro intervalo de mayor edad tiene un índice de 4,74 (menor). No obstante la tendencia creciente del índice a medida que aumenta el rango de edad se mantiene, aunque de manera mucho menos creciente (ver pg. 154).

2.2. Comparación de índice de Abs. por grupos de edad, estratificando por las subpoblaciones de Fijos y No fijos (ver pg. 179).

2.2.1. Subpoblación de Fijos

En los Fijos el subgrupo de edad con el índice más elevado es el de "> 50 a." al que le sigue el de "< 31 a.", con un índice de 7,932 y 7,905 respectivamente, sin presentar diferencias estadísticamente significativas entre ambos.

El intervalo de edad comprendido entre "41 a 50 a." es el que presenta el índice más bajo (4,86) situándose 1,76 puntos por debajo (37% inferior) del índice global de los Fijos con 6,68.

Se observa una tendencia decreciente de los índices a medida que aumenta el rango de edad del intervalo, pero en el intervalo de más edad ">50 a." aumenta situándose próximo al índice del intervalo de edad más joven "<31 a". (entre estos dos intervalos, el de más edad y el de menos edad, no hay diferencia estadísticamente significativa).

En el gráfico de la pg. 190 se observa que la relación entre rango de edad de cada intervalo y el valor del índice de absentismo hasta los 41 años es descendente, aunque si el análisis se amplía con el grupo de los "> 50 a." la relación es solo ligeramente decreciente.

2.2.2. Subpoblación de No fijos

En estos hay una relación directa ascendente entre el rango de edad del intervalo y el valor del índice de Abs (ver pg. 190).

El estrato "<31 a." tiene el mínimo índice con un valor de 1,68 y el máximo valor lo presenta el intervalo de edad "> 50 a." con un valor de 4,32. La relación es directa, ascendente y clara.

Después de analizar las asociaciones entre los intervalos de edad, estratificando por subpoblaciones de Fijos y No fijos, parece que el factor edad tiene una influencia disociada. Es constante y directa (a mayor edad mayor índice) en el subgrupo de los No fijos, mientras es indirecta y no constante (a mayor edad menor índice) en el subgrupo de los Fijos.

3. SEXO E INDICES DE ABSENTISMO

El índice de Abs en el grupo hombres es de 4,139 siendo 2,082 puntos inferior al índice de Abs del grupo mujeres que presenta un valor de 6,221.

Para eliminar el efecto de la influencia del tipo de contratación se realiza una comparación entre el grupo de mujeres y el de hombres estratificando por subpoblaciones de Fijos y No fijos.

Al estratificar, para el subgrupo de los Fijos los valores son: hombres 4,904 y mujeres 7,425. Para el subgrupo de los No fijos los valores son: hombres 1,416 y mujeres 2,279. Se mantiene la significación estadística.

El índice no estratificado (global de la plantilla) para los hombres (índice 4,139) está 0,765 puntos por debajo del valor en los Fijos (índice de 4,904), pero a su vez, está 2,72 puntos por encima del valor de los No fijos (índice de 1,416). En el grupo de las mujeres la diferencia entre el valor global (índice 6,221) y el del grupo Fijos (índice 7,425) es de +1,204 y con el grupo de los No fijos (índice 2,279) hay una diferencia de -3,94.

Grupo		Fijos		Global		No fijos
			dif +0,77 --------		dif -2,72 <------	
Hombres		4,904	-->	**4,139**	---	1,416
	dif	+2,52		+2,08		+0,86
			+1,20 --------		-3,94 <------	
Mujeres		7,425	-->	**6,221**	---	2,279

4. SER SANITARIO O NO SANITARIO E INDICES DE ABSENTISMO

Los índices presentan unos valores para los profesionales catalogados en el grupo de sanitarios de 4,319 y para el grupo de no sanitarios de 6,448, presentado una diferencia de 2,129, siendo el índice de los no sanitarios 1,49 veces superior al de los sanitarios.

Al estratificar la población a estudio por las subpoblaciones de Fijos y No fijos se mantienen superiores los índices del grupo de los no sanitarios frente al de los sanitarios, con significación estadística. Las diferencias entre los Fijos es de 2,19 puntos y entre los No fijos de 0,82.

Aunque estadísticamente sólo hay diferencia entre el grupo de sanitarios y no sanitarios incluso al eliminar la significación del factor contrato, se observa que hay más diferencia entre los Fijos que entre el grupo de los No fijos, parece que la influencia de la contratación permite manifestar con más claridad la influencia del role del personal en la empresa (elemento fundamental en el producto y objetivos de la empresa), también observamos que el grupo sin la influencia de estar fijos se comporta de forma más homogénea, tal vez porque posiblemente el hecho que diferencia a un grupo del otro ejerce más fuerza que los otros factores medidos.

5. TENER RELACIÓN CON EL PACIENTE E INDICES DE ABSENTISMO

Para los el grupo de personal que tiene relación con el paciente el valor del índice de Abs. es de 5,92 y para los que no la tienen es de 4,19. Entre ambos hay una diferencia de 1,72 puntos, estadísticamente significativa, siendo el índice del personal que no tiene relación directa con el paciente 1,41 veces inferior que el índice del personal que si la tiene.

Al estratificar por las subpoblaciones de Fijos y No fijos se observa que hay una inversión entre las diferencias. Para los Fijos se mantiene el índice superior en los empleados que tienen relación con los pacientes, estadísticamente significativo, pero en el grupo de los No fijos se invierte la diferencia siendo superior el índice para los que no tienen dicha relación, manteniéndose estadísticamente significativa. En la subpoblación de No fijos los del grupo "con relación" tiene un índice de 1,952 frente al grupo de "sin relación" con un índice de 2,358, con una diferencia de 0,406, estadísticamente significativa.

Esta disociación (inversión) refleja que la influencia del role del personal en la empresa cambia al desaparecer la influencia de la seguridad en el puesto de trabajo o, tal vez, se podría afirmar que la influencia del role cambia al solucionar el segundo escalón de la Pirámide de Maslow. Entonces, las preguntas que subyacen podrían ser ¿qué factor de los que mencionan Maslow y Hezberg influye más? o ¿qué componente del Factor K influye con más preponderancia sobre el comportamiento del personal?.

6. TURNO DE TRABAJO E INDICES DE ABSENTISMO

En la primera comparación efectuada sobre el global de la plantilla, la variable del turno de mañana presenta un índice de Abs. de 4,598, el turno de tarde de 7,112 y la del turno de noche 7,081. Las diferencias son estadísticamente significativas entre el turno de mañana y el de tarde y entre el grupo de tarde y el grupo de noche, pero no entre el grupo de la tarde y el de la noche. Por lo comentado en el estudio, se crea una nueva variable como resultado de juntar los registros del turno de tarde con los registro del turno de la noche y esta nueva variable es denominada "no mañana".

Se realizan comparaciones eliminando la influencia de la variable contratación, por lo que se estratifica la población de datos en Fijos y en No fijos. Los Fijos presentan en el turno de mañana un valor de 5,497 y en el turno de "no mañana" de 8,308. En los No fijos los del turno de mañana tienen un índice con un valor de 1,805 y los otros presentan un índice con un valor de 2,406. Todas las diferencias se muestran estadísticamente significativas.

Bloque 5.

      CONCLUSIONES

CONCLUSIONES

SUMARIO

A- CONCLUSIONES GENERALES

B- CONCLUSIONES ESPECIFICAS

C- RELFEXIONE SOBRE LA GESTION DE RECURSOS HUMANOS

CONCLUSIONES

A-CONCLUSIONES GENERALES

Para la población estudiada y con las variables analizadas se concluye:

> A.1. Las variables estudiadas (tipo de contrato, sexo, edad, relación directa con el paciente, ser sanitario, turnicidad) presentan asociación con el índice de absentismo.
>
> A.2. El grupo de personal con contrato Fijo presenta índices de absentismo más elevados que el grupo de personal sin contrato fijo (No fijos).
>
> A.3. El sexo presenta una asociación dudosa con los índices de absentismo, no explica sus variaciones.
>
> A.4. La edad es una variable que presenta la IR más baja y una relación disociada con el índice de absentismo por efecto del tipo de contrato.
>
> A.5. El índice de absentismo está asociado con la motivación.

A.1. Las variables estudiadas (tipo de contrato, sexo, edad, relación directa con el paciente, ser sanitario, turnicidad) presentan asociación con el índice de absentismo. Prácticamente en todos los casos al extraer la influencia del contrato se modifican los índices de absentismo.

A.2. El personal con contrato Fijo presenta índices de absentismo más elevados que el personal sin contrato fijo (No fijos).

Esta conclusión coincide con la obtenida por Beale N. y Nethercott S. (1988) (ver pg 54)

Se puede afirmar que la diferencia entre ambas variables (Fijos y No fijos) no se ve influida por la edad, pues al controlar el factor edad se mantienen las diferencias. Sin embargo, en los No fijos se invierte la tendencia, pasando a ser ascendente entre los intervalos de edad más joven al intervalo de edad más avanzada. Analizada la plantilla en su globalidad, a mayor edad más índice de Abs. Cuando se desagrega en Fijos y No fijos, la tendencia en los Fijos cambia de inclinación pasando a ser decreciente, mientras que en la de los No fijos se mantiene la pendiente ascendente.

A.3. El sexo presenta asociación con los índices de absentismo.

Esta variable (pg 174) presenta un IR superior que las variables edad y que los roles "sanitario" y "relación". El grupo hombres presenta un índice de Abs. de 4,1 y el grupo mujeres de 6,2 (diferencia 2,08). La influencia del factor contrato en el grupo mujer es superior al del grupo hombre (pg.239). Sin embargo, lo cierto es que el grupo de mujeres del subgrupo No fijos presenta un índice (2,27) inferior que el del grupo de hombre del subgrupo de Fijos (4,9). La variable sexo no explica la diferencia.

A.4. La edad es una variable que presenta la IR más baja y una relación disociada con el índice de absentismo por efecto del tipo de contrato.

La edad es la variable estudiada que presenta menos relación con el índice de absentismo (IR= 1,17) (pgs. 174).

Por otra parte la edad presenta en la plantilla global un comportamiento decreciente en relación a los rangos de edad, menos índice a mayor rango. Cuando se desagrega en las subpoblaciones de Fijos y No fijos, esta tendencia se invierte en los Fijos, menos índice a mayor rango (excepto en el último), pero en los No fijos se acentúa, más índice a mayor rango de edad (pag 190). Este comportamiento de los índices de Abs en los grupos de edad cuando se aflora el factor contrato, reafirma la influencia del factor contrato en el índice de Abs.

A.5. El índice de absentismo está asociado con la motivación.

Tal afirmación se sustenta, por una parte, en la relación ya expuesta, entre tipos de contratación (nivel de seguridad en el empleo) e índice de absentismo, y por otra, en la asociación entre índice de absentismo y mayor o menor integración del personal en los objetivos de la empresa.

El nivel de integración se ha representado en tres factores: ser sanitario, tener relación directa con el paciente y tipo de turno.

De los tres factores estudiados dos de ellos muestran una clara relación entre la integración y el nivel de absentismo, estos son: ser sanitario y la turnicidad (págs. 193 y 199).

En cuanto al tercer factor, tener relación directa con el paciente, se observa que los trabajadores que mantienen relación directa con el paciente, en principio, presentan un índice de absentismo más elevado que los que no la mantienen (págs. 167 y 196). No obstante, esta afirmación es situacional, pues al comparar estos subgrupos en base a la seguridad en el empleo (separando los Fijos de los No Fijos) los valores se invierten y parece que la relación directa con el paciente está asociada con niveles más bajos de absentismo en el grupo de los No fijos (pg 196).

Tal vez hubiera tenido que profundizarse en la diferencia entre los índices de absentismo e indicadores de ausencias que presentan las categorías profesionales en el estudio descriptivo de la primera fase de la investigación (pg 212 a 235). No obstante parece que la relación del empleado con los objetivos de la empresa puede tener más significación motivacional que el hecho de pertenecer a una categoría profesional o a otra; sobretodo cuando en la distribución de la población en categorías profesionales intervienen factores socioculturales difíciles de controlar (conocer).

B-CONCLUSIONES ESPECÍFICAS

El Factor K es la diferencia de índice de Abs entre Fijos y No fijos en una misma variable de estudio, o, es la parte del índice de absentismo no atribuible al certificado del tipo la ausencia.

B.1. El Factor K (pg 70) tienen una influencia superior al doble sobre el índice de absentismo que cualquier otro factor.

B.2. Una mayor concreción en el Factor K, sus especificaciones y componentes, nos permitirá conocer las dinámicas del absentismo encaminada a valorar su significación

C-REFLEXIONES SOBRE LA GESTIÓN DE RECURSOS HUMANOS

C.1. Una mala gestión de Recursos Humanos (selección, incentivación, formación, integración, relaciones, salarios, etc.) incide en la satisfacción e integración del personal de la misma (motivación)

C.2. El diseño de una metodología de investigación conjunta de la motivación y el absentismo en la empresa, con las variables susceptibles de significación nos podrá arrojar luz sobre ambos.

C.3. En el contexto de la gestión de personal (tipos de mando y definición, políticas de personal, etc.) conviene estudiar y establecer las relaciones entre la política de personal y los niveles de absentismo.

C.4. El estudio del clima laboral (concepto, estructura, especificaciones, sistemas, medición, etc.) de la empresa y su peso específico en los niveles de absentismo constituye una hipótesis de trabajo a seguir desarrollando

C.2. El diseño de una metodología de investigación conjunta de la motivación y el absentismo en la empresa, con las variables susceptibles de significación nos podrá arrojar luz sobre ambos.

Para cumplir con este punto, es preciso que se utilicen los recursos de los registros existentes y los que se vayan creando adecuadamente, de manera que los índices obtenidos reflejen situaciones reales y útiles, en este caso, para una adecuada gestión de los recursos humanos de la empresa.

Bloque 6.

        ÍNDICES

ÍNDICES

SUMARIO

1. ÍNDICE DE GRÁFICOS

2. ÍNDICE DE BIBLIOGRAFIA:

    1.1. ÍNDICE POR AUTOR

    1.2. ÍNDICE POR AÑO DE PUBLICACION

3. ÍNDICE DE VOCES

1. ÍNDICE DE GRÁFICOS

Número del gráfico	Tema	página
1.	Fluctuación de plantilla en hombres	102
2.	Fluctuación de plantilla en mujeres	102
3.	Fluctuación de plantilla global	102
4.	Pirámide de edad de población (Enero)	107
5.	Pirámide de edad de población (Agosto)	107
6.	Pirámide de edad de población (Global)	107
7.	%Fijos en cada categoría profesional	109
8.	%Categoría profesional en Fijos	109
9.	%Interinos en cada categoría profesional	111
10.	%Categoría profesional en Interinos	111
11.	%Eventuales en cada categoría profesional	113
12.	%Categoría profesional en Eventuales	113
13.	Distribución tipo de contrato en mujeres	115
14.	Distribución tipo de contrato en hombres	115
15.	Distribución tipo de contrato global	115
16.	Pirámide de edad de población Fijos	117
17.	Pirámide de edad de población Interinos	118
18.	Pirámide de edad de población Eventuales	119
19.	Distribución tipo de ausencias en Fijos	125
20.	Distribución tipo de ausencias en Interinos	128

Número del gráfico	Tema	página
21.	Distribución tipo de ausencias en Eventuales	131
22.	Días/baja por >3 días, por tipo contrato	132
23.	Días/baja por <4 días, por tipo contrato	133
24.	Días/baja por Maternidad, por tipo contrato	134
25.	Días/baja por Accidente laboral, por tipo contrato	135
26.	Días/ausencia por Faltas, por tipo contrato	136
27.	Días/ausencia por permiso sin sueldo, por tipo contrato	137
28.	Distribución absentismo 1988 por mes	140
29.	Distribución mensual de índice de absentismo en Fijos	142
30.	Distribución mensual de índice de absentismo en Eventuales	142
31.	Distribución mensual de índice de absentismo en Interinos	142
32.	Índices de absentismo por categoría profesional en Fijos	144
33.	Índices de absentismo por categoría profesional en Eventuales	144
34.	Índices de absentismo por categoría profesional en Interinos	144
35.	Relación edad con índice de absentismo en plantilla global	189
36.	Relación edad con índice de absentismo en plantilla de Fijos	190
37.	Relación edad con índice de absentismo en plantilla de No fijos	190

2. INDICE BIBLIOGRAFICO

2.1. ÍNDICE BIBLIOGRÁFICO POR AUTOR

AUTOR	TITULO	FUENTE	FECHA
	OFFICE OF HEALTH ECONOMICS OFF SICHS. LONDON	OFFICE OF HEALTH ECONOMICS	1971
	DISABILITY DAYS. EEUU	DEPARTAMENT OF HEALTH. EDUCATION AND WELFARE	1968
ABEHAIM L. SUISSA S.	IMPORTANCE AND ECONOMIC BURDEN OF ACCUPATIONAL BACK PAIN; A STUDY OF 2.500 CASES REPRESENTATIVE OF QUEBEC	JOURNAL OF OCCUPATIONAL MEDICINE	1987
ALONSO JL.	CONTRIBUCIÓN AL ESTUDIO DEL ABSENTISMO LABORAL POR RAZÓN DE ENFERMEDAD	REV. CLIN. ESP. (SALUD PÚBLICA)	1987
ALVAREZ C. DIAZ L.	MORBILIDAD LABORAL EN GETAFE	AYUNTAMIENTO DE GETAFE. DELEGACIÓN DE SALUD	1987
ALLEN D. CALKIN J. ET AL	MAKING SHARED GOVERNANCE WORK: A CONCEPTUAL MODEL	JOURNAL OF NURSING ADMINISTRATION	1988
ANONYMOUS	FACTS AND MYHTS ABOUT SICKNESS ABSENCE	LANCET	1974
ANONYMOUS	SICKNESS ABSENCE IN HOSPITAL STAFF	LANCET	1979
ARDEN R. TOMISON	CHARACTERISTICS OF PSYCHIATRIC HOSPITAL ABSCONDERS	BRITISH JOURNAL PSYCHIATRY	1989
ARIAS GALICIA F.	ADMINISTRACIÓN DE RECURSOS HUMANOS	ED. TRILLAS	1988
ASH WH.	RETURN TO WORK CERTIFICATION [LETTER]	JOURNAL OF FAMILY PRACTICE	1988
ASTRAND NE.	MEDICAL, PSYCHOLOGICAL, AND SOCIAL ASSOCIATED WITH BAC ABNORMALITIES AND SELF REPORTED BACK PAIN: A CROSS SECTIONAL STUDY	BRITISH JOURNAL OF INDUSTRIAL MEDICINE	1987

2.1. ÍNDICE BIBLIOGRÁFICO POR AUTOR

AUTOR	TITULO	FUENTE	FECHA
ASTRAND NE. ISACSSON	BACK PAIN, BACK ABNORMALITIES, AND COMPETING MEDICAL, PSYCHOLOGICAL, AND SOCIAL FACTORS AS PREDICTORS OF SICK LEAVE, EARLY RET	BRITISH JOURNAL OF INDUSTRIAL MEDICINE	1988
BAEYERTZ JD.	SICKNESS ABSENCE AND SMOKING	NEW ZEALAND MEDICAL JOURNAL	1988
BARAIBAR J.	SERVICIOS MÉDICOS DE EMPRESA Y ABSENTISMO LABORAL	COMUNICACIÓN. CONGRESO ESTR. MED. DEL TRAB. MADRID	1982
BEALE N. NETHERCOTT S.	CERTIFICATED SICKNESS ABSENCE IN INDUSTRIAL EMPLOYEES THREATNED WITHREDUNDANCY	BRITISH MEDICAL JOURNAL	1988
BEN-SIRA Z.	PRACTICE COMPATIBILITY AND TYPE OF FRAMEWORK: ESSENTIAL DIMENTIONS IN THE SALARIED PRIMARY CARE PRACTITIONERS` APPROACH T	SOCIAL SCIENCE AND MEDICINE	1988
BJELLE A. HAGBERG M. ET AL	WORK-RELATED SHOULDER-NECK COMPLAINS IN INDUSTRY: A PILOT STUDY	BRITISH JOURNAL OF RHEUMATOLOGY	1987
CARAL L.	OCHO AÑOS DE ABSENTISMO LABORAL	MED. EMPRESA	1976
CELENTANO DD. JOHNSON JV.	STRESS IN HEALTH CARE WORKERS	OCCUPATIONAL MEDICINE	1987
CLARK DC MACHON B	PREVENTIVE AND COMMUNITY MEDICINE	ED. LITTLE BROWN	1981
COE J.	THE PHYSICIAN'S ROLE IN SICKNESS ABSENCE CERTIFICATION: A RECONSIDERATION	JOURNAL OF OCCUPATIONAL MEDICINE	1975
COGGON D.	SICKNESS ABSENCE: THE DOCTOR'S ROLE	BRITISH MEDICAL JOURNAL	1988
C.T.N.E.	INFORME SOBRE EL ESTUDIO DEL CLIMA LABORAL	SERVICIO DE PLANIFICACIÓN C.T.N.E.	1982

2.1. ÍNDICE BIBLIOGRÁFICO POR AUTOR

AUTOR	TITULO	FUENTE	FECHA
DEYO RA. YUH-JANE TSUI-WU	FUNCTIONAL DISABILITY DUE TO BACK PAIN	ARTHRITIS AND RHEUMATISM	1987
DOMINGUEZ A. PASCUAL C.	ESTUDIO DEL ABSENTISMO POR ILT EN INSTITUCIONES DEPENDIENTES DE LA DIRECCIÓN PROVINCIAL DEL INSALUD. MADRID	D.P. INSALUD. MADRID	1988
EASON FR. LEE BT.	JOB MOTIVATORS. A RANKING OF EIGTH VARIABLES	JOURNAL OF NURSING ADMINISTRATION	1987
FORCADA A.	PSICOLOGÍA DEL TRABAJO	CONGRESO EXTR. MED. DEL TRAB. MADRID	1982
FORTIN JG.	ABSENTISMO	ENCICLOPEDIA DE MEDICINA, HIGIENE Y SEG. TRABAJO	1971
GABINETE TECNICO PROVINCIAL DE GRANADA	ABSENTISMO LABORAL	I ASAMBLEA REG. HIGIENE Y SEG. EN TRA. SANTANDER	1973
GESTAL JJ.	ETIOLOGÍA DEL ABSENTISMO LABORAL HOSPITALARIO	MEDICINA Y SEGURIDAD EN EL TRABAJO	1982
GOTLIEB E.	ABSENTISMO POR ENFERMEDAD	MED Y SEG. TRAB.	1972
HAINES AP.	SICKNESS ABSENCE	JOURNAL OF THE ROYAL COLLEGE OF GENERAL PRACTITION	1982
HALL EM. JOHNSON JV.	A CASE STUDY OF STRESS AND MASS PSYCHOGENIC ILLNESS IN INDUSTRIAL WORKERS	JOURNAL OF OCCUPATIONAL MEDICINE	1989
HASIUK AM.	ABSENTEEISM AMONG NURSING PERSONNEL	JOURNAL OF NURSING ADMINISTRATION	1987
HOLLEMAN WL. HOLLEMAN MC	SCHOOL AND WORK RELEASE EVALUATIONS	JOURNAL OF THE AMERICAN MEDICAL ASSOCIATION	1988
HOWE HF.	ORGANIZATION AND OPERATION OF AN OCCUPATIONAL HEALTH PROGRAM	JOURNAL OF OCCUPATIONAL MEDICINE	1975

2.1. ÍNDICE BIBLIOGRÁFICO POR AUTOR

AUTOR	TITULO	FUENTE	FECHA
IBERIA	ESTADÍSTICA SOBRE ABSENTISMO	IBERIA	1988
IBERIA	EVALUACIÓN DE ACCIDENTES O ENFERMOS DURANTE LA JORNADA LABORAL	IBERIA	1982
IBERIA	DISMINUCIÓN DE LA CAPACIDAD PARA EL TRABAJO	IBERIA	1982
IBERIA	CONTROL DEL ABSENTISMO LABORAL POR RAZÓN DE ENFERMEDAD	IBERIA	1982
IMPERATO JP.	SALARIED PHYSICIANS AND ECONOMIC INCENTIVES [LETTER]	NEW ENGLAND JOURNAL OF MEDICINE	1988
JACKSON SE. CHENOWETH D. ET AL	STUDY INDICATES SMOKING CESSATION IMPROVES WORKPLACE ABSENTEEISM RATE	OCCUPATIONAL HEALTH AND SAFETY	1989
JARVIS RG.	THE `TIRED PERSON SYNDROME`	POSTGRADUATE MEDICINE	1987
JOHNSON JV.	COLLECTIVE CONTROL: STRATEGIES FOR SURVIVAL IN THE WORKPLACE	INTERNATIONAL JOURNAL OF HEALTH SERVICES	1989
JOHNSON JV.	CONTROL, COLLECTIVITY AND THE PSYCHOSOCIAL WORK ENVIRONMENT		1989
JOHNSON JV. HALL EM.	JOB STRAIN, WORK PLACE SOCIAL SUPPORT, AND CARDIOVASCULAR DISEASE: A CROSS-SECTIONAL STUDY OF A RANDOM SAMPLE OF THE SWEDIS	AMERICAN JOURNAL OF PUBLIC HEALTH	1988
KLERMAN LV. WEITZMAN M. ET AL	WHY ADOLESCENTS DO NOT ATTEND SCHOOL. THE VIEWS OF STUDENTS AND PARENTS	JOURNAL OF ADOLESCENT HEALTH CARE	1987
KLERMAN LV. WEITZMAN M. ET AL	WHY ADOLESCENTS DO NOT ATTEND SCHOOL	JOURNAL OF ADOLESCENT HEALTH CARE	1987

2.1. ÍNDICE BIBLIOGRÁFICO POR AUTOR

AUTOR	TITULO	FUENTE	FECHA
KORMAN A.	PSICOLOGÍA DE LA INDUSTRIA Y LAS ORGANIZACIONES	ED. MAROVA	1978
LARSSON G. SPANGERG L. ET AL	MATERNAL OPINION OF PSYCHOLOSICAL SUPPORT: EVALUATION OF AN ANTENATALPROGRAMME	JOURNAL FOR ADVANCED NURSING	1987
LEIGH JP.	SPECIFIC ILLNESSES, INJURIES, AND JOB HAZARDS ASSOCIATED WITH ABSENTISM	JOURNAL OF OCCUPATIONAL MEDICINE	1989
LIDLER C.	ABSENTISMO LABORAL Y ALCOHOL	REV. SEGURIDAD	1973
LINTON SJ. BRADLEY LA. ET AL	THE SECONDARY PREVENTION OF LOW BACK PAIN: A CONTRALLED STUDY WITH FOLLOW-UP	PAIN	1989
LODAHL TM. KEJNER M.	THE DEFINITION AND MEASUREMENT OF JOB INVOLVEMENT	JOURNAL OF APPLIED PSYCHOLOGY	1965
MARR R. GARCIA-ECHEVARRIA	POLÍTICA DE PERSONAL EN LA EMPRESA	ED. ESIC	1984
MARTIN A	ABSENTISMO LABORAL	MEDICINA Y SEGURIDAD EN EL TRABAJO	1977
MARY A./ KENT E.	GAMBLING AWAY ABSENTEEISM	JOURNAL OF NURSING ADMINISTRATION	1987
MAYHEW HE. NORDLUND DJ.	ABSENTEEISM CERTIFICATION: THE PHYSICIAN'S ROLE	JOURNAL OF FAMILY PRACTICE	1988
MCKEOWN KD.	SICKNESS ABSENCE	JOURNAL OF THE ROYAL SOCIETY OF MEDICINE	1989
MCWHINNEY IR.	AN APPROACH TO THE INTEGRATION OF BEHAVIORAL SCIENCE AND CLINICAL MEDICINE	THE NEW ENGLAND JOURNAL OF MEDICINE	1972
MEYERS AF. SAMPSON AE. WEITZMAN M. ET AL	SCHOOL BREAKFAST PROGRAM AND SCHOOL PERFORMANCE	AMERICAN JOURNAL OF DISEASES OF CHILDREN	1989

2.1. ÍNDICE BIBLIOGRÁFICO POR AUTOR

AUTOR	TITULO	FUENTE	FECHA
MINISTERIO DE TRABAJO	ESTATUTO DE LOS TRABAJADORES	ESTATUTO DE LOS TRABAJADORES	1987
NAURIGHT L.	TOWARD A COMPREHENSIVE PERSONNEL SYSTEM: PERFORMANCE APPRASIAL PART IV	NURSING MANAGEMENT	1987
NERIN JL	ABSENTISMO LABORAL. CONSIDERACIONES LABORALES. MEDIDAS A ADOPTAR	SSHT	1977
ORRIS HD.	DAYS LOST THROUGH ILLNESS	OCCUP. HEALTH	1976
O.I.T.	INTRODUCCIÓN AL ESTUDIO DEL TRABAJO	OFICINA INTERNACIONAL DEL TRABAJO	1980
O'QUIGLEY S.	SICKNESS AS COST FACTOR IN IRISH INDUSTRY	J. SOC. OCCUP. MED	1973
PARDEL H.	EL TABAQUISMO: EPIDEMIA DE NUESTRO TIEMPO	MEDICINA CLINICA	1985
PARKER RM. HOKELMAN RA. ET AL	ILLNESSES AND OTHER CAUSES OF UNEXPECTED ABSENCES FROM WORK DURING RESIDENCY TRAINING	JOURNAL OF MEDICAL EDUCATION	1987
PASTERNAK ID.	THE EFFECT OF PRIMARY CARE NURSING AND FEELINGS OF ISOLATION/DEPERSONALITATION OF THE CRITICAL CARE NURSE: PART I-BACKGRO	NURSING MANAGEMENT	1988
PEÑA BAZTAN M.	LA PSICOLOGÍA Y LA EMPRESA	ED. HISPANO EUROPEA SA.	1985
PETER T. WATERMAN E.	EN BUSCA DE LA EXCELENCIA	ED. EDICIONES FOLIO	1987
PIEDROLA GIL ET AL	TRATADO DE MEDICINA PREVENTIVA Y SALUD PÚBLICA		1989
RELMAN AS.	SALARIED PHYSICIANS AND ECONOMIC INCENTIVES	NEW ENGLAND JORNAL OF MEDICINE	1988

2.1. ÍNDICE BIBLIOGRÁFICO POR AUTOR

AUTOR	TITULO	FUENTE	FECHA
RELMAN AS.	ECONOMIC INCENTIVES IN CLINICAL INVESTIGATION	THE NEW ENGLAND JOURNAL OF MEDICINE	1989
RINGL KK.	SELF-SCHEDULING FOR PROFESSIONAL NURSES	NURSING MANAGEMENT	1989
RIPOLL S.	JUICIO CONSTRUCTIVO SOBRE EL ABSENTISMO	SALUD Y TRABAJO	1978
RUDD P. PRICE G. ET AL	CONSEQUENCES OF WORKSITE HYPERTENSION SCREENING. CHANGES IN ABSENTEEISM	HYPERTENSION	1987
SAINZ M.	ABSENTISMO LABORAL EN EL HOSPITAL CLÍNICO DE MADRID	N ARCH FAC MED	1981
SANGRO P.	LAS CONCLUSIONES DEL TERCER SYMPOSIO INTERNACIONAL SOBRE ABSENTISMO LABORAL	MED. Y SEG. TRAB.	1973
SANGRO P.	LAS ESTADÍSTICAS DEL ABSENTISMO LABORAL	MED. Y SEG. TRAB.	1971
SANGRO P.	ABSENTISMO INDUSTRIAL	HIGIENE Y SEGURIDAD DEL TRABAJO	1971
SCHWENK TL. MARQUEZ JT. ET AL	PHYSICIAN AND PATIENT DETERMINANTS OF DIFFICULT PHYSICIAN-PATIENT RELATIONSHIPS	JOURNAL OF FAMILY PRACTICE	1989
SEMMENCE AM.	THE POLITICS OF OCCUPATIONAL MEDICINE	JOURNAL OF THE ROYAL SOCIETY OF MEDICINE	1987
SIGMON ST. NELSON RO. ET AL	SITUATIONAL-SPECIFICITY OF MOTIVATIONAL DIFFERENCES BETWEEN DEPRESSED AND NONDEPRESSED SUBJECTS	PERCEPTUAL AND MOTOR SKILLS	1987
SINKS T. MATHIAS CGT. ET AL	SURVILLANCE OF WORK-RELATED COLD INJURIES USING WORKER'S COMPENSATION CLAIMS	JOURNAL OF OCCUPATIONAL MEDICINE	1987
SLOAN RP. GRUMAN JC.	PARTICIPATION IN WORKPLACE HEALTH PROMOTION PROGRAMS: THE CONTRIBUTION OF HEALTH AND ORGANITATIONAL FACTORS	HEALTH EDUCATION QUARTELY	1988

2.1. ÍNDICE BIBLIOGRÁFICO POR AUTOR

AUTOR	TITULO	FUENTE	FECHA
SRINIVASA DK. D'SOUZA V.	ECONOMIC ASPECTS OF AN EPIDEMIC OF HAEMORRHAGIC CONJUNTIVITIS IN RURAL COMMUNITY	JOURNAL OF EPIDEMIOLOGY AND COMMUNITY HEALTH	1987
STEHLE JL.	CRITICAL CARE NURSING STRESS: THE FINDINGS REVISITED	NURSING RESEARCH	1981
STORLIE FJ.	BURNOUT: THE ELABORATION OF A CONCEPT	AMERICAN JOURNAL OF NURSING	1979
SUBCOMITE DE ABSENTISMO	RECOMENDACIONES IMPORTANTES	COMISIÓN PER. Y ASOC. INT. MED. DEL TRABAJO	1973
TAPPE MK. RUBINSON L. MACRINA DM.	MOTIVATIONAL CHARACTERISTICS OF COMMUNITY HEALTH EDUCATION INTERNS AND INTERSHIP SITUATION: THE PERSONAL INVESTMENT APPRO	HEALTH EDUCATION	1988
TAYLOR P.	SICKNESS ABSENCE: FACTS AND MISCONCEPTIONS	J.ROY.COLL.PHYCNS LOND.	1974
TAYLOR PJ.	PERSONAL FACTORS ASSOCIATED WITH SICKNESS ABSENCE	BRITISH JOURNAL OF INDUSTRIAL MEDICINE	1968
TAYLOR PJ.	NATIONAL AND INTERNATIONAL TRENDS	PROC.ROY.SOC.MED.	1970
THEBAUD A.	ABSENTISMO Y SALUD	PSICOLOGÍA DEL TRABAJO	1982
TURNER WED.	SICKNESS ABSENCE IN THE FREEZING INDUSTRY	NEW ZEALAND MEDICAL JOURNAL	1988
VARELA M.	ABSENTISMO	MED. Y SEG. TRAB.	1977
VESTAL KW.	JOB DESIGN: PROCESS AND PRODUCT	NURSING MANAGEMENT	1989
VILLALOBOS JM.	ASPECTOS LEGALES DEL ABSENTISMO LABORAL	ASAMB. PROV. MED. Y SEG. TRAB. GRANADA G.T.P.	1973

2.1. ÍNDICE BIBLIOGRÁFICO POR AUTOR

AUTOR	TITULO	FUENTE	FECHA
VREELAND R. GERALDINE LE.	STRESSES ON THE NURSE IN AN INTENSIVE-CARE UNIT	JAMA	1969
WARD J.	CONTINUING MEDICAL EDUCATION. PART 3 DOCTORS AS LEARNERS	THE MEDICAL JOURNAL OF AUSTRALIA	1988
WILLIAMSON JW.	HEALTH BENEFITS ANALISYS. AN APPLICATION IN INDUSTRIAL ABSENTISM	J. OF OCCUP. MED.	1974
WOODALL GE. HIGGINS CW. DUNN D. ET AL	CHARACTERISTICS OF THE FREQUENT VISITOR TO THE INDUSTRIAL MEDICAL DEPARTMENT AND IMPLICATIONS OF HEALTH PROMOTION	JOURNAL OF OCCUPATIONAL MEDICINE	1987
YASSI A. SPIEGEL J.	EMPLOYEE FIRNESS: STATE OT THE ART [LETTER]	CANADIAN JOURNAL OF PUBLIC HEALTH	1988
YEE BH.	THE DYNAMICS AND MANAGEMENT OF BURNOUT	NURSING MANAGEMENT	1981

Página N°1
27/01/90

2.2. ÍNDICE BIBLIOGRÁFICO POR AÑO

FECHA	AUTOR	TITULO	FUENTE
1965	LODAHL TM. KEJNER M.	THE DEFINITION AND MEASUREMENT OF JOB INVOLVEMENT	JOURNAL OF APPLIED PSYCHOLOGY
1968		DISABILITY DAYS. EEUU	DEPARTAMENT OF HEALTH. EDUCATION AND WELFARE
1968	TAYLOR PJ.	PERSONAL FACTORS ASSOCIATED WITH SICKNESS ABSENCE	BRITISH JOURNAL OF INDUSTRIAL MEDICINE
1969	VREELAND R. GERALDINE LE.	STRESSES ON THE NURSE IN AN INTENSIVE-CARE UNIT	JAMA
1970	TAYLOR PJ.	NATIONAL AND INTERNATIONAL TRENDS	PROC.ROY.SOC.MED.
1971		OFFICE OF HEALTH ECONOMICS OFF SICHS. LONDON	OFFICE OF HEALTH ECONOMICS
1971	FORTIN JG.	ABSENTISMO	ENCICLOPEDIA DE MEDICINA, HIGIENE Y SEG. TRABAJO
1971	SANGRO P.	LAS ESTADÍSTICAS DEL ABSENTISMO LABORAL	MED. Y SEG. TRAB.
1971	SANGRO P.	ABSENTISMO INDUSTRIAL	HIGIENE Y SEGURIDAD DEL TRABAJO
1972	GOTLIEB E.	ABSENTISMO POR ENFERMEDAD	MED Y SEG. TRAB.
1972	MCWHINNEY IR.	AN APPROACH TO THE INTEGRATION OF BEHAVIORAL SCIENCE AND CLINICAL MEDICINE	THE NEW ENGLAND JOURNAL OF MEDICINE
1973	GABINETE TECNICO PROVINCIAL DE GRANADA	ABSENTISMO LABORAL	I ASAMBLEA REG. HIGIENE Y SEG. EN TRA. SANTANDER
1973	LIDLER C.	ABSENTISMO LABORAL Y ALCOHOL	REV. SEGURIDAD
1973	O'QUIGLEY S.	SICKNESS AS COST FACTOR IN IRISH INDUSTRY	J. SOC. OCCUP. MED

2.2. ÍNDICE BIBLIOGRÁFICO POR AÑO

FECHA	AUTOR	TITULO	FUENTE
1973	SANGRO P.	LAS CONCLUSIONES DEL TERCER SYMPOSIO INTERNACIONAL SOBRE ABSENTISMO LABORAL	MED. Y SEG. TRAB.
1973	SUBCOMITE DE ABSENTISMO	RECOMENDACIONES IMPORTANTES	COMISIÓN PER. Y ASOC. INT. MED. DEL TRABAJO
1973	VILLALOBOS JM.	ASPECTOS LEGALES DEL ABSENTISMO LABORAL	ASAMB. PROV. MED. Y SEG. TRAB. GRANADA G.T.P.
1974	ANONYMOUS	FACTS AND MYHTS ABOUT SICKNESS ABSENCE	LANCET
1974	TAYLOR P.	SICKNESS ABSENCE: FACTS AND MISCONCEPTIONS	J.ROY.COLL.PHYCNS LOND.
1974	WILLIAMSON JW.	HEALTH BENEFITS ANALISYS. AN APPLICATION IN INDUSTRIAL ABSENTISM	J. OF OCCUP. MED.
1975	COE J.	THE PHYSICIAN'S ROLE IN SICKNESS ABSENCE CERTIFICATION: A RECONSIDERATION	JOURNAL OF OCCUPATIONAL MEDICINE
1975	HOWE HF.	ORGANIZATION AND OPERATION OF AN OCCUPATIONAL HEALTH PROGRAM	JOURNAL OF OCCUPATIONAL MEDICINE
1976	CARAL L.	OCHO AÑOS DE ABSENTISMO LABORAL	MED. EMPRESA
1976	ORRIS HD.	DAYS LOST THROUGH ILLNESS	OCCUP. HEALTH
1977	MARTIN A	ABSENTISMO LABORAL	MEDICINA Y SEGURIDAD EN EL TRABAJO
1977	NERIN JL	ABSENTISMO LABORAL. CONSIDERACIONES LABORALES. MEDIDAS A ADOPTAR	SSHT
1977	VARELA M.	ABSENTISMO	MED. Y SEG. TRAB.
1978	KORMAN A.	PSICOLOGÍA DE LA INDUSTRIA Y LAS ORGANIZACIONES	ED. MAROVA

2.2. ÍNDICE BIBLIOGRÁFICO POR AÑO

FECHA	AUTOR	TITULO	FUENTE
1978	RIPOLL S.	JUICIO CONSTRUCTIVO SOBRE EL ABSENTISMO	SALUD Y TRABAJO
1979	ANONYMOUS	SICKNESS ABSENCE IN HOSPITAL STAFF	LANCET
1979	STORLIE FJ.	BURNOUT: THE ELABORATION OF A CONCEPT	AMERICAN JOURNAL OF NURSING
1980	O.I.T.	INTRODUCCIÓN AL ESTUDIO DEL TRABAJO	OFICINA INTERNACIONAL DEL TRABAJO
1981	CLARK DC MACHON B	PREVENTIVE AND COMMUNITY MEDICINE	ED. LITTLE BROWN
1981	SAINZ M.	ABSENTISMO LABORAL EN EL HOSPITAL CLÍNICO DE MADRID	N ARCH FAC MED
1981	STEHLE JL.	CRITICAL CARE NURSING STRESS: THE FINDINGS REVISITED	NURSING RESEARCH
1981	YEE BH.	THE DYNAMICS AND MANAGEMENT OF BURNOUT	NURSING MANAGEMENT
1982	BARAIBAR J.	SERVICIOS MÉDICOS DE EMPRESA Y ABSENTISMO LABORAL	COMUNICACIÓN. CONGRESO ESTR. MED. DEL TRAB. MADRID
1982	C.T.N.E.	INFORME SOBRE EL ESTUDIO DEL CLIMA LABORAL	SERVICIO DE PLANIFICACIÓN C.T.N.E.
1982	FORCADA A.	PSICOLOGÍA DEL TRABAJO	CONGRESO EXTR. MED. DEL TRAB. MADRID
1982	GESTAL JJ.	ETIOLOGÍA DEL ABSENTISMO LABORAL HOSPITALARIO	MEDICINA Y SEGURIDAD EN EL TRABAJO
1982	HAINES AP.	SICKNESS ABSENCE	JOURNAL OF THE ROYAL COLLEGE OF GENERAL PRACTITION
1982	IBERIA	EVALUACIÓN DE ACCIDENTES O ENFERMOS DURANTE LA JORNADA LABORAL	IBERIA

2.2. ÍNDICE BIBLIOGRÁFICO POR AÑO

FECHA	AUTOR	TITULO	FUENTE
1982	IBERIA	DISMINUCIÓN DE LA CAPACIDAD PARA EL TRABAJO	IBERIA
1982	IBERIA	CONTROL DEL ABSENTISMO LABORAL POR RAZÓN DE ENFERMEDAD	IBERIA
1982	THEBAUD A.	ABSENTISMO Y SALUD	PSICOLOGÍA DEL TRABAJO
1984	MARR R. GARCIA-ECHEVARRIA	POLÍTICA DE PERSONAL EN LA EMPRESA	ED. ESIC
1985	PARDEL H.	EL TABAQUISMO: EPIDEMIA DE NUESTRO TIEMPO	MEDICINA CLINICA
1985	PEÑA BAZTAN M.	LA PSICOLOGÍA Y LA EMPRESA	ED. HISPANO EUROPEA SA.
1987	ABEHAIM L. SUISSA S.	IMPORTANCE AND ECONOMIC BURDEN OF ACCUPATIONAL BACK PAIN; A STUDY OF 2.500 CASES REPRESENTATIVE OF QUEBEC	JOURNAL OF OCCUPATIONAL MEDICINE
1987	ALONSO JL.	CONTRIBUCIÓN AL ESTUDIO DEL ABSENTISMO LABORAL POR RAZÓN DE ENFERMEDAD	REV. CLIN. ESP. (SALUD PÚBLICA)
1987	ALVAREZ C. DIAZ L.	MORBILIDAD LABORAL EN GETAFE	AYUNTAMIENTO DE GETAFE. DELEGACIÓN DE SALUD
1987	ASTRAND NE.	MEDICAL, PSYCHOLOGICAL, AND SOCIAL ASSOCIATED WITH BAC ABNORMALITIES AND SELF REPORTED BACK PAIN: A CROSS SECTIONAL STUDY	BRITISH JOURNAL OF INDUSTRIAL MEDICINE
1987	BJELLE A. HAGBERG M. ET AL	WORK-RELATED SHOULDER-NECK COMPLAINS IN INDUSTRY: A PILOT STUDY	BRITISH JOURNAL OF RHEUMATOLOGY
1987	CELENTANO DD. JOHNSON JV.	STRESS IN HEALTH CARE WORKERS	OCCUPATIONAL MEDICINE
1987	DEYO RA. YUH-JANE TSUI-WU	FUNCTIONAL DISABILITY DUE TO BACK PAIN	ARTHRITIS AND RHEUMATISM

2.2. ÍNDICE BIBLIOGRÁFICO POR AÑO

FECHA	AUTOR	TITULO	FUENTE
1987	EASON FR. LEE BT.	JOB MOTIVATORS. A RANKING OF EIGTH VARIABLES	JOURNAL OF NURSING ADMINISTRATION
1987	HASIUK AM.	ABSENTEEISM AMONG NURSING PERSONNEL	JOURNAL OF NURSING ADMINISTRATION
1987	JARVIS RG.	THE `TIRED PERSON SYNDROME`	POSTGRADUATE MEDICINE
1987	KLERMAN LV. WEITZMAN M. ET AL	WHY ADOLESCENTS DO NOT ATTEND SCHOOL. THE VIEWS OF STUDENTS AND PARENTS	JOURNAL OF ADOLESCENT HEALTH CARE
1987	KLERMAN LV. WEITZMAN M. ET AL	WHY ADOLESCENTS DO NOT ATTEND SCHOOL	JOURNAL OF ADOLESCENT HEALTH CARE
1987	LARSSON G. SPANGERG L. ET AL	MATERNAL OPINION OF PSYCHOLOSICAL SUPPORT: EVALUATION OF AN ANTENATALPROGRAMME	JOURNAL FOR ADVANCED NURSING
1987	MARY A./ KENT E.	GAMBLING AWAY ABSENTEEISM	JOURNAL OF NURSING ADMINISTRATION
1987	MINISTERIO DE TRABAJO	ESTATUTO DE LOS TRABAJADORES	ESTATUTO DE LOS TRABAJADORES
1987	NAURIGHT L.	TOWARD A COMPREHENSIVE PERSONNEL SYSTEM: PERFORMANCE APPRASIAL PART IV	NURSING MANAGEMENT
1987	PARKER RM. HOKELMAN RA. ET AL	ILLNESSES AND OTHER CAUSES OF UNEXPECTED ABSENCES FROM WORK DURING RESIDENCY TRAINING	JOURNAL OF MEDICAL EDUCATION
1987	PETER T. WATERMAN E.	EN BUSCA DE LA EXCELENCIA	ED. EDICIONES FOLIO
1987	RUDD P. PRICE G. ET AL	CONSEQUENCES OF WORKSITE HYPERTENSION SCREENING. CHANGES IN ABSENTEEISM	HYPERTENSION
1987	SEMMENCE AM.	THE POLITICS OF OCCUPATIONAL MEDICINE	JOURNAL OF THE ROYAL SOCIETY OF MEDICINE

2.2. ÍNDICE BIBLIOGRÁFICO POR AÑO

FECHA	AUTOR	TITULO	FUENTE
1987	SIGMON ST. NELSON RO. ET AL	SITUATIONAL-SPECIFICITY OF MOTIVATIONAL DIFFERENCES BETWEEN DEPRESSED AND NONDEPRESSED SUBJECTS	PERCEPTUAL AND MOTOR SKILLS
1987	SINKS T. MATHIAS CGT. ET AL	SURVILLANCE OF WORK-RELATED COLD INJURIES USING WORKER'S COMPENSATION CLAIMS	JOURNAL OF OCCUPATIONAL MEDICINE
1987	SRINIVASA DK. D'SOUZA V.	ECONOMIC ASPECTS OF AN EPIDEMIC OF HAEMORRHAGIC CONJUNTIVITIS IN RURAL COMMUNITY	JOURNAL OF EPIDEMIOLOGY AND COMMUNITY HEALTH
1987	WOODALL GE. HIGGINS CW. DUNN D. ET AL	CHARACTERISTICS OF THE FREQUENT VISITOR TO THE INDUSTRIAL MEDICAL DEPARTMENT AND IMPLICATIONS OF HEALTH PROMOTION	JOURNAL OF OCCUPATIONAL MEDICINE
1988	ALLEN D. CALKIN J. ET AL	MAKING SHARED GOVERNANCE WORK: A CONCEPTUAL MODEL	JOURNAL OF NURSING ADMINISTRATION
1988	ARIAS GALICIA F.	ADMINISTRACIÓN DE RECURSOS HUMANOS	ED. TRILLAS
1988	ASH WH.	RETURN TO WORK CERTIFICATION [LETTER]	JOURNAL OF FAMILY PRACTICE
1988	ASTRAND NE. ISACSSON	BACK PAIN, BACK ABNORMALITIES, AND COMPETING MEDICAL, PSYCHOLOGICAL, ANDSOCIAL FACTORS AS PREDICTORS OF SICK LEAVE, EARLY RET	BRITISH JOURNAL OF INDUSTRIAL MEDICINE
1988	BAEYERTZ JD.	SICKNESS ABSENCE AND SMOKING	NEW ZEALAND MEDICAL JOURNAL
1988	BEALE N. NETHERCOTT S.	CERTIFICATED SICKNESS ABSENCE IN INDUSTRIAL EMPLOYEES THREATNED WITHREDUNDANCY	BRITISH MEDICAL JOURNAL
1988	BEN-SIRA Z.	PRACTICE COMPATIBILITY AND TYPE OF FRAMEWORK: ESSENTIAL DIMENTIONS IN THE SALARIED PRIMARY CARE PRACTITIONERS` APPROACH T	SOCIAL SCIENCE AND MEDICINE

2.2. ÍNDICE BIBLIOGRÁFICO POR AÑO

FECHA	AUTOR	TITULO	FUENTE
1988	COGGON D.	SICKNESS ABSENCE: THE DOCTOR'S ROLE	BRITISH MEDICAL JOURNAL
1988	DOMINGUEZ A. PASCUAL C.	ESTUDIO DEL ABSENTISMO POR ILT EN INSTITUCIONES DEPENDIENTES DE LA DIRECCIÓN PROVINCIAL DEL INSALUD. MADRID	D.P. INSALUD. MADRID
1988	HOLLEMAN WL. HOLLEMAN MC	SCHOOL AND WORK RELEASE EVALUATIONS	JOURNAL OF THE AMERICAN MEDICAL ASSOCIATION
1988	IBERIA	ESTADÍSTICA SOBRE ABSENTISMO	IBERIA
1988	IMPERATO JP.	SALARIED PHYSICIANS AND ECONOMIC INCENTIVES [LETTER]	NEW ENGLAND JOURNAL OF MEDICINE
1988	JOHNSON JV. HALL EM.	JOB STRAIN, WORK PLACE SOCIAL SUPPORT, AND CARDIOVASCULAR DISEASE: A CROSS-SECTIONAL STUDY OF A RANDOM SAMPLE OF THE SWEDIS	AMERICAN JOURNAL OF PUBLIC HEALTH
1988	MAYHEW HE. NORDLUND DJ.	ABSENTEEISM CERTIFICATION: THE PHYSICIAN'S ROLE	JOURNAL OF FAMILY PRACTICE
1988	PASTERNAK ID.	THE EFFECT OF PRIMARY CARE NURSING AND FEELINGS OF ISOLATION/DEPERSONALITATION OF THE CRITICAL CARE NURSE: PART I-BACKGRO	NURSING MANAGEMENT
1988	RELMAN AS.	SALARIED PHYSICIANS AND ECONOMIC INCENTIVES	NEW ENGLAND JORNAL OF MEDICINE
1988	SLOAN RP. GRUMAN JC.	PARTICIPATION IN WORKPLACE HEALTH PROMOTION PROGRAMS: THE CONTRIBUTION OF HEALTH AND ORGANITATIONAL FACTORS	HEALTH EDUCATION QUARTELY
1988	TAPPE MK. RUBINSON L. MACRINA DM.	MOTIVATIONAL CHARACTERISTICS OF COMMUNITY HEALTH EDUCATION INTERNS AND INTERSHIP SITUATION: THE PERSONAL INVESTMENT APPRO	HEALTH EDUCATION
1988	TURNER WED.	SICKNESS ABSENCE IN THE FREEZING INDUSTRY	NEW ZEALAND MEDICAL JOURNAL

2.2. ÍNDICE BIBLIOGRÁFICO POR AÑO

FECHA	AUTOR	TITULO	FUENTE
1988	WARD J.	CONTINUING MEDICAL EDUCATION. PART 3 DOCTORS AS LEARNERS	THE MEDICAL JOURNAL OF AUSTRALIA
1988	YASSI A. SPIEGEL J.	EMPLOYEE FIRNESS: STATE OT THE ART [LETTER]	CANADIAN JOURNAL OF PUBLIC HEALTH
1989	ARDEN R. TOMISON	CHARACTERISTICS OF PSYCHIATRIC HOSPITAL ABSCONDERS	BRITISH JOURNAL PSYCHIATRY
1989	HALL EM. JOHNSON JV.	A CASE STUDY OF STRESS AND MASS PSYCHOGENIC ILLNESS IN INDUSTRIAL WORKERS	JOURNAL OF OCCUPATIONAL MEDICINE
1989	JACKSON SE. CHENOWETH D. ET AL	STUDY INDICATES SMOKING CESSATION IMPROVES WORKPLACE ABSENTEEISM RATE	OCCUPATIONAL HEALTH AND SAFETY
1989	JOHNSON JV.	COLLECTIVE CONTROL: STRATEGIES FOR SURVIVAL IN THE WORKPLACE	INTERNATIONAL JOURNAL OF HEALTH SERVICES
1989	JOHNSON JV.	CONTROL, COLLECTIVITY AND THE PSYCHOSOCIAL WORK ENVIRONMENT	
1989	LEIGH JP.	SPECIFIC ILLNESSES, INJURIES, AND JOB HAZARDS ASSOCIATED WITH ABSENTISM	JOURNAL OF OCCUPATIONAL MEDICINE
1989	LINTON SJ. BRADLEY LA. ET AL	THE SECONDARY PREVENTION OF LOW BACK PAIN: A CONTRALLED STUDY WITH FOLLOW-UP	PAIN
1989	MCKEOWN KD.	SICKNESS ABSENCE	JOURNAL OF THE ROYAL SOCIETY OF MEDICINE
1989	MEYERS AF. SAMPSON AE. WEITZMAN M. ET AL	SCHOOL BREAKFAST PROGRAM AND SCHOOL PERFORMANCE	AMERICAN JOURNAL OF DISEASES OF CHILDREN
1989	PIEDROLA GIL ET AL	TRATADO DE MEDICINA PREVENTIVA Y SALUD PÚBLICA	
1989	RELMAN AS.	ECONOMIC INCENTIVES IN CLINICAL INVESTIGATION	THE NEW ENGLAND JOURNAL OF MEDICINE

2.2. ÍNDICE BIBLIOGRÁFICO POR AÑO

FECHA	AUTOR	TITULO	FUENTE
1989	RINGL KK.	SELF-SCHEDULING FOR PROFESSIONAL NURSES	NURSING MANAGEMENT
1989	SCHWENK TL. MARQUEZ JT. ET AL	PHYSICIAN AND PATIENT DETERMINANTS OF DIFFICULT PHYSICIAN-PATIENT RELATIONSHIPS	JOURNAL OF FAMILY PRACTICE
1989	VESTAL KW.	JOB DESIGN: PROCESS AND PRODUCT	NURSING MANAGEMENT

3. ÍNDICE DE VOCES

Absentismo, 23, 27, 29, 31, 32, 40
    43, 46, 48, 49, 51, 53, 54,
    55, 57, 60, 63, 64, 250
    y accidentes 45
    y médico de cabecera 58
Absentismo, causa 56
    escuela 29
    factores 49
    industria 29
    medición 36
    medidas 29
Accidente 30, 47
Accidente de trabajo 32, 122, 207
Accidente laboral, absentismo 34
Accidentes, frío 45
Actitud 32, 39, 57, 62
Actividades 39
Adaptación 64
Administrativos 81
Agrícola 30
Agrupaciones 84
Agrupadas, categorías 81
Agrupados, datos 75, 83
Aislamiento 53
Ajustado, índice 40
Altas 31
Alumnos 47
Ambiente 62
Análisis 47
Analítica, estadística 85
Anormalidades, espalda 55
Ansiedad 61
Antropométrica, característica 39
Antropomórfica, característica 39
Aproximación, 86
Asistencia 30, 32
Asistente Técnico Sanitario 81
Asociación 40, 78, 85, 86
Ausencia 30, 50, 76, 83, 122, 125, 132
Ausencia inesperada 52
    no justificada 35
    por enfermedad 50, 58
    I.L.T. 70
Ausencias, exceso de 47
    Días 52
Ausencia, tasa global 37
Ausente 30
Ausentismo 29, 31, 32
Auxiliares 81

Baja 31, 36, 70, 77, 83, 84, 122

Bajas, número 78
Base, datos 74, 75, 77
Behavior 61
Bibliografía internacional 45
Bienes 30
Bienestar 23
Burnout 53, 61, 62, 63

Calidad 23
Cargo 30
casa, trabajo en 48
Categoría profesional 74, 77, 85, 99,
    106, 108, 117, 122, 213, 215, 248
Causa justificada 35
    mórbida 32, 70
    no justificada 35
Causal absenteeism 46
Causalidad 246
Causas extremas 46
    formales 34, 35
    necesarias 35
    no necesarias 34, 35
    reales 34, 35
causa, absentismo 32
Celadores 81
Certificado 35, 85
    de enfermedad 49
    médico 58, 70
    I.L.T. 70
    médico general 46
Clima laboral 34, 64, 250
    organización 51
Comportamiento 26, 27, 39, 43, 51, 61
Compulsivo, absentismo 34
Condiciones de trabajo 59, 63
    económicas 23
    sociales 23
Conducta, variables 70
Confortabilidad 67
Conjuntivitis hemorrágica aguda 59
Contratación 16, 71
Contrato 27, 75, 78, 85, 86, 108, 114,
    116, 117, 121, 122
Control 55
Costes 50, 59
Cultural, factor 49

Datos agrupados 51, 74, 75

Desempeño 30
Dirección 81
Disminución, absentismo 47
Dolor de espalda 48,53,55,56
Duración media, ausencias 38
Duración, empleo 55

Edad   40,50,56,59,71,76,78,
       85,86,106,117,120,121,
       236,245,246
Edad, pirámide 106,117,118,119
Educación 63
Educación, nivel 48
Efectividad 21
Efectos, stress 27
Empleado 4,71,75,77,81,82,85
         99,105,108,114,122
Empleo 54
Empresa 4,30,32,39,57,71,74,76,
        76, 85, 106,108,148,248
Empresa, normas 22
Encuesta 23
Enfermedad 30,40,60,75,76,122
           cardiovascular 64
           común, absentismo grave 59
           ocupacional 60
           profesional 32
Enfermedad, certificado 46
Enfermedad, tasa de ausencia 37
Environment 47
Epidemia 59
Escuela 29,66
Estadística 85
Estado civil 39, 50
Estatutario, absentismo 34
Estatuto de los Trabajadores 36
Estratificar, grupos 86
Estructura, organización 39,59
Estudio transversal 64,85,246
Etiología 49,57
Eventuales 108,116,119,120,121,129
           ,131,209
Eventual, contrato 85
Exfumadores 57
Éxito 22
Explotación 30

Factor higiénico 22
Factor K 10,70,71,241,249
         motivación 22,48,71
         ambiental 56
         coadyuvante 35

Factor comportamiento 56
   Confusor 40
   de condicionamiento 22
   de satisfacción 57,71
   de stress 27,57,61
   directo 35
   económico 56
   ergonómico 22
   extrínseco 22,26
   indirecto 35
   médico 49,56
   morbilidad 70
   motivación, indicador 43
Factores asociados 56
   Culturales 49
   dependientes, trabajo 34
   externos 34
   extralaborales 34
   internos 34
   organizacionales 49
   perilaborales 34
   personales 49
   predictores 56
   socioeconómicos 48
Factores, múltiples 48
Factor, sistema administrativo 34
Factor, sistema compensatorio 34
Facultativo 214
Faltas 30,75,76,77,84,122
Fatiga 62
Fijo   40,85,108,116,117,120,
       121,123,125,209,235,245
Fluctuación 103
Frecuencia absoluta 37
Frecuencia, índice 38
Frustración 60
Fumadores 57

Gastos 4
Gestión 23,250
Gestores 58
Gravedad, índice 38
Grupo 84
Grupo, pertenencia 23

Hábito tabáquico 56,57
Herzberg 22,70,71
Historial médico 56
Homogéneo 84
Homogénea, población 39,40
Horas, trabajo 38,39
Hospital 61,66

Hospital pediátrico 50
Huelga 49

Incentivos 66,250
Incidencia, absentismo 57,75
Independiente, variable 85
Indicador de morbilidad 60
Indicador de recursos 36
Indicadores 36,40,85,86,122
      de ausencias 207
Índice de absentismo 15, 39, 43, 48, 50,54,56,57,70,76,78,84,86,122,148,238,245,246,247
Índice de Gravedad 38
      de absentismo, significado 43
      de concentración de bajas 39
      de frecuencia 38
      de morbilidad 53
      ajustado 40
Individual, dato 77,84
Industria 54,57,63
Industria, USA 45
Ineficiencia 23
Inferencia 39
Influencia Relativa 173,174,246
Información, método 40
      , sesgo 40
Informática, servicio 31
Informático, soporte 84
Inquietud 32
Insatisfacción, trabajo 22
Inseguridad, empleo 54
Interino 85,108,110,116,120,125,128,209

Job environment 64
Job involvement 65
Job satisfaction 56,57
Justificada, causa 35

K, factor 10,70,71,241,249

Laboral, situación 77
Legal, absentismo 34
Libres, días 76
Lineal, regresión 87

Manejo 40
Maternidad 75,76,77,122,208
Medicina del trabajo 46,49
Medición de índices 48

Medición, absentismo 36,40
Médico de cabecera 58,67
Médicos 58,81
Médicos, factores 49
Mitos 50
Modelos 97
Morbilidad escolar 43
      laboral 43
Morbilidad, indicador 16,60
Morbilidad, patrón 49
Mortalidad 60
Motivación 19,50,53,66,67,71, 245, 247,250

Necesidad, causa 35
Necesidad Básica 20
      de amor 20
      de autorrealización 20,21
      de estima 20,21
      de pertenencia 20
      de seguridad 20
Neurosis 55,56
Nivel de satisfacción 57
      educacional 55
No fijo 85,116,235,245
Normal, curva 84,86
Normas 22

Objetivo 84,87
Ocupación 56
Organización de trabajo 15,49
Organización, factor 49

Paciente 82,85
Paciente, comportamiento 45
Paciente, factores sociales 45
Pago, ausencia 60
Patrón de morbilidad 49
Personalidad 59
Personal, no sanitario 81
Pirámide de Edad 106,117,118,119
Pirámide de Maslow 19
Plantilla 75,85,103,121
Platón 19
Prevención secundaria 53

Reconocimiento del éxito 22
Recursos, indicador 36
Reducción, absentismo 51,52
Refinería 55
Registro 78

Relaciones, interpersonales 23
Relación, médico-paciente 46,71
Rendimiento 23,47
Riesgo relativo 174
Riesgos laborales 45

Salarios 23,250
Salud laboral 55
Salud, riesgos 54
Satisfacción 22,23,50
       laboral 23
       trabajo 22,49,56
Seguridad 23,24,26,27,71
Seguridad Social 30,50
Servicio de personal 31
Servicio, salud laboral 60
Sexo 39,48,56,59,63,71,76,77,78,
     85,86,99,105,106,108,114,
     117, 121, 122, 238
Short duration absence 51
Short-term absenteeism 46
Sindicatos 26
Sistema de producción 64
      registro 60
      información 39,60
Sistemas de certificación 58
Social support 65
Status ocupacional 55
Stress 57,60,61,62
    efectos 27
Suecia 64
Sueldo 48,57,67,75,84
Supervisión 23

Tamaño, organización 59
Tasa de absentismo 140
    de ausencia 38
     de ausencia por enfermedad 37
     global de ausencia 37
Tasa, concepto 37
    Tiempo, trabajo 56
Trabajadores, número 36
Trabajo, condiciones de 50
     intensidad 63
     puesto de 36
     retorno al 59
Tuberculosis 59
Turnicidad 71
Turno 77,78,85,86

Úlcera péptica 56
Unidad de cuidados intensivos 61,62

Voluntario, absentismo 34
        factor 27

www.ingramcontent.com/pod-product-compliance
Lightning Source LLC
Chambersburg PA
CBHW082319220526
45470CB00008B/2358